Reengineering
– Konzepte und Umsetzung
innovativer Strategien
und Strukturen

SCHÄFFER
POESCHEL

Schmalenbach-Gesellschaft – Deutsche Gesellschaft
für Betriebswirtschaft e.V. (Hrsg.)

Reengineering

Konzepte und Umsetzung innovativer Strategien
und Strukturen

Kongress-Dokumentation
48. Deutscher Betriebswirtschafter-Tag 1994

1995
Schäffer-Poeschel Verlag Stuttgart

Herausgeber:
Schmalenbach-Gesellschaft – Deutsche Gesellschaft für Betriebswirtschaft e.V.
Köln und Berlin

Die Deutsche Bibliothek – CIP-Einheitsaufnahme

Reengineering :
Konzepte und Umsetzung innovativer Strategien und Strukturen :
Kongress-Dokumentation / 48. Deutscher Betriebswirtschafter-Tag 1994.
Schmalenbach-Gesellschaft : Deutsche Gesellschaft für Betriebswirtschaft e.V. (Hrsg.).
- Stuttgart : Schäffer-Poeschel, 1995
ISBN 3-7910-0912-5
NE: Deutscher Betriebswirtschafter-Tag <48, 1994, Berlin>;
Schmalenbach-Gesellschaft - Deutsche Gesellschaft für Betriebswirtschaft

Gedruckt auf säure- und chlorfreiem, alterungsbeständigem Papier

ISBN 3-7910-0912-5

Einbandgestaltung: Willy Löffelhardt
Satz: Schreibbüro Eva Burri, Stuttgart
Druck: Franz Spiegel Buch GmbH, Ulm-Jungingen
Printed in Germany

Schäffer-Poeschel Verlag Stuttgart
Ein Tochterunternehmen der Verlagsgruppe Handelsblatt
und der Spektrum Fachverlage GmbH

Vorwort

Die vorliegende Kongreßdokumentation gibt Vorträge wieder, die anläßlich des 48. Deutschen Betriebswirtschafter-Tages (DBT) vom 10. bis 12. Oktober 1994 in Berlin gehalten wurden. Thema des Kongresses war »Reengineering – Konzepte und Umsetzung innovativer Strategien und Strukturen«. Es wurden alle Beiträge der ersten beiden Tage des Kongresses aufgenommen. Nicht enthalten sind dagegen die Beiträge zu den öffentlichen Sitzungen der Arbeitskreise am dritten Tag des Kongresses, da diese größtenteils in eigene Veröffentlichungen münden. Bei der redaktionellen Bearbeitung wurde das Schwergewicht auf die zeitnahe Veröffentlichung und nicht auf eine bis ins letzte Detail ausgefeilte Ausarbeitung der Manuskripte gelegt.

In der aktuellen Diskussion wird Reengineering teilweise als Radikalkur bezeichnet, die die Unternehmensorganisation, -strategie und -kultur verändert und hohe Zielerreichungsgrade bei der Verkürzung der Durchlaufzeiten, bei Kosteneinsparungen, Qualitätsverbesserungen, Umsatzerlösen und der Gewinnung von Marktanteilen bewirken soll. Bei dem DBT ging es darum, die verschiedenen Facetten dieses Umstrukturierungskonzeptes aufzuzeigen und der Frage nach der erfolgreichen Umsetzung in die Praxis nachzugehen. Das Thema des Kongresses wurde – wie es den Grundsätzen der Schmalenbach-Gesellschaft – Deutsche Gesellschaft für Betriebswirtschaft e.V. als Veranstalter entspricht – sowohl aus wissenschaftlicher als auch aus praktischer Sicht beleuchtet. Aufgrund seiner Komplexität erfolgte die Behandlung des Reengineering in zwei Parallelprogrammen. Zum einen wurde Reengineering aus der Sicht des General-Management betrachtet; zum anderen wurde der Beitrag des Rechnungswesens zum Reengineering analysiert; Instrumente, wie Prozeßkostenrechnung, Total Quality Management und Target Costing wurden in diesem Zusammenhang auf ihre Praktikabilität und Tauglichkeit überprüft.

Bei dem Kongreß sollten keine Patentlösungen vorgestellt werden. Vielmehr sollten die analytischen Beiträge der Wissenschaftler das Verständnis der Teilnehmer für die betriebswirtschaftlichen, gesamtwirtschaftlichen und gesellschaftspolitischen Hintergründe von Reengineering wecken; die Anwendungsbeispiele der Praktiker sollten Erfahrungen vermitteln und das Augenmerk der Teilnehmer auf die für derartige Umstrukturierungen entscheidenden Maßnahmen lenken. Grundtenor aller Vorträge war, daß das Konzept des Reengineering mit seinen Kernforderungen »Kundennähe« und »flache Hierarchien« – verglichen mit herkömmlichen Rationalisierungsmaßnahmen – zu umwälzenden Veränderungen im Unternehmen führen muß. Klar erkennbar wurde ferner, daß durchgreifende Erfolge bei der Umsetzung dieses Konzeptes nur dann zu erwarten sind, wenn Reengineering durchgängig auf das gesamte Unternehmen angewendet wird. Mangelhafte Resultate von Reengineering-Prozessen finden ihre Ursache vorwiegend in der fehlenden Reichweite der ergriffenen Maßnahmen.

Allen Referenten, die sich an dem Kongreß beteiligt haben und darüber hinaus bereit waren, ihre Manuskripte zur Veröffentlichung zur Verfügung zu stellen, sei an dieser Stelle noch einmal herzlich gedankt. Besonderer Dank gilt ferner der Vorbereitungskommission, bestehend aus den Professoren Dr. A. G. Coenenberg, Dr. Dr. h.c. D. Hahn und Dr. H. Simon, die das Kongreßprogramm gestaltet und die sich in der Leitung der Programmteile sowie der Moderation der Diskussionen engagiert haben.

Köln, im November 1994

Dr. Heinz-Gerd Stein

Prof. Dr. Dr. h.c. Walther Busse von Colbe

Inhaltsverzeichnis

Vorwort V

I. Einführung

Edzard Reuter
Wandel der Unternehmen – Offenheit der Gesellschaften.
Anmerkungen aus einem integrierten Technologiekonzern 3

Manfred Schneider
Strukturwandel und Restrukturierung in der chemisch-pharmazeutischen Industrie als unternehmerische Herausforderung 15

II. General Management

Hans-Jürgen Warnecke
Unternehmensgestaltung – Orientierung am Umfeld 35

W.-Rüdiger Struck
Management der Schnittstelle zwischen Unternehmen und Kunde 47

Wilfried von Eiff
Geschäftsprozeßmanagement im Krankenhaus 59

Wigand F. Große-Oetringhaus
Gestaltung des Führungssystems – Strategie, Struktur, Verhalten in einem integrierten Konzept 83

**III. Kostentransparenz und Kostenmanagement.
Der Beitrag des Rechnungswesens zum Reengineering**

Klaus-Peter Franz
Prozeßmanagement und Prozeßkostenrechnung 117

Werner Student
Flexibilisierung durch Optimierung der Wertschöpfungstiefe 127

Hans Dieter Seghezzi
Total Quality Management – markt- und potentialkonforme Unternehmensprofile 143

Michael Laker
Produkt-/Preisstrategie und Target Costing 159

Hannes Sill
Marktorientiertes Kostenmanagement – Erfahrungen im Hause Siemens 173

Péter Horváth
Dreistufenprogramm zum Lean Controlling 191

IV. Zusammenführung von Teil II und III

Wendelin Wiedeking
Reengineering und Restrukturierung am Beispiel der Porsche AG 205

I. Einführung

Wandel der Unternehmen – Offenheit der Gesellschaften Anmerkungen aus einem integrierten Technologiekonzern

Edzard Reuter*

1. Einleitung

2. Ökonomischer und gesellschaftlicher Wandel

3. Wandel und Neuausrichtung im Daimler-Benz Konzern

4. Phasen des Wandels bei Daimler-Benz

5. Offenheit der Gesellschaft als Chance für Politik und Wirtschaft

---

* *Edzard Reuter*, Vorsitzender des Vorstandes, Daimler-Benz AG, Stuttgart

1. Einleitung

Wandel heißt der Motor, der uns, die Unternehmer wie die Wissenschaftler, seit jeher umtreibt. Ob wir es wollen oder nicht, er zwingt es uns immer neu auf, Fortschritt zu gestalten.

Die heutige Zeit ist allerdings besonders ausgezeichnet durch einen vielfach als dramatisch empfundenen Wandel in allen Bereichen unseres Umfeldes. Nahezu alles hängt davon ab, wie offen wir für das Neue bleiben, und ob wir imstande sind, es tatsächlich zu verarbeiten. Anders gesagt: Wissenschaft und Wirtschaft bewähren sich entweder als gegenseitig offene Gesellschaften, oder sie lassen sich zum Nachteil des Ganzen in gegenseitige Abgeschlossenheit hineindrängen.

Dies ist eine Kernfrage, über deren Beantwortung uns auch dieser Kongreß Auskunft geben muß. Bitte verstehen Sie deshalb meine Ausführungen als einen Versuch, das Prinzip Offenheit als selbstverpflichtendes Prinzip unseres Dialogs mit neuem Leben zu erfüllen.

Übrigens ist genau dies der Grund, warum wir bei Daimler-Benz nicht nur gegenüber den Menschen, die unmittelbar für uns arbeiten, sondern genauso gegenüber unseren Kapitalgebern wie auch gegenüber unseren Kunden und Lieferanten, sprich: gegenüber der Öffentlichkeit insgesamt seit geraumer Zeit eine Informationspolitik der Offenheit und Transparenz verfolgen, die keinen Vergleich mit anspruchsvollsten internationalen Gepflogenheiten zu scheuen braucht.

2. Ökonomischer und gesellschaftlicher Wandel

Worin unterscheidet sich eigentlich der Wandel, dem die deutsche und nicht viel anders die gesamte Wirtschaft der traditionellen Länder des Westens in den letzten Jahren, an der Schwelle zum 21. Jahrhundert, ausgesetzt waren, von dem, mit dem sie auch schon vorher zu tun hatten?

Neu, jedenfalls so neu ist ja das Zusammenrücken der Welt, das durch die neuen Technologien und durch die damit einhergehende Globalisierung der Geldwirtschaft bewirkt und gekennzeichnet ist, nun auch wieder nicht. Nein, zumindest erkennbar war diese Entwicklung für denjenigen, der nicht im eigenen Saft des Erfolges erstarrt war, schon seit langem.

Neu hinzugekommen aber ist etwas anderes, etwas, das vor zehn, ja vor acht Jahren noch niemand ahnen oder doch zumindest als Realität unterstellen konnte. Die friedliche Revolution in Europa, die zum Fall der Berliner Mauer und zum Zusammenbruch des kommunistischen Machtblocks führte, veränderte die Welt von Grund auf. Sie löste zwar zunächst eine berauschende Sonderkonjunktur für die deutsche Wirtschaft aus, ließ uns aber später um so schroffer in jenes Tal der Tränen abstürzen, in dem sich andere Industrienationen schon vorher befanden. Die deutschen Unternehmer standen in der Folge vor der härtesten und schwierigsten Wirtschaftskrise der Nachkriegszeit, aber viel mehr als das: lange genug vor uns hergeschoben, mußten wir nun endlich, ob wir es wollten oder nicht, auch noch mit den krisenhaften strukturellen und konjunkturellen Umbrüchen der gesamten Weltwirtschaft fertig werden.

Radikale Antworten, über Jahre hinweg in unserer Gesellschaft nicht durchzusetzen, waren auf einmal nicht mehr aufzuschieben. Die Zeit der Krise wurde zum Auslöser neuer Konzepte, die endlich weit konsequenter und zugleich umfassender anzusetzen versuchten als alles das, was vorher hierzulande als Routine galt. Sie wurde damit zugleich zur Geburtsstunde eines Vorganges, den manche als ein umfassendes »Reengineering« bezeichnen.

Im Gegensatz zu vielen falschen Propheten, die Deutschland bereits als wirtschaftliche Kolonie fremder Mächte betrachten wollten, haben die deutschen Unternehmen inzwischen bewiesen, daß sie trotz der alles andere als idealen Rahmenbedingungen am Standort Deutschland in der Lage waren, sich den neuen Herausforderungen zu stellen und mit ihnen fertig zu werden.

Freilich blieben dabei unzählige Arbeitsplätze auf der Strecke. Das ist in ganz Europa so, und die Folgen werden ein Problem bleiben, das unsere Gesellschaft noch lange Zeit beschäftigen und belasten wird. Doch davon soll heute nicht die Rede sein. Vielmehr geht es mir hier um die Feststellung, daß es insgesamt gelungen ist, durch optimierte Prozeßabläufe und Produktionsverfahren unsere Kosten drastisch zu senken und gleichzeitig in bisher nicht vorstellbaren Zeitspannen neue und attraktive Produkte für die alten und neuen Märkte dieser Welt auf den Weg zu bringen.

Doch machen wir uns nichts vor: wir sitzen noch lange nicht wieder in der ersten Reihe, und Deutschland liegt noch lange nicht wieder auf der Sonnenseite im Wettbewerb der Standorte. Noch ist die Gefahr nicht gebannt, noch dürfen wir nicht verschnaufen, noch bleibt es überlebenswichtig, nicht in den alten Trott zurückzufallen. Die meisten unserer Belegschaftsvertreter wissen es besser als die Unbelehrbaren in den Gewerkschaftszentralen: es bleibt uns nichts anderes, als miteinander in unseren Anstrengungen fortzufahren.

Nicht anders verstehe ich das Thema dieses Kongresses. Es geht darum, uns gegenseitig darin zu bestärken, wie erfolgreich wir mit radikal neuen Maßnahmen dem radikalen Wandel begegnen können.

Die Zeit, die uns dafür zur Verfügung steht, wird immer kürzer. Technologien, Qualität, Finanzierungen, Marketing werden ständig mehr zum Gemeingut des internationalen Wettbewerbs. Die Veränderung und die Vervielfältigung der Kundenbedürfnisse bestimmen das Tempo des Wandels. Unternehmerischer Erfolg hängt damit jeden Tag mehr davon ab, wie schnell und effizient wir es verstehen, auf solcherart Wandel in allen Teilen der Welt einzugehen.

»Reengineering« bezweckt genau dies: es soll, es muß das einzelne Unternehmen befähigen, mit dem globalen technologischen und gesellschaftlichen Wandel Schritt zu halten.

Allzu neu scheint mir dieser Ansatz freilich kaum zu sein, auch wenn die Worthülse gar zu hübsch klingen mag. Tom Peters und Robert Waterman fanden bereits 1983 in ihrer Untersuchung über Spitzenleistungen in amerikanischen Unternehmen heraus, daß bei diesen rechtzeitig und erfolgreich funktionsübergreifendes Denken und Handeln durchgesetzt worden sei. Lassen wir einmal beiseite, daß viele der damals besonders hervorgehobenen Unternehmen heute längst wieder aus der Hitliste verschwunden sind, dann trifft es natürlich zu, daß das Streben nach Optimierung von Prozeßketten, auf das die sogenannten Reengineeringkonzepte abzielen, schon seit jeher zu den selbstverständlichen Aufgaben eines jeden Unternehmens zählte. Dennoch ist es unbestreitbar richtig, daß die fundamentalen Veränderungen in der Welt den Druck, die Innovationsgeschwindigkeiten entsprechend zu erhöhen und die Prozeßketten zu optimieren, um ganze Potenzen gesteigert haben.

3. Wandel und Neuausrichtung im Daimler-Benz Konzern

Für das Haus, für das ich arbeite, kann und muß ich den Prozeß des radikalen inneren Wandels, der radikalen Ausrichtung auf grundlegende Veränderungen auf unseren Märkten in einer etwas differenzierteren Weise darlegen. Denn Daimler-Benz war in der Tat nicht erst in der Krise der 90er Jahre, sondern bereits Mitte der 80er Jahre zu einem Entschluß gelangt, der uns wahrlich alles andere als leicht gefallen ist. Wir sahen uns nämlich schon damals in die Pflicht genommen, auf grundlegende Umbrüche mit ebenso grundlegend neuen unternehmerischen Entscheidungen zu antworten.

Gehandelt haben wir seinerzeit ohne den äußeren Impuls oder Zwang einer ökonomischen Krise. Auslöser waren dennoch eine ganze Reihe von Faktoren, die uns krisenhafte Paradigmenwechsel auf nicht-ökonomischen Gebieten anzeigten. Ich spreche vom Wandel herkömmlicher Wertvorstellungen und Institutionen in unseren hochmodernen und aufgeklärten Gesellschaften.

Zugleich und damit durchaus zusammenhängend kündigte sich fundamentaler Wandel durch die Beschleunigung des globalen Wettbewerbs und damit die Verschärfung des Wettlaufs um technologischen Fortschritt an, wie auch fundamentaler Wandel als Folge der sozialen Dynamik einer sich neu herausbildenden weltweiten Arbeitsteilung, und nicht zuletzt fundamentaler Wandel durch die ökologische Dramatik veränderter Lebensbedingungen.

Natürlich gab es auch solcherart Wandel zu allen Zeiten. Worin lag also das Neue, das Charakteristische, das geschichtlich womöglich Einmalige? Wenn ich es hier theoretisch begründen soll, dann ging es um die sich nahezu überschlagende Beschleunigung der Umbrüche und um die sich dramatisch erhöhende Komplexität der Aufgabenstellungen für die Führung gesellschaftlicher und ökonomischer Institutionen in allen Teilen der Welt, die sich greifbar abzeichneten.

Als Konsequenz zielten wir von Anfang an durch geeignete organisatorische Prozesse nicht auf eine marginale, sondern auf eine fundamentale Erhöhung der Innovationsgeschwindigkeit. Wir zielten auf eine nicht marginale, sondern auf eine fundamental erhöhte Flexibilität, indem wir lernten, unsere Ressourcen zum Nutzen der differenzierten Ansprüche unserer Kunden neu zu kombinieren. Und wir zielten auf eine nicht marginale, sondern auf eine fundamental neue Öffnung im Umgang mit einer Welt, die zu einem Dorf geworden ist, gekennzeichnet nicht zuletzt durch die Bereitschaft und Fähigkeit zur Kooperation mit Partnern in aller Welt. Alle diese Ziele stehen auch heute unverändert auf der Tagesordnung, und ich hoffe zutiefst, daß uns die Kraft beschieden sein möge, sie auch weiterhin gegen die unbelehrbaren Betonköpfe unserer Zeit durchzusetzen.

Nicht interner Wandel um des internen Wandels willen lautet also die Parole, sondern der Paradigmenwechsel setzte und setzt zuallererst auf eine Neuausrichtung von Globalität, von Marktnähe, von Technologie und von Integration. Dies schließt im übrigen keineswegs aus, daß es auf bestimmten Geschäftsfeldern durchaus sinnvoll sein konnte und kann, mit herkömmlichen Konzepten weiterzuarbeiten, während für die überwiegenden Teile des Unternehmens das ganze so fundamental geänderte Gegenteil gilt.

4. Phasen des Wandels bei Daimler-Benz

Nun weiß ich wohl, daß solche allgemeinen Anmerkungen kaum ausreichen, um ein verläßliches Bild jener Entwicklung zu zeichnen, die für ein Unternehmen wie Daimler-Benz, das ohnehin auf eine lange Geschichte erfolgreichen Wandels zurückblicken kann, zu einer so fundamentalen Herausforderung geführt hat. Für eine differenziertere Betrachtung muß es deswegen darum gehen, zwischen den verschiedenen Phasen oder auch Ebenen des Wandels zu unterscheiden.

Die erste Phase war – ich erwähnte es – gekennzeichnet durch die Mitte der 80er Jahre konzipierte und in die Tat umgesetzte Verbreiterung der Unternehmensgrundlagen. Wir wollten damit zusätzliches technologisches Potential zum Einstieg mit neuen Produkten in neue Wachstumsmärkte schaffen.

Die Neustrukturierung des Konzerns in zunächst drei industrielle Unternehmensbereiche mit operativer Geschäftsverantwortung, die Einrichtung einer geschäftsführenden Holding, die sich auf die strategische Ausrichtung, die Koordination und die Kontrolle der Geschäftsfelder konzentriert, die Erarbeitung des strategischen Geschäftsrahmens sowie der Rollen, die den einzelnen Geschäftsfeldern innerhalb dieses Rahmens zukommen, alles dies fällt in jene erste Phase. Sie erstreckte sich auf die Festlegung und Einübung des Zusammenspiels zwischen der Holding, den Unternehmensbereichen und den Geschäftsfeldern, die Organisation der Konzernintegration über Personalrotation, über den laufenden Transfer von technischem und kaufmännischem Know-how, über die Nutzung gemeinsamer Ressourcen bis hin zur Erschließung neuer geschäftlicher Möglichkeiten durch die Kombination vorhandener Fähigkeiten.

Die Zusammenfassung und Ausgründung von Dienstleistungsaktivitäten der industriellen Bereiche des Konzerns in einen vierten Unternehmensbereich, die Daimler-Benz InterServices – sprich: debis – ist dafür genauso charakteristisch wie die Konzentration der Mikroelektronik in der Temic oder die Gründung der MB Charterway und der Intertraffic.

Wenn Sie so wollen, war also die erste Phase des Wandels vor allem durch Maßnahmen auf der strukturell-organisatorischen Ebene und durch den geänderten Blick auf die Entwicklung der Märkte gekennzeichnet. Zum großen Teil waren das Schritte, die von der Konzernspitze ausgingen. Sie sollten sehr bewußt einen Prozeß in Gang setzen, der auf ein neues Selbstverständnis des Konzerns als Ganzem, aber auch seiner einzelnen Teile zielte.

Die zweite Phase des Wandels war einesteils gekennzeichnet durch die Stabilisierung, die Weiterführung und Verfeinerung der eingeführten Prozesse und Strukturen. Ich erwähne nur die verbesserte Akzeptanz der periodischen strategischen Planung, die Erweiterung des wirtschaftlichen Führungsinstrumentariums und die Konzentration auf die Kernfähigkeiten des Konzerns, in deren Verlauf nun auch Desinvestitionen vorgenommen wurden.

Doch in diese zweite Phase fällt eben auch die konjunkturelle und strukturelle Wirtschaftskrise, die spätestens 1992 eingesetzt hat. Ihre Bewertung muß zwangsläufig ambivalent bleiben. Jedenfalls hat sie es uns überhaupt erst ermöglicht, viele unserer Reformen an Haupt und

Gliedern grundlegend voranzubringen, denn sie hat der alles entscheidenden Akzeptanz von Struktur – und damit einhergehenden Verhaltensänderungen bei den Mitarbeiterinnen und Mitarbeitern endgültig zum Durchbruch verholfen.

Modelle, Konzepte und Maßnahmen zur Kostensenkung und Steigerung von Produktivität, zur Steigerung von Effizienz und Flexibilität, die jahrelang von oben mit eher mäßigem Erfolg angetrieben worden waren, wurden nun unter dem Druck der Krise durch eine Welle von Anregungen und Initiativen von unten mitgetragen. Das gesamte Unternehmen wurde Zeuge bisher nicht für möglich gehaltener Veränderungen an jahrzehntelang kaum ernsthaft hinterfragbaren Routinen und Organisationsformen.

Wir haben durchgehend die Zentralen verschlankt und quer durch alle Bereiche die Hierarchien gestrafft, indem wir sowohl die Zahl der Ebenen als auch deren Besetzungsdichte reduziert haben. Wir haben die Berichtswege verkürzt und unsere gesamte Organisation weit flexibler gestaltet als je zuvor.

Wir haben konzernweit ein System der variablen Vergütung für unsere Führungskräfte eingeführt, das unternehmerisches Handeln durch Beteiligung am Gesamterfolg unterstützt. Wir haben unsere wirtschaftlichen Führungsinstrumentarien erweitert und verfeinert, wobei wir wesentliche Gesichtspunkte des Shareholder-Value-Ansatzes einbezogen haben.

Wir haben, wo immer möglich, Arbeits- und Betriebszeiten entkoppelt. Wir haben die freiwilligen Sozialleistungen angepaßt, wir haben Organisation und Abläufe bei der Produktgestaltung verbessert, wir haben Durchlaufzeiten und Kapitalbindung verringert, wir haben die Zusammenarbeit mit unseren Zulieferern zum gegenseitigen Nutzen intensiviert, wir haben unsere Fertigungstiefe reduziert und die Teilevielfalt eingeschränkt. Alles in allem erreichen wir in unseren Werken Produktivitätssteigerungen von 30 Prozent und mehr.

Lassen Sie mich an wenigen Beispielen aus unserem Unternehmensbereich Mercedes-Benz konkret erläutern, wie sich dieser Prozeß im einzelnen dargestellt hat.

So geht es bei dem Center-Konzept im Pkw-Bereich um einen ganz und gar neuen, nämlich einen personenorientierten Ansatz. Er zielt sehr unmittelbar auf eine Veränderung im Denken und Verhalten von Mitarbeitern und Führungskräften ab. Während früher Organisationsänderungen regelmäßig bestehende Machtstrukturen eher zu festigen als aufzulösen schienen, weil sie von oben nach unten vorgegeben wurden, ging es nun in einem von unten nach oben angelegten Prozeß darum, in allen Bereichen von der bisherigen eindimensionalen Funktionalverantwortung zu einer mehrdimensionalen Bereichs- und Produktverantwortung zu gelangen. Die Aufgaben, die den Centern zugewiesen wurden und werden, sind dabei teilweise so umfangreich angelegt, daß sie die gesamte Prozeßkette, von der Planung über Entwicklung und Produktion bis hin zum Vertrieb umfassen.

Die Informations-, Kommunikations- und Entscheidungswege konnten auf diese Weise entscheidend entschlackt und kostenintensive Reibungsverluste abgebaut werden. Diese Veränderung wird sozusagen symbolisiert in der Führung der Werke der Mercedes-Benz AG, denen bisher nach einem ehernen Gesetz je ein kaufmännischer und ein technischer Werksleiter vorstanden. Dieser Zopf wurde abgeschnitten, indem von nun an ein einziger Werksleiter beide Funktionen in sich vereint. Ihr großer Entscheidungsspielraum ermöglicht es übrigens, daß inzwischen einige dieser Centerleiter dazu übergehen, Drittgeschäfte zu akquirieren und damit die economies of scale zu optimieren.

Ein weiteres konkretes Beispiel ist die Flankierung der Centerkonzepte durch Kosteneinsparungen auf anderen Ebenen. Als wesentliche Ergänzung zählt hierzu die Zusammenarbeit mit den Zulieferern, mit denen Mercedes-Benz ein Modell gemeinsamer und kooperativer Suche nach Effizienzverbesserung zum beiderseitigen Nutzen entwickelt hat, das sogenannte Tandem-Modell. Dieses Modell, das eben keineswegs darauf setzte, Wettbewerbsdruck aus der Position des Stärkeren an Schwächere weiterzugeben, sondern das vielmehr darauf abzielte, Lösungen für neue Herausforderungen gemeinsam zu finden, dieses Modell führte in Einzelfällen zu Kosteneinsparungen von nicht weniger als 70 Prozent.

Als wesentlicher Schritt zu verstärkter Kundenorientierung wurden weiterhin bei uns überall Strategien nach dem Vorbild des sogenannten »Total Quality Management« entwickelt. Dies möchte ich Ihnen am konkreten Beispiel der Deutschen Aerospace Airbus, einer Tochtergesellschaft unseres Unternehmensbereichs Deutsche Aerospace AG, erläutern.

Als Zielsetzung sind wir davon ausgegangen, Qualitätsbewußtsein und Qualitätssicherung in allen Phasen der Wertschöpfungskette durchzusetzen. Zu diesem Zweck haben wir den Qualitätsbegriff weit über das bisherige Maß hinaus, das doch in erster Linie die technisch-physikalischen Einsatzbedingungen des Produkts beinhaltete, ausgeweitet.

Konkret haben wir zunächst zwischen den jeweils vor- und nachgelagerten Bereichen innerhalb der Wertschöpfungskette eine sogenannte Kunden-Lieferanten-Beziehung definiert. Der Total Quality Management-Ansatz der verbesserten Dienstleistung gegenüber externen Kunden wurde durch diese internen Kunden-Lieferanten-Beziehungen sozusagen in den Unternehmensbereich selbst »inkorporiert«. Im Ergebnis konnte der Kommunikationsprozeß zwischen den einzelnen Gliedern der Wertschöpfungskette, zwischen diesen internen Lieferanten und Abnehmern entscheidend verbessert und systematisiert werden.

Jede Mitarbeiterin, jeder Mitarbeiter wurde auf diese Weise zum Qualitätssicherer in eigener Sache, ohne daß es zu einer »Pulverisierung« der einzelnen Einheiten gekommen wäre – wie unser unternehmensinternes Schlagwort für mögliche unzweckmäßige Verselbständigungen von Einzelbereichen lautet. Ganz im Gegenteil haben wir die Erfahrung gemacht, daß durch eine Vernetzung der einzelnen Wertschöpfungsphasen tendenziell der Anteil individueller Leistungen gegenüber den kollektiven Leistungen einer Arbeitsgruppe eher abnimmt. Nicht mehr so sehr das Leistungsergebnis jedes Einzelnen wird als der eigentliche Erfolg empfunden und bewertet, sondern eben eher das Bereichs-, das Gruppenergebnis. Darauf besonders hinzuweisen liegt mir ebenso am Herzen wie die Anmerkung, daß – richtig verstanden – Total Quality Management natürlich stets alle Führungsebenen einschließen muß.

In ganz ähnlicher Art und Weise sind auch unsere anderen Unternehmensbereiche dabei, ihre internen Prozesse im Sinne eines grundlegenden Reengineering neu zu ordnen. Geschäftsabläufe werden zunehmend als Prozesse definiert. Durch Dezentralisation und Verlagerung der Entscheidungsbefugnisse auf untere Ebenen entscheiden die Mitarbeiterinnen und Mitarbeiter selbst über den optimalen Prozeßablauf mit. Wie dieser Ansatz im konkreten Geschäftsfeld in Erfolg umgemünzt wird, machen einige wenige weitere Fallbeispiele deutlich.

In der AEG Schienenfahrzeuge GmbH in Hennigsdorf bei Berlin gelang es in diesem Jahr, eine der wohl modernsten Hochleistungslokomotiven, die zu den schnellsten Elektroloks der Welt gehört, in der Rekordzeit von nur zwei Jahren von der ersten Skizze bis zum Roll-out zu entwickeln und fertigzustellen. Sie wurde erstmals so konzipiert, daß sie nach den speziellen Wünschen des Kunden für unterschiedlichste Transportaufgaben und für die in der Welt gebräuchlichsten Stromsysteme modifiziert werden kann.

Lokomotiven können heute nur noch in stark schwankenden Auftragsgrößen, mit einer hohen Anzahl von Varianten und mit kürzesten Lieferzeiten erfolgreich verkauft werden. Zudem verlangen immer mehr Kunden die Endfertigung im Rahmen eines Joint-Venture mit einem hohen »local content«-Anteil. Ehrgeiziges Ziel der AEG Schienenfahrzeuge GmbH war es deswegen, nicht nur die bisherigen Kosten um 30 Prozent zu senken, sondern gleichzeitig die Lieferzeit um nicht weniger als 40 Prozent zu verkürzen und dabei die notwendige Flexibilität in Produktvarianten und Produktionsvolumen sicherzustellen.

Alle diese Ziele wurden erreicht, ja teilweise sogar übertroffen. Dies konnte überhaupt nur deshalb gelingen, weil Leistungszentren und Segmente anstelle der bisher funktional gegliederten Strukturen eingesetzt wurden. Alles zusammen hat schließlich bewirkt, daß die Wettbewerbsfähigkeit des Kerngeschäfts Schienenfahrzeuge insgesamt in diesem so global hart umkämpften Markt nachhaltig gestärkt werden konnte.

Ein weiteres Fallbeispiel ist die Nutzfahrzeugproduktion von Mercedes-Benz in Ludwigsfelde bei Berlin. Mit Hilfe von Reengineering-Programmen haben wir dort eine Senkung der Fertigungszeit für Lastkraftwagen um nicht weniger als 20 Prozent erreicht. Wesentlich dazu beigetragen hat, daß zunächst zwei unterschiedliche Kernprozesse herauskristallisiert wurden: die Auftragsabwicklung wurde als erster Kernprozeß definiert, die Produktentwicklung und Serienbetreuung als zweiter.

Die Auftragsabwicklung umfaßt demnach sämtliche Tätigkeiten vom ersten Kundenkontakt bis zur Übergabe des Fahrzeuges an den Kunden. Dabei gelang es in diesem für die Kundenzufriedenheit so wesentlichen Prozeß, die Zeit und die Qualität des Geschäftsablaufes zu optimieren und somit unserem Anspruch, Dienstleistungen höchster Qualität für den Kunden zu erbringen, auch konkret gerecht zu werden. Der Durchbruch bei den Optimierungen von Produktentwicklung und Serienbetreuung wurde dadurch erzielt, daß es mit Hilfe eines neu entwickelten Kommunikationssystems gelang, Kundenwünsche und sogar Produktideen in den Prozeß der Auftragsabwicklung einzuspeisen. Auf diese Weise entwickelte sich das Werk Ludwigsfelde zu einem Produktionszentrum für Transporter von 4,5–7,5 Tonnen, dessen Produkte zu zeitnah wie nur möglich unmittelbar von den Bedürfnissen des Marktes her bestimmt werden.

Unser Konzern ist aber, ich erwähnte es schon, eben nicht nur als Hersteller und Verkäufer individueller Produkte, sondern auch im Dienstleistungsbereich tätig. Die debis betreibt ihre Geschäfte ungewöhnlich expansiv und mit großem Erfolg. Lassen Sie mich deshalb in aller Kürze ein letztes Beispiel erwähnen. Es betrifft den Geschäftsbereich Finanzdienstleistungen.

Dieses Geschäftsfeld, in dem die Leasing- und Finanzierungsgesellschaften des Konzerns zusammengefaßt sind, bedient nicht nur interne Abnehmer, beispielsweise die Vertriebspartner von Mercedes-Benz und Deutsche Aerospace, sondern in ständig steigendem Umfang auch externe Kunden. Durch Wettbewerbsanalysen, Benchmarking und Kundenbefragungen, Prozeßablaufanalysen und Interviews mit Mitarbeitern wurde dabei zunächst eine strategische Bestandsaufnahme der Wettbewerbssituation durchgeführt. Sogenannte Strategie-Workshops haben anschließend Markt- und Produktstrategien erarbeitet sowie konkrete Handlungsaktivitäten für die Funktionalstrategien der einzelnen Leasing- und Finanzierungsgesellschaften abgeleitet.

Die Umsetzung dieser Handlungsvorgaben wird nach dem Muster eines Reengineering-Ansatzes noch in diesem Herbst in Gang gesetzt. Sie wird, darüber sind sich alle Beteiligten einig, mit Sicherheit hohe Optimierungseffekte freisetzen. Dies läßt sich schon daraus schließen, daß bereits jetzt erhebliche Fortschritte sowohl in der internen Kommunikation wie auch spiegelbildlich im Kundenservice nach außen erkennbar sind.

In meinen Ausführungen ging es mir nur darum, zu belegen, warum wir so sehr davon überzeugt sind, daß nur umfassende Prozeßoptimierungen im Sinne eines Reengineering genau das erzielen können, was wir im Gesamtkonzern brauchen wie die Luft zu Atmen: radikale Kostensenkungen, eine deutlich erhöhte Kundenfreundlichkeit, verstärktes interdisziplinäres Denken, und nicht zuletzt die Freisetzung des so lange brach gelegenen Potentials an Motivation bei den Menschen, die für uns arbeiten.

5. Offenheit der Gesellschaft als Chance für Politik und Wirtschaft

Auf dem Weg zu diesem Ziel gibt es ein ganz und gar unverzichtbares Erfolgsrezept: von Anfang an die Betroffenen zu Beteiligten zu machen. Nie und nimmer kann es gelingen, an den Befindlichkeiten der Mitarbeiterinnen und Mitarbeiter vorbei zu handeln. Mit anderen Worten, die jeweils vorhandene Unternehmenskultur kann sich durchaus als unüberwindliches Hindernis erweisen, wenn es nicht gelingt, sie positiv aufzunehmen und weiterzuentwikkeln.

Wenn wir an die Kraft der offenen Gesellschaft glauben, wenn wir unserer Wirtschaft Offenheit für Zukunft und Wandel als Ziel setzen, wenn wir also beständig an unseren Unternehmen als offenen Organisationen arbeiten, dann gibt es kein Ausruhen und kein zufriedenes Zurücklehnen. Dann kann und darf es natürlich auch nicht bei Reengineering-Konzepten, mögen sie noch so erfolgreich sein, als Weisheit letzter Schluß bleiben. Offen zu sein für die Zukunft heißt immer auch, frühzeitig zu erkennen, was sich am Horizont abzeichnet.

Ich weiß wohl, daß manche da dunkle Wolken sehen, eine Welt, die in unzusammenhängende Einzelteile auseinanderfällt, die Festungsdenken, Blockadeaktionen und -reaktionen, die Konflikt- statt Konsenshandeln provoziert.

Ein Narr, wer solche negativen Trends der heutigen Entwicklung, solche bedrohlichen Anzeichen möglicher neuer Krisen einfach verdrängen und leugnen wollte. Dennoch vertrete ich eine ganz andere Überzeugung. Auch radikaler Wandel, selbst wenn er sich als bedrohlich identifizieren lassen sollte, selbst wenn er uns mit tausend neuen Problemen umstellt, darf uns niemals daran irre werden lassen, die erforderlichen neuen Konzepte, die problemlösenden Antworten hier und heute zu formulieren und sie entschlossen gegen alle Widerstände umzusetzen.

Die Chancen der Welt, die sich aus Offenheit und Integration speisen, sind nämlich riesig. Und sie sind sehr real. Wir können, ja wir müssen sie durch unser Handeln ergreifen: durch eine Integration der internationalen wirtschaftlichen und politischen Akteure, und zwar ganz unabhängig davon, ob sie von vornherein auf Kooperation oder auf Destabilisierung und Irrationalität setzen.

Wie aber kann das unter den heutigen Rahmenbedingungen der Welt geschehen, so lautet die gebetsmühlenhaft gestellte, aber doch so entscheidende Frage in allen Debatten des Tages?

Von einem bin ich selbst da zutiefst überzeugt: eine entscheidend wichtige Aufgabe wird darin liegen, allen Verantwortlichen klarzumachen, wie unverzichtbar die ökonomischen Netzwerke für jegliche Bemühungen der politischen Integration, sprich: der Friedenssicherung sind. Es handelt sich nämlich um Netzwerke, die auch von den Feinden der offenen Weltgesellschaft nicht ausgehebelt werden können, weil sie eben auf harten technologischen, finanzwirtschaftlichen und unternehmenspolitischen Realitäten aufbauen.

Mir schwebt auf diesem Weg eine durchaus pragmatische Vorgehensweise vor, wie wir sie von unseren global tätigen Unternehmen schon seit langem so selbstverständlich kennen. Ein Modellansatz der europäischen Integration, derjenige der »konzentrischen Kreise«, kann uns dabei zur Veranschaulichung als Hilfskonstrukt dienen.

So wie sich unsere Unternehmen mit ihren Partnern in anderen Ländern, von alten auf neue Märkte ausgreifend, stetig und systematisch vernetzen, so wie dies übrigens auch die Europäische Union erfolgreich in ihrer Erweiterungsstrategie praktiziert hat, so muß dies auch in der gegenseitigen Ergänzung von Wirtschaft und Politik auf dem Schachbrett der Welt geschehen. Politik und Wirtschaft treiben die innere Einheit Ost- und West-Deutschlands voran, genau wie auch diejenige Ost- und West-Europas, Politik und Wirtschaft tragen gleichermaßen Verantwortung für den Erhalt der gewachsenen transatlantischen Beziehungen, Politik und Wirtschaft haben gemeinsam die für die Zukunft lebenswichtige Aufgabe, sicherzustellen, daß die Regionen der Welt nicht auseinandertreiben, sondern Schritt für Schritt weiter zusammenwachsen.

In diesem Sinne ist heutzutage Außenpolitik nicht mehr denkbar, ohne die ökonomischen Beziehungsfaktoren genau zu kennen und einsetzen zu können. Voraussetzung für das Gelingen dieses ebenso gefährdeten wie großartigen Projekts, vor dem es kein Entweichen und Verstekken gibt, sind leistungsfähige Einheiten. Mit »reengineered companies«, mehr als das: mit »reengineered societies« bietet eine offene Weltgesellschaft freilich alle nur denkbaren Chancen, ein dauerhaftes Netzwerk der Vernunft, der Stabilität und des Friedens schaffen zu können.

Strukturwandel und Restrukturierung in der chemisch-pharmazeutischen Industrie als unternehmerische Herausforderung

Manfred Schneider*

1. Einleitung
2. Faktoren des Strukturwandels
3. Strategien und Maßnahmen zur Bewältigung des Strukturwandels
4. Reengineering bei Bayer
   - 4.1 Grundsätze
   - 4.2 Reorganisation der Geschäftsbereiche
   - 4.3 Prozeßorientierte Produktionsorganisation
   - 4.4 Veränderungen der Führungsorganisation
5. Reengineering der Rahmenbedingungen

* Dr. *Manfred Schneider*, Vorsitzender des Vorstandes der Bayer AG, Leverkusen

1. Einleitung

Das Konzept des Reengeneering, das eine Veränderung der klassischen Arbeitsteilung und letztlich völlig neu strukturierte Unternehmen fordert, ist zweifellos einer der radikalsten Ansätze, mit dem wir seit langem konfrontiert worden sind. Er ist sicher anregend und nützlich, gerade weil er so weit geht. Auf der anderen Seite ist dieser Anspruch aber auch sehr provokativ und stellt uns vor die Frage, ob wir wirklich ganz andere Unternehmen brauchen, um uns in einem veränderten Wettbewerbsumfeld zu behaupten und weiter erfolgreich sein zu können? Um dies aus der Sicht der praktischen Unternehmensführung beantworten zu können, ist zunächst einmal eine gründliche Diagnose der Situation und der Herausforderungen erforderlich, mit denen wir es zur Zeit zu tun haben.

2. Faktoren des Strukturwandels

In der Tat hat sich der Strukturwandel in der chemisch-pharmazeutischen Industrie seit dem Ende der achtziger Jahre deutlich beschleunigt (vgl. Abb. 1).

Faktoren des Strukturwandels

- Neue Dimension der Internationalisierung
- Reife Märkte in den Industrieländern
- Asien-Pazifik als neues Wachstumszentrum der Weltwirtschaft
- Umbruch in Osteuropa
- Zunehmende Commoditisierung
- Neue Technologien
- Wirtschaftspolitische und gesellschaftliche Rahmenbedingungen

Abb. 1: Faktoren des Strukturwandels

Die Internationalisierung der Wirtschaft erreicht neue Dimensionen, nachdem die weltweit tätigen Unternehmen nicht mehr nur als Verkäufer, sondern auch als Produzenten und zunehmend auch mit ihrer Forschung und Entwicklung in den wichtigsten Regionen vertreten sind.

Die Märkte in den traditionellen Industrieländern der Triade sind weitgehend ausgereift und wachsen nur noch verhalten. Die größere Dynamik liegt eindeutig in den neuen Märkten, vor allem im asiatisch-pazifischen Raum.

Getragen von der allgemeinen wirtschaftlichen Entwicklung wächst der Chemieumsatz dort mit zweistelligen Raten. Es ist absehbar, daß Asien Westeuropa und Nordamerika überrunden wird, selbst wenn sich dieses Wachstumstempo allmählich verringern wird. So wird geschätzt, daß der Anteil Asiens am Weltchemiemarkt, der heute bei etwa 24 Prozent liegt, bereits im Jahr 2000 die 30 Prozent-Marke überschreiten wird. Dabei wird sich die Struktur der Marktversorgung grundlegend ändern. Während Asien heute noch der größte Nettoimporteur ist und seinen Bedarf zu einem beträchtlichen Teil aus Europa und Nordamerika deckt, wird der bereits begonnene rasche Ausbau der Chemiekapazitäten dazu führen, daß sich die Region in absehbarer Zeit selbst versorgen wird.

Dies gilt vor allem für die Massenprodukte im Bereich der Grundchemikalien, der Petrochemie, der Kunststoffe, Fasern, Textilfarbstoffe, aber auch für Medikamente und Agrochemikalien. Dabei ist der technologische Vorsprung, auf dem unsere Marktposition zu einem wesentlichen Teil beruhte, geringer geworden und in einigen Bereichen bereits weitgehend zusammengeschmolzen. Die Kostennachteile, die wir schon aufgrund der hohen Standards beispielsweise im Sozialsystem oder beim Umweltschutz haben, kommen damit voll zum Tragen.

Wie schon zuvor in anderen Branchen verlagern sich daher die Standorte dieser Produktgruppen zunehmend in die Länder und Regionen, die über günstigere Kostenstrukturen verfügen. Infolgedessen wird Asien auch in wachsendem Maße als Exporteur auf den traditionellen Märkten in Erscheinung treten und dabei seine großen Kostenvorteile zur Eroberung von Marktanteilen nutzen.

Noch stehen wir bei dieser Entwicklung am Anfang. Sie wird sich jedoch ohne Frage insbesondere im Commodity-Bereich rasch verstärken und die weltweiten Strukturen unserer Branche grundlegend verändern. Aber nicht nur die Dynamik in Asien ist für uns eine neue Herausforderung. Auch der Umbruch in Osteuropa hat weitreichende Folgen. Die dortigen Märkte sind infolge des wirtschaftlichen Niedergangs teilweise dramatisch geschrumpft, während auf der anderen Seite Billiganbieter aus dieser Region verstärkt auf die westlichen Märkte vordringen. So ist etwa unser Bayer-Umsatz in Osteuropa von 1,2 Milliarden D-Mark im Jahr 1988 um rund 60% auf nur noch 460 Millionen D-Mark im vergangenen Jahr zurückgegangen, während sich die Konkurrenz, vor allem bei Basischemikalien, immer stärker bemerkbar macht.

Zu dem Strukturwandel der Märkte, auf den wir neue Antworten finden müssen, gehört auch die weiter zunehmende Commoditisierung, die mit dem Reifegrad der zugrundeliegenden

Technologien, etwa bei organischen und anorganischen Spezialitäten oder den sogenannten Engineering-Werkstoffen, und der wachsenden Zahl der Anbieter zusammenhängt. Dementsprechend stark ist der Druck auf die Preise, vor allem dann, wenn die technischen Leistungen der Anbieter nicht mehr entscheidend sind. Der Preiswettbewerb und die Bedeutung der Kostenvorteile nehmen infolgedessen zu.

Auf der anderen Seite gewinnt damit natürlich der Abnehmer an Macht, die er auch nutzt, zumal gerade im Industriebereich unsere Kunden selbst unter ganz beträchtlichem Druck ihrer Abnehmer stehen. Ein Musterbeispiel hierfür sind die Bemühungen der Autoindustrie, ihre Materialkosten in mehr oder weniger freundschaftlicher Kooperation mit ihren Zulieferern zu senken. Die Chemie wiederum ist einer der wichtigsten Lieferanten in diesem Bereich, und die Kraftfahrzeugindustrie gehört weltweit zu unseren größten Kunden. Die zu Recht oft als oberstes Ziel genannte Forderung nach Kundenorientierung muß in diesem Zusammenhang gesehen werden; ein Zusammenhang, der in anderen Bereichen unserer Branche ebenfalls besteht.

Auch die beschleunigte Durchsetzung neuer Technologien wie der Mikroelektronik, der Verbreitung der neuen Kommunikationsmittel und der modernen, auf der Anwendung gentechnischer Methoden beruhenden Biotechnologie, ist ein wesentliches Element des Wandels, dem wir uns stellen müssen. Denn die sogenannten Life-sciences, also die Entwicklung und Herstellung von Medikamenten, Diagnostika, Pflanzenschutzprodukten und Tierarzneimitteln, sind die bei weitem aussichtsreichsten Wachstumsgebiete unserer Branche, und die Gentechnik ist ohne Frage die Schlüsseltechnologie für die Zukunft dieser Bereiche. Die bahnbrechenden Entwicklungen stammen dabei in der Mehrzahl von kleineren, innovativen Forschungsinstituten oder -firmen, zu denen die großen etablierten Pharmaunternehmen, wie etwa Bayer, durch neue Formen der Kooperation Zugang erhalten.

Aber nicht nur die wirtschaftlichen und technischen Veränderungen stellen uns vor neue Herausforderungen. Hinzu kommen wirtschaftspolitische und gesellschaftliche Faktoren, die gerade für uns in der chemisch-pharmazeutischen Industrie eine kaum zu überschätzende Bedeutung haben. Das reicht von der öffentlichen Diskussion über die Risiken und Chancen neuer Technologien bis hin zu den rechtlichen Rahmenbedingungen.

Ein für unsere Branche gerade in Deutschland besonders wichtiges Thema ist dabei der Umweltschutz beziehungsweise die umweltpolitische Debatte, die für uns weitreichende Auswirkungen hatte. Wir haben hierzulande die höchsten Umweltstandards, was an und für sich durchaus positiv zu bewerten ist. Aber: wir müssen auch wesentlich höhere Kosten tragen als unsere Konkurrenten. Und nicht zuletzt unterliegen wir einem in seiner Dichte und bürokratischen Perfektion einmaligen Netzwerk von Regeln und Vorschriften, das sich zu einem sehr ernsthaften Wettbewerbsnachteil entwickelt hat. So ist unsere Konkurrenzfähigkeit in bestimmten Teilen der Basischemie allein aufgrund der wesentlich höheren Umweltkosten und der Einengung durch Vorschriften und viel zu langwierige Genehmigungsverfahren ernsthaft gefährdet. Da wir den Umweltschutz als Zielsetzung nicht aufgeben wollen und können, müssen wir neue Wege beschreiten, wenn wir aus den besonders betroffenen Aktivitäten nicht aussteigen.

Zu dem gesellschaftlichen Strukturwandel gehört schließlich nicht zuletzt die gesamte Problematik des Wohlfahrtsstaates, der offenkundig an seine Grenzen angelangt ist. Denken wir nur an die hohe Belastung mit Steuern und Sozialabgaben, die zu einem großen Teil der sozialstaatlichen Umverteilungspolitik zuzurechnen sind. Auch wenn es primär keine unternehmerische Aufgabe ist, diese Probleme zu lösen, so ist es für uns dennoch eine ganz zentrale Frage, ob und wie wir unter den Bedingungen und vor allem mit der Kostenbelastung des modernen Sozialstaates unsere internationale Wettbewerbsfähigkeit aufrechterhalten können.

3. Strategien und Maßnahmen zur Bewältigung des Strukturwandels

Vor dem Hintergrund dieses skizzierten Wandels stehen wir vor einer Reihe von Herausforderungen, die wir erfolgreich bewältigen müssen, wenn wir unseren Rang als führendes Unternehmen unserer Branche sichern und weiter wachsen wollen.

Dazu ist es unter anderem erforderlich

- selbst als Mitspieler in Asien eine angemessene Marktposition zu erreichen,
- bei unseren Kernaktivitäten die Technologieführerschaft zu sichern, und zwar auch in den Commodity-Bereichen,
- die moderne Biotechnologie umfassend zu integrieren,
- beim Umweltschutz anspruchsvolle Ziele zu verwirklichen, ohne unsere Wirtschaftlichkeit zu gefährden,
- unser Kostenniveau beträchtlich zu senken und die Arbeitsproduktivität deutlich zu erhöhen,
- Organisation und Abläufe primär auf die Markterfordernisse und Kundenbedürfnisse auszurichten,
- und nicht zuletzt unsere Unternehmen so zu restrukturieren, daß wir bei der Umsetzung dieser Anforderungen schneller, flexibler, effizienter und damit letztlich besser sind als unsere Konkurrenten (vgl. Abb. 2).

Herausforderungen

- Marktposition in Asien
- Technologieführerschaft
- Biotechnologie
- Wirtschaftlicher Umweltschutz
- Produktivitätssteigerung
- Kundenorientierung
- Restrukturierung der Unternehmen

Abb. 2: Herausforderungen

Ich denke, es ist klar, daß die Antwort auf diese Herausforderungen nicht in einer einzigen Konzeption bestehen kann, selbst wenn sie so weitreichend und umfassend angelegt ist wie das »Reengineering«.

Denn durch eine neue prozeßorientierte Organisation verbessern wir noch nicht unsere Marktposition in Asien, und die Überwindung bzw. Reduzierung der funktionalen Arbeitsteilung verschafft uns noch keinen Zugang zu neuen Technologien.

Erforderlich ist vielmehr ein ganzes Strategie- und Maßnahmen-Bündel (vgl. Abb. 3):

- Um unsere Position in Asien auszubauen, verfolgen wir ein umfangreiches Investitionsprogramm, mit dem wir bis zur Jahrtausendwende mit Schwerpunkten in China und Japan weit über eine Milliarde D-Mark in neue Anlagen investieren werden.
- Um die Technologieführerschaft zu sichern bzw. zu erreichen, haben wir unsere Forschung und Entwicklung entsprechend neu ausgerichtet und sind außerdem dabei, vorhandene technische Lücken durch gezielte Kooperationen oder Akquisitionen zu schließen.
- Um in der Biotechnologie ein weltweit führender, wettbewerbsfähiger Mitspieler zu sein, haben wir ebenfalls unsere Forschung intensiviert und engagieren uns verstärkt in den USA, wo die bedeutendsten Forschungsinstitute und Venture-Unternehmen dieses Technologiebereichs angesiedelt sind.

Wir setzen also sowohl auf unsere eigenen Ressourcen, als auch auf die Kooperation mit diesen spezialisierten Unternehmen. Den Umweltschutz gestalten wir dadurch wesentlich effek-

Strategien und Maßnahmen

- Verstärkte Investitionen in Asien
- Neuausrichtung der Forschung und Entwicklung
- Integration der Biotechnologie
- Verfahrensintegrierter Umweltschutz
- Portfolio-Überprüfung
- Kostenabbau

Abb. 3: Strategien und Maßnahmen

tiver und vor allem auch wirtschaftlicher als bisher, indem wir ihn in die Verfahren und Anlagen selbst integrieren, statt ihn als aufwendige »End-of-the-Pipe-Technik« zu betreiben.

Um mit den uns zur Verfügung stehenden Ressourcen eine möglichst große Wertschöpfung zu erzielen, betreiben wir ein umfassendes Portfolio-Management. Wir trennen uns von unteroptimalen Aktivitäten und setzen klare Wachstumsschwerpunkte, etwa bei den Life-sciences, in denen wir uns auch durch Akquisitionen gezielt verstärken. Als Steuerungs- und Bewertungssystem nutzen wir dazu unter anderem eine »Cash-flow-Return-on Investment-Rechnung«, die uns zugleich eine präzise und vergleichbare Orientierung über den Wachstumsbeitrag der einzelnen Aktivitäten bietet.

Darüber hinaus verfolgen wir einen konsequenten Kostenabbau, und zwar in allen Unternehmensbereichen, mit dem Ziel, Aufwendungen, die nicht zur Wertschöpfung beitragen, so rasch wie möglich zu streichen. Hierbei ging es in der deutschen Chemie nach dem lang anhaltenden Wachstum der achtziger Jahre, mit dem auch unsere Kosten und Strukturen expandiert sind, zunächst einmal darum, die notwendigen Anpassungsmaßnahmen zu ergreifen, um so viel Fixkosten wie möglich abzubauen.

Insbesondere der stark angewachsene Personalbestand und die im Vergleich zu unseren ausländischen Konkurrenten hohen Personalaufwendungen hatten zu dieser ungünstigen Entwicklung beigetragen. So haben wir in der deutschen Chemie die weltweit mit einigem Abstand höchsten Arbeitskosten und zum anderen eine verhältnismäßig geringe Arbeitsproduktivität.

Das zeigen schon die Pro-Kopf-Umsatz-Zahlen. Während wir in der deutschen Chemie im Jahre 1993 einen Umsatz pro Mitarbeiter in Höhe von 162.000 US-Dollar erreichten, lag dieser Wert in den USA bei fast 300.000 US-Dollar und in Japan sogar bei 500.000 Dollar. Aber

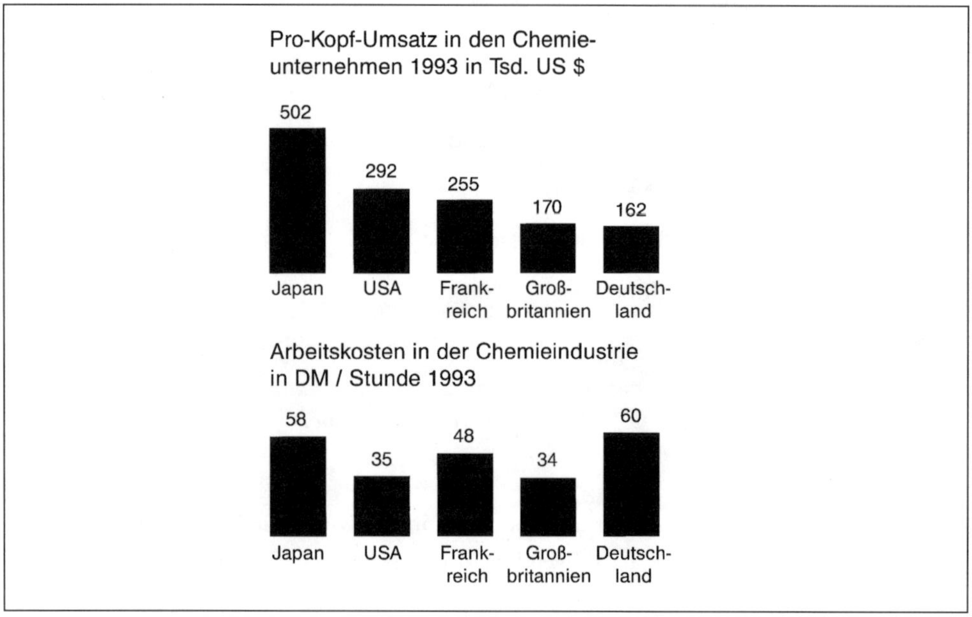

Abb. 4: Pro-Kopf-Umsatz und Arbeitskosten in der Chemieindustrie

auch unsere europäischen Konkurrenten in Frankreich und Großbritannien erzielen zum Teil deutlich höhere Werte als wir in Deutschland (vgl. Abb. 4). Demgegenüber liegen wir bei den Arbeitskosten mit einem Betrag von 60 D-Mark pro Stunde weit vor der Chemie in diesen Ländern, mit Ausnahme von Japan.

Um unsere Wettbewerbsfähigkeit in der gesamten Bandbreite der Arbeitsgebiete zu steigern, stand daher der personalbezogene Kostenabbau in den vergangenen Jahren zunächst einmal im Vordergrund. Dementsprechend ist die Zahl der Beschäftigten in der deutschen Chemie von 1991 bis Mitte 1994 um fast 60.000 verringert worden. Das sind mehr als zehn Prozent.

In den großen internationalen Konzernen ist der Personalabbau sogar noch stärker ausgefallen. So haben wir bei Bayer seit 1990 die Zahl unserer Mitarbeiter von 169.000 um 21.000 oder 13 Prozent auf 148.000 reduziert (Abb. 5). Durch diesen Personalabbau ist es uns gelungen, Fixkosten in beträchtlichem Umfang abzubauen und den Kostenanstieg im Personalbereich wenigstens zu kompensieren. Daher ist der Personalaufwand bei uns in den letzten Jahren sogar leicht rückläufig gewesen.

Wir sind aber noch nicht am Ziel, zumal auch unsere Konkurrenten im Ausland mehr oder weniger konsequent den gleichen Weg gegangen sind, und wir hier in Deutschland aufgrund

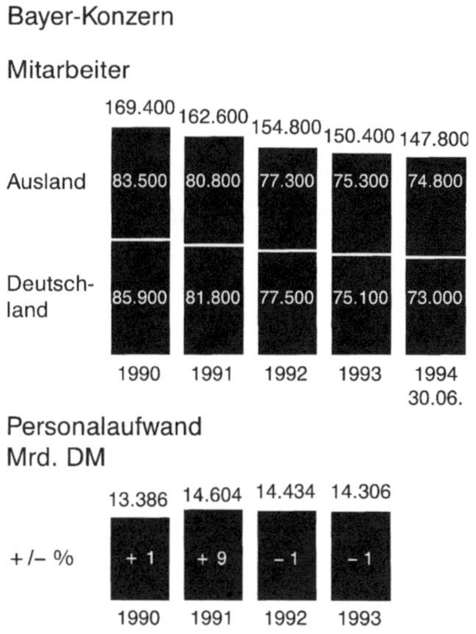

Abb. 5: Mitarbeiter und Personalsaufwand des Bayer-Konzerns

der außerordentlich hohen, politisch bedingten Nebenkosten der Arbeit einen großen strukturellen Nachteil haben.

4. Reengineering bei Bayer

Der reine Kostenabbau hat ohne Zweifel seine Grenzen. Allein ist er sicher auch kein geeignetes Rezept, um strukturelle Defizite zu beseitigen.

Die Restrukturierung des Unternehmens, seiner Organisationen und Abläufe besitzt daher einen besonderen Stellenwert, weil sie sich als Querschnittsfunktion praktisch auf alle Bereiche erstreckt. Dabei messen wir auch dem Reengineering einen hohen Stellenwert bei; denn mit dem Anspruch, Strukturen von Grund auf neu und effizienter zu gestalten und damit zugleich auch neues Wachstumspotential freizusetzen, ist das Reengineering zweifellos ein wichtiger Ansatz.

Allerdings ist bei der Restrukturierung bei weitem nicht alles durch den Reengineering-Begriff abzudecken. Und ich halte nichts davon, jede Maßnahme zur Strukturverbesserung – wie etwa die bereits genannten Maßnahmen zur Portfoliooptimierung, zum Kostenabbau oder der Neuausrichtung der Forschung – gleich mit diesem neuen Etikett zu versehen.

Auch die Vorstellung eines revolutionären, totalen Bruchs mit den bisherigen Vorgehensweisen und Organisationsformen, der von seinen radikalen Vertretern gefordert wird, paßt nicht zu den Anforderungen in der chemischen Industrie.

4.1 Grundsätze

Wir bevorzugen langfristig angelegte, evolutionäre Übergänge. Außerdem ist eine Totalreform in breit diversifizierten Konzernen mit sehr unterschiedlichen Arbeitsgebieten, regionalen Schwerpunkten und technologischen Strukturen weder sinnvoll noch ohne weiteres machbar. Dabei steht für uns – zumindest kann ich das für Bayer sagen – außer Frage, daß unsere großen internationalen, diversifizierten und hierarchisch organisierten Unternehmen durchaus reformbedürftig waren, und zwar nicht nur als Reaktion auf die Umsatz- und Ergebniseinbußen der Konjunkturkrise, sondern auch im Zusammenhang mit den genannten strukturellen Veränderungen.

Ohne das Konzept als solches zu verwerfen, sehen wir daher in seiner schrittweisen, jeweils auf einzelne Unternehmensbereiche oder Funktionen bezogenen Umsetzung den sinnvolleren Ansatz. So überprüfen wir vor allem unsere Ressortstrukturen, sind dabei, neue prozeßorientierte Fertigungsabläufe zu organisieren, verringern die Zahl unserer Führungsebenen und bauen damit auch Hierarchien ab (vgl. Abb. 6). Welche Wege wir dabei beschreiten, möchte ich anhand einiger Beispiele etwas näher erläutern:

Ein grundlegender Schritt, mit dem wir uns an die veränderten Anforderungen anpassen, besteht in der Reorganisation unserer Geschäftsbereichs- und Ressortstrukturen, wobei es unser

Grundsätze:

→ Evolution statt Revolution
→ Schrittweise und bereichsbezogen

Beispiele:

→ Neue Ressortstruktur in den operativen Bereichen
→ Prozeßorientierte Fertigung
→ Hierarchieabbau

Abb. 6: Reengineering bei Bayer

Ziel ist, zeitaufwendige und kostspielige Schnittstellen zu beseitigen, und sowohl in der Produktion als auch im Marketing noch wesentlich effizienter zu werden.

Um das verständlich machen zu können, folgen ein paar Worte zu unserer Organisationsstruktur. Im Bayer-Konzern arbeiten wir mit 20 Geschäftsbereichen, die weltweit die volle Verantwortung für das operative Geschäft haben.

4.2 Reorganisation der Geschäftsbereiche

Diese Geschäftsbereiche gliedern sich in funktionale Ressorts, und zwar in der Regel: Forschung und Entwicklung, Produktion, Ingenieurtechnik, Anwendungstechnik und Vertrieb (Abb. 7).

Diese Gliederung entsprach den Anforderungen ihrer Zeit. Sie bot den geeigneten Rahmen für eine rasche geschäftliche Expansion auf der Basis relativ junger oder anspruchsvoller Technologien, deren Einsatz im Unternehmen selbst, aber auch bei den Kunden ein hohes Maß an arbeitsteiligem Spezialisten-Know-how erforderte.

Dies gilt etwa im Bereich der Produktion für die Arbeitsteilung zwischen Ingenieurtechnik – also der Planung, dem Bau sowie der Instandhaltung der Anlagen – und der eigentlichen Produktion. Es gilt ebenso für die Trennung zwischen Anwendungstechnik – also der Entwick-

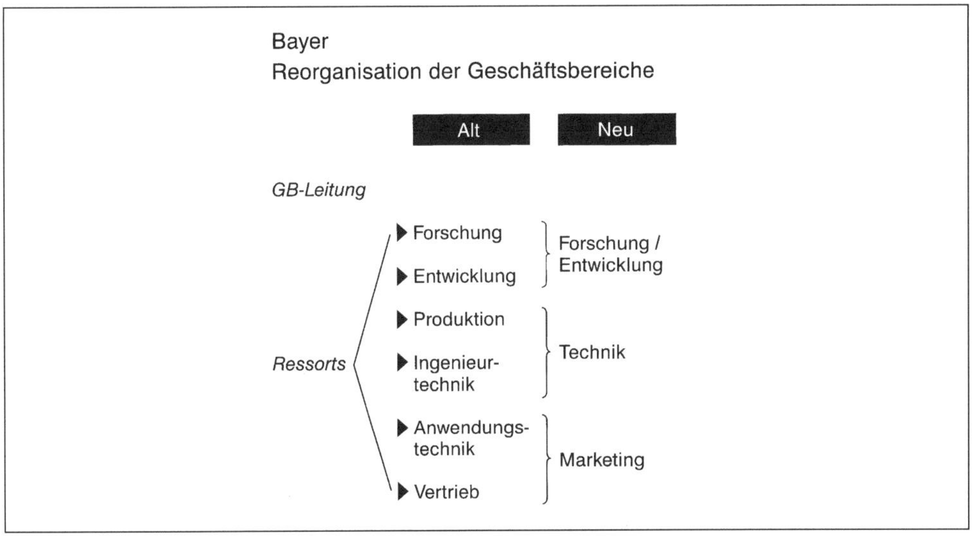

Abb. 7: Reorganisation der Geschäftsbereiche bei Bayer

lung neuer Anwendungsmöglichkeiten und der technischen Kundenberatung – und dem Vertrieb gegenüber den Märkten.

Mit der zunehmenden Reife der Technologien ist naturgemäß auch ein Kompetenzzuwachs bei den Anwendern verbunden, der diese Arbeitsteilung im Laufe der Zeit überflüssig macht. Deshalb haben wir in unserem Unternehmen begonnen, die herkömmlichen Ressortstrukturen aufzubrechen und neue übergreifende Ressorts zu bilden. Diese umfassen auf der einen Seite als Technikressorts die gesamte technische Linie, indem wir die Ingenieurtechnik in die Produktion integrieren. Auf der anderen Seite treten auch den Kunden einheitliche Marketingressorts gegenüber, die ihrerseits alle kundenspezifischen Leistungen bieten.

Auf diese Weise werden unsere Geschäftsbereiche nicht mehr aus fünf bis sechs Ressorts bestehen, sondern nur noch aus drei: nämlich Forschung und Entwicklung, Technik und Marketing. Die Zahl der koordinationsbedürftigen Schnittstellen und der wertschöpfungszehrende Selbstverwaltungsaufwand werden dadurch verringert, und nicht zuletzt steigern wir durch die Zusammenfassung dieser Aufgaben unser Leistungspotential. Ich denke, es versteht sich von selbst, daß damit ein beträchtlicher Rationalisierungseffekt verbunden ist. Entscheidend ist dabei, daß wir die Integration der Funktionen, diese Zusammenfassung nicht nur unter organisatorischen Aspekten betreiben. Im Mittelpunkt stehen vielmehr die Tätigkeiten und die Qualifikation der Mitarbeiter und der Manager, die diese neuen, ganzheitlichen Aufgaben übernehmen.

Im Idealfall erreichen wir den Marketingexperten, der neben den klassischen Vertriebsaufgaben auch das technische Repertoire beherrscht oder den Produktionsmitarbeiter, der neben dem Fahren der Anlagen auch in der Lage ist, Reparaturen durchzuführen und die Verfahrensabläufe zu optimieren.

4.3 Prozeßorientierte Produktionsorganisation

Auf den Kernbereich der Produktion möchte ich noch etwas näher eingehen. Hier geht es um eine Neugestaltung der Produktionsabläufe, die traditionell ebenfalls von einer weitreichenden funktionalen Arbeitsteilung geprägt waren (vgl. Abb. 8). Dabei besitzt die Prozeßleittechnik in der Chemie eine Schlüsselstellung. Sie umfaßt die Planung, die Montage, die Inbetriebnahme sowie die Instandhaltung sämtlicher Prozeßleittechniken. Welchen Stellenwert sie besitzt, können Sie schon daran erkennen, daß sie bei uns in der Bayer AG ein Volumen von rund einer Milliarde D-Mark umfaßt. Das sind immerhin sieben Prozent der gesamten Kosten.

Sie arbeitet heute im wesentlichen EDV-gestützt und erforderte bei ihrer Einführung ein hohes Maß an Expertenwissen, das in der Regel bei den Produktionsmitarbeitern nicht vorhanden

Prozeßorientierte Produktionsorganisation:

- Integration der Prozeßleittechnik
- Abbau der Arbeitsteilung
- Mehr Spielraum für eigenverantwortliches Handeln
- Teamarbeit

→ Leistungssteigerung und Kostensenkung

Abb. 8: Prozeßorientierte Produktionsorganisation

war. Denn zum einen war der Verbreitungsgrad der elektronischen Prozeßleittechnik noch relativ gering und auf der anderen Seite konnten die Produktionsmitarbeiter auch wegen der Neuartigkeit dieser Technik noch nicht routinemäßig darin ausgebildet werden.

Für die Prozeßleittechnik war bei Bayer in der herkömmlichen Organisation aus diesen Gründen ausschließlich das zentrale Ingenieurwesen zuständig, und zwar auch für die Betreuung der Produktionsbetriebe in den Geschäftsbereichen. Damit verbunden war jedoch auch eine Arbeitsteilung, die zu zahlreichen Schnittstellen führte und einen entsprechenden Aufwand an Koordination erforderte.

Mit dem zunehmenden Reifegrad der elektronischen Prozeßleittechnik und nach dem Abschluß ihrer Einführungsphase entwickelt sich diese Technik mehr und mehr zum Standard. Damit bestehen die Voraussetzungen, die unmittelbar der Produktion dienende Leittechnik direkt in die Technikressorts der operativen Bereiche einzugliedern, die Arbeitsteilung und damit die Schnittstellenproblematik deutlich zu verringern.

Zugleich erweitern sich damit die Berufsbilder, indem wir nicht mehr den Prozeßleittechniker, den Handwerker, den Chemikanten und so weiter haben, sondern den mehr oder weniger universell einsetzbaren Produktionstechniker, der sowohl von der Meßwarte aus steuern als auch elektronische Module oder Instrumente instandhalten oder ersetzen kann.

Diese Entwicklung macht den Spezialisten nicht überflüssig. Wir brauchen nach wie vor eine zentrale Abteilung, die alle übergeordneten Funktionen umfaßt und die Leistungen bereit hält, die in den einzelnen operativen Einheiten nicht erbracht werden können. Doch die geschilderte Integration der Prozeßleittechnik führt dazu, daß die Mitarbeiter in der Produktion wesentlich mehr Spielraum für eigenverantwortliches und damit auch schnelleres und effizienteres Handeln bekommen. Damit verbunden ist außerdem ein ganz beträchtlicher Rationalisierungseffekt, der kostenmäßig ausgedrückt die Größenordnung von zehn Prozent aller Aufwendungen für die Prozeßleittechnik bei uns deutlich übertrifft.

Das Ziel, das wir letztlich anstreben, ist eine prozeßorientierte Fertigung im Team, und zwar in allen technischen Bereichen unseres Unternehmens, wobei die Teams alle notwendigen Aufgaben in der Produktion ganzheitlich übernehmen. Wir sind bereits dabei, entsprechende Konzepte zu entwickeln und umzusetzen, und wir erwarten davon neben einer beträchtlichen Leistungssteigerung auch eine ganz erhebliche Kostensenkung.

Auf der Basis unserer vorläufigen Berechnungen gehen wir davon aus, durch die Verwirklichung dieses Projekts in der Bayer AG eine Vielzahl von Stellen in den technischen Bereichen einsparen und entsprechende Produktivitätssprünge erreichen zu können.

4.4 Veränderungen der Führungsorganisation

Nach diesem etwas detaillierten Ausflug in die Ebene der Produktion, der Ihnen einen Einblick in die Umsetzung einzelner Reengineering Maßnahmen in der Chemie vermitteln sollte, komme ich zurück zur Struktur des Gesamtunternehmens.

Wie alle Organisationen neigen auch Unternehmen bekanntlich dazu, in bestimmten Phasen ihre administrativen Strukturen stärker zu expandieren als die zugrundeliegenden Kernaufgaben und vielschichtige Hierarchien zu entwickeln. Das hat einerseits seinen Grund in dem zunehmenden Komplexitätsgrad wachsender, diversifizierter Unternehmen, der für Steuerung, Kontrolle und Verwaltung einen solchen Aufwand erforderlich macht. Auf der anderen Seite liegt der Nachteil zu großer Hierarchien auf der Hand. Lange Entscheidungswege, zu starke Aufsplittung von Verantwortlichkeiten und zu geringer Spielraum für eigenverantwortliches Handeln.

Um rasch und flexibel auf die jeweils spezifischen Anforderungen der regionalen Märkte und vor allem der einzelnen Kunden reagieren zu können, brauchen wir jedoch möglichst in allen Ebenen nicht nur fachkompetente, sondern auch entscheidungsbefugte, voll verantwortliche Führungskräfte.

Demgegenüber tritt der Kontroll-, Überwachungs- und Steuerungsanspruch durch die Hierarchie zurück, ohne damit die unternehmerische Verantwortung in Frage zu stellen, die in der grundsätzlichen Orientierung des Geschäfts und seiner Strukturen sowie der Entscheidung über die Verteilung der strategischen Ressourcen liegt.

Bayer-Führungsstruktur

Alt	Neu
Vorstand	Vorstand
1 Sektor	
2 Unternehmensbereich	1 Unternehmensbereich
3 Ressort	2 Ressort
4 Hauptabteilung	
5 Abteilung	3 Abteilung
6 Gruppe/Betrieb	
7 Referat/Sachgebiet	4 Betrieb/Referat

Abb. 9: Bayer-Führungsstruktur

Aus diesen Gründen haben wir bei Bayer die Führungsstruktur überprüft und schließlich neu gegliedert (vgl. Abb. 9).

Unser Vorstand ist und bleibt ohne Ressortverantwortung hauptsächlich für die strategische Führung zuständig, eine Maßnahme, die sich bereits seit Jahren bewährt hat. Die unterhalb der Ebene des Vorstands angesiedelte Zusammenfassung unserer operativen Bereiche zu sechs Sektoren mit einer eigenen Leistung haben wir abgeschafft. Dadurch erhalten einerseits die Unternehmensbereiche direkten Zugang zum Vorstand und auf der anderen Seite sind wir im Vorstand wesentlich näher an das operative Geschäft gerückt. Wir können uns damit nicht nur direkter und umfassender informieren und noch rascher entscheiden, sondern unterhalten auch einen ständigen persönlichen Kontakt zu dieser für unser weltweites Geschäft entscheidenden Managementebene. Ich denke, ich brauche nicht zu betonen, welchen zentralen Stellenwert eine solche Kommunikationsverbesserung für die Unternehmensführung besitzt.

Die Neuordnung unserer Führungsstrukturen ging aber noch weiter. Innerhalb der Unternehmensbereiche haben wir zwei weitere von den nächsten fünf Führungsebenen gestrichen, so daß wir nach dem neuen Modell in Zukunft nur noch vier statt bisher sieben Führungsebenen in unserem Konzern haben werden. Damit wächst die Verantwortungsspanne unserer Führungskräfte beträchtlich. Wir stärken somit auch die Motivation der Mitarbeiter, denn mit dem Handlungsspielraum und der Verantwortung für Abläufe und Entscheidungen wachsen auch das Engagement und die Leistungsbereitschaft.

Mit dieser Restrukturierung schaffen wir zugleich eine wesentlich schlankere Führungsorganisation und erzielen schließlich auch noch beträchtliche Einsparungen; denn mit dieser Neuordnung ist der mittelfristige Abbau von mindestens 10 Prozent unserer knapp 5000 leitenden Mitarbeiter verbunden.

Bei diesen Beispielen aus dem Unternehmen Bayer möchte ich es belassen. Ich denke, es ist deutlich geworden, daß die Restrukturierung bei uns einen hohen Stellenwert hat, sich auf die verschiedensten Bereiche und Ebenen erstreckt, und daß dabei auch das Konzept des Reengineering eine Rolle spielt, indem wir den Grad der Arbeitsteilung reduzieren und unsere funktionale Organisation überprüfen.

5. Reengineering der Rahmenbedingung

Wir sind überzeugt davon, daß diese Maßnahmen notwendig sind, um unsere Wettbewerbsfähigkeit in dem veränderten Umfeld zu erhalten, und wir sind auch davon überzeugt, daß sie erfolgreich sein werden. Allerdings hat, das möchte ich abschließend betonen, die von den Unternehmen durchgeführte Restrukturierung ihre Grenzen. Wir können damit gesellschaftliche oder wirtschaftspolitische Fehlentwicklungen nur in einem begrenzten Ausmaß kompensieren.

Dieses Problem sehen wir vor allem hier in Deutschland, wo wir es mit sehr schwierigen Rahmenbedingungen zu tun haben. Wir müssen hierzulande – um es noch einmal zu wiederholen – mit den höchsten Arbeitskosten und kürzesten Arbeitszeiten fertig werden. Wir haben eine überdurchschnittliche Belastung mit Steuern und Abgaben sowie weltweit einzigartige Umweltvorschriften, die nicht einmal in der Europäischen Union harmonisiert werden. Energie ist teurer als in den meisten anderen Ländern, und bei der Durchsetzung neuer Produkte oder Verfahren sind wir schon deshalb benachteiligt, weil bei uns die Genehmigungs- und Zulassungsverfahren weit länger dauern als bei unseren Konkurrenten. Dabei will ich keinen der zahlreichen Faktoren, die wir alle – nicht zuletzt aus der jahrelangen Standortdebatte zur Genüge kennen – besonders hervorheben. Was uns zu schaffen macht, ist die Häufung, das Zusammenwirken der Nachteile.

Und diese Effekte können wir durch die erfolgreichste Rationalisierung und Restrukturierung nicht ausgleichen. Es bleibt für unsere deutschen Standorte ein Handicap im internationalen Wettbewerb, das auf längere Sicht weitreichende Folgen haben kann. Wenn nichts geschieht, ist es nur eine Frage der Zeit, bis die besonders arbeits- und umweltintensiven Arbeitsgebiete der deutschen Chemie durch die neuen Wettbewerber aus anderen Regionen vom Markt verdrängt werden.

Darüber hinaus werden neue, innovative Technologien, wie etwa die Gentechnik, von vorneherein bevorzugt an solchen Standorten angesiedelt, an denen ohne Verzicht auf Sicherheitsstandards eine rasche Zulassung von Anlagen und Produkten erreicht werden kann.

Wir als internationales Unternehmen haben damit keine Probleme. Wir können ohne weiteres in andere Länder ausweichen, und wir tun dies auch, zumal dann, wenn dort auch noch die Märkte und die wirtschaftliche Dynamik größer sind. Doch die Bedeutung der Chemieunternehmen in Deutschland und damit die Wertschöpfung einer der größten Branchen unserer Wirtschaft, würde wesentlich kleiner werden. Um die Position der deutschen Chemie weltweit abzusichern, ist daher neben den Anstrengungen der Unternehmen auch eine grundlegende Verbesserung der Rahmenbedingungen erforderlich. Um es mit dem Kongreßmotto zu formulieren: wir brauchen auch ein politisches und gesellschaftliches Reengineering, damit die Industrie die Herausforderungen des weltweiten Strukturwandels erfolgreich bewältigen kann. Und ich sehe es als eine der wichtigsten unternehmerischen Aufgaben an, im intensiven Dialog von Wissenschaft, Wirtschaft, Öffentlichkeit und Politik diese Notwendigkeit immer wieder deutlich zu machen und so auch diesen Prozeß mit auf den Weg zu bringen.

II. General Management

Unternehmensgestaltung – Orientierung am Umfeld

Hans-Jürgen Warnecke*

1. Aufgabe Standortsicherung

2. Eine Welt im Wandel

3. Märkte der Zukunft

4. Globalisierung von Markt, Forschung und staatlicher Industriepolitik

5. Produktion der Zukunft

6. Organisationsgestaltung als Daueraufgabe

7. Fraktale Fabrik – eine Struktur mit Zukunft

* Prof. Dr. *Hans-Jürgen Warnecke*, Präsident, Fraunhofer-Institut für Produktionstechnik und Automatisierung, Stuttgart

1. Aufgabe Standortsicherung

In jüngster Zeit wird das Thema der Sicherung des deutschen Produktionsstandortes immer häufiger diskutiert. Indizien scheinen tatsächlich eine Verminderung der Chancen für erfolgreiches Produzieren an deutschen Standorten zu unterstreichen (Abb. 1). Organe und Medien zeichnen furchteinflößende Bilder einer »Entindustrialisierung« mit sinkendem Wohlstand, Verlust von Arbeit, des eigenständigen Produktions-know-hows und Fremdbestimmung in Bezug auf das Angebot an Arbeitsplätzen und Waren. Andere weisen jedoch auf die unübersehbaren Leistungen deutscher Produktionsstandorte, eine Historie von fast stetem Aufschwung, eine große Anpassungsfähigkeit der deutschen Industrie, guten Ausbildungsstand der Mitarbeiter und eine in Summe gute Position sowie positive Entwicklungen hin. Unstrittig ist sicher, daß die vorliegende Frage umfangreich und hochkomplex ist. Die enge Vernetzung aller Einflußgrößen und Erfolgsfaktoren, eine wechselvolle Gegenwart und unsichere Zukunft machen es extrem schwierig, der einen oder der anderen Seite allein zuzustimmen. Das Feld der Diskussionen wird von Ansichten beherrscht, die zwar bestritten, oft aber nicht widerlegt werden können.

Sicher ist, daß eine erfolgreiche Standortsicherung nur durch eigenständige, »offensive« Lösungen unter optimaler Berücksichtigung bzw. Veränderung lokaler Rahmenbedingungen möglich sein kann. Die alleinige Orientierung an Lösungswegen von Wettbewerbern anderer Kulturkreise und auf Kopieren basierende Konzepte werden keinesfalls eine Führungsrolle des deutschen Produktionsstandortes erlauben. Lösungsansätze müssen also von der heutigen Situation ausgehend nicht nur mittel-, sondern ganz besonders auch langfristig wirksam und zukunftsweisend sein[1].

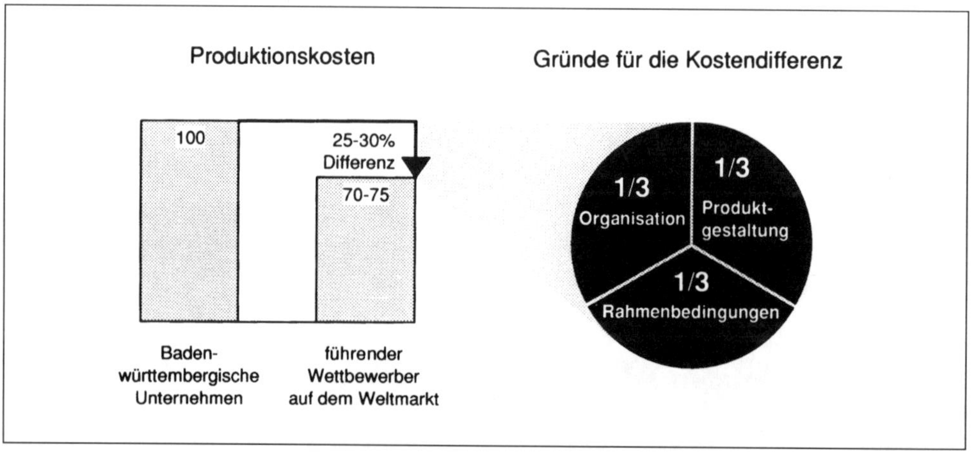

Abb. 1: Kostennachteil baden-württembergischer Unternehmen

Dies schließt die besondere Aufmerksamkeit der Vorgänge mit ein, die mit den Umwälzungen in Mittel- und Osteuropa verbunden sind. Hier wurde in der jüngsten Vergangenheit augenfällig, wie schnell und unerwartet sich Rahmenbedingungen und Handlungsbedarf verändern können. Die Gesamtsituation, namentlich in den neuen Bundesländern, birgt neben unbestreitbaren Schwierigkeiten auch große Chancen, die es in einem zukunftsorientierten Ansatz zu nutzen gilt. Der Umbruch im Osten muß als Anlaß grundlegender und weitreichender Lösungen für den Produktionsstandort Deutschland insgesamt gesehen werden.

Die Attraktivität eines Produktionsstandortes hängt von vielen, sich gegenseitig beeinflussenden Faktoren ab. Diese bestimmen die Lösungsmöglichkeiten für erfolgreiches Produzieren. Wettbewerbsfähig Produzieren heißt in Zukunft nicht nur Beherrschen von Technologie sondern zunächst treffsicheres und schnelles Erkennen oder Gestalten von Markt- und Kundenbedarf, effizientes Schaffen von neuen qualitativ hochwertigen Gütern und Leistungen für globale Märkte und effektives Umsetzen von Technologie, Kreativität, Aufwand und Mut in Innovation. Die Denkrichtung erfolgreicher Unternehmen wird in Zukunft immer mehr bedarfsorientiert sein, beim Markt beginnen und bei der Bereitstellung von Wissen und der notwendigen Ressourcen enden.

Marktgeschehen war und ist immer schon dem Wandel unterworfen, und Unternehmen müssen sich folglich mit Wandel auseinandersetzen. Allerdings nimmt die Geschwindigkeit des Wandels in einer heute immer enger durch schnelle Verkehrs- und Kommunikationssysteme vernetzten Welt ständig zu. Nur das Unsichere wird sicher sein und Erfolg in der Produktion wird immer weniger planbar. Für ein Unternehmen muß sich die Produktion an einem bestimmten Standort dennoch auf Dauer rechnen. Für den Staat, der das Wohl aller in gleichem Maße zu berücksichtigen hat, gilt es, möglichst vielen Unternehmen in Deutschland eine positivere Rechnung als an anderen Standorten zu ermöglichen.

Nur mit dem wirtschaftlichen Erfolg deutscher Produkte auf globalen Märkten können die eigentlichen Ziele, eine möglichst hohe Wertschöpfung, hohes Beschäftigungsniveau, hohe Qualität der Arbeit und langfristige Umwelt- und Ressourcenschonung erreicht werden.

2. Eine Welt im Wandel

Der stete Wachstumsprozeß bundesdeutscher Unternehmen der letzten Jahrzehnte und die stete Historie von Erfolgen bahnbrechender technologischer und innovatorischer Leistungen bewirkten eine nachhaltige Veränderung der Erscheinungsformen der industriellen Arbeit und Betriebsführung. Die Entwicklung war gekennzeichnet durch die Entkopplung der industriellen Leistungserstellung von der menschlichen Kraft (Mechanisierung), der menschlichen Ausführung (Automatisierung) und der menschlichen Informationsbindung (Informationalisierung).

Zwei grundlegende Paradigmen prägten diese Entwicklung. Auf der naturwissenschaftlich/technischen Seite war es das Newtonsche Axiom, das die Berechenbarkeit aller Zukunftsentwicklungen bei Kenntnis der Anfangsbedingungen und der Gesetzmäßigkeiten des betrachteten Systemes implizierte. Dieses Axiom begründete auch den Glauben an das Prinzip der Kausalität.

Auf der produktionswirtschaftlichen Seite waren die Aussagen und Empfehlungen von Frederic W. Taylor prägend, die dieser in seiner Abhandlung zur »wissenschaftlichen Betriebsführung« formuliert hatte. Aufbauend auf diesen »Weltanschauungen« wurde versucht, in minutiöser Planung die Betriebe das ausführen zu lassen, was von der Unternehmensleitung zur Erfüllung der Unternehmensziele, -strategien und erwarteter, quasi berechenbarer Zukunftsentwicklungen als erforderlich eingestuft wurde. Im Vordergrund stand hierbei stets das ökonomische Prinzip der Effizienz, das den Quotienten aus Nutzen und Aufwand zu maximieren vorschreibt.

Seit einigen Jahren sind diese »Weltanschauungen« stark ins Wanken geraten (Abb. 2). Die in Zeiten von Verkäufermärkten immer weiter erhöhte Leistung produzierender Unternehmen wird heute vom Übergang zu Käufermärkten, zumindest in Ländern der »ersten Welt«, mit stark zunehmenden Sättigungseffekten und Segmentierung in spezialisierte Märkte begrenzt. Verstärkt werden diese Tendenzen durch eine rasant zunehmende weltweite Vernetzung bei Transport, Verkehr und Kommunikation, die einerseits globale Wettbewerber auf den Plan ruft, aber auch Chancen eröffnet, Produkte außerhalb der EU, günstiger denn je, weltweit zu produzieren und zu vermarkten. Hierdurch erwächst wiederum neue Anpassungsnotwendigkeit, indem auf den Bedarf anderer Kulturkreise, deren soziale Anforderungen und finanzielle Möglichkeiten eingegangen werden muß. Es eröffnet aber auch Chancen, da eine Neuorientierung auf die neuen wachstumsstarken Märkte der Schwellenländer und die bevölkerungsreichen Märkte der dritten Welt ermöglicht wird. Alles dies muß wiederum in Bezug zur relativ vorhersagbaren demographischen Entwicklung mit starker Alterungserscheinung der deutschen Bevölkerung und dem Wunsch nach langfristiger ökologischer Stabilität gesehen werden.

Es zeigt sich, daß die hieraus erwachsenden Konsequenzen langsamer als ihre Veränderung von den gültigen technischen und ökonomischen Leitbildern in wirkungsvoller Weise aufgegriffen werden. Die industrielle Entwicklung hat gewissermaßen mit den Grenzen des Wachstums bei der Anwendung ihrer eigenen Erfolgsrezepte zu kämpfen. Wie immer zu Zeiten des Umbruchs ändert der Mensch mit seiner nur linearen Anpassungsfähigkeit an exponentielle

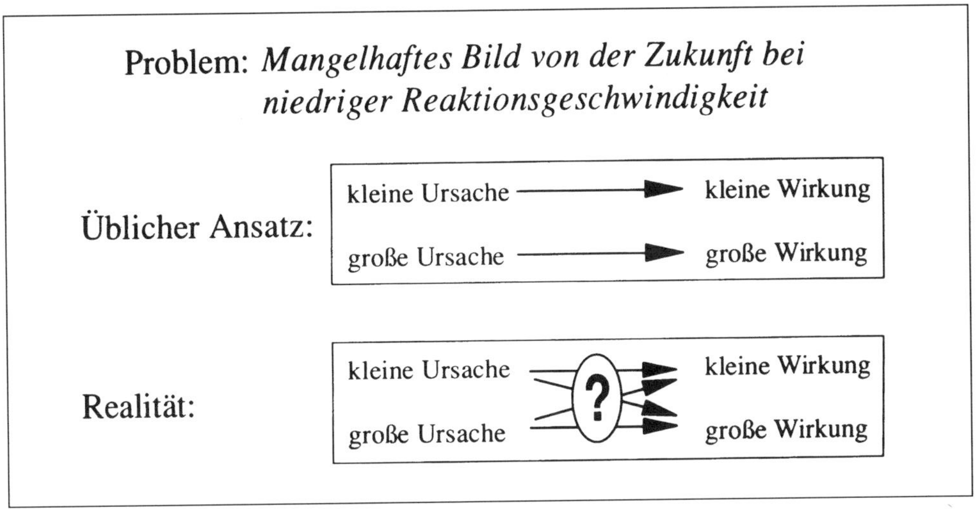

Abb. 2: Die Extrapolationsfalle

Entwicklungen sein Verhalten viel zu langsam und gerät (unnötigerweise) ins Hintertreffen gegenüber benötigter und oft leicht machbarer Veränderung.

Es ist eine vorrangige Aufgabe zukünftiger Forschungsarbeit zur Sicherung des Produktionsstandortes Deutschland, vorhersehbare und nicht vorhersehbare Trends relevanter Entwicklungen mit ihren Konsequenzen aufzuzeigen, Vorschläge für Lösungsmöglichkeiten zu entwickeln sowie vor allem Bewußtsein für schnellere Anpassungen aller Akteure zu schaffen.

3. Märkte der Zukunft

Die »neuen turbulenten Märkte der Zukunft« bestimmen den wirtschaftlichen Erfolg von Unternehmen und einer Volkswirtschaft. Alle Aktivitäten eines Unternehmens müssen folglich äußerst marktorientiert ausgerichtet sein und dabei stärker als heute unkonventionelle Marktchancen nutzen. Hierbei werden die wechselhaften und segmentierten Märkte der Zukunft durch intelligente Konzepte, die

- durch besondere kreative Leistungen neue Produkte mit modularer Bauweise, hoher Flexibilität, geringeren Entwicklungs- und Lagerkosten und völliger für den Kunden unvermuteter Verwandlungfähigkeit hervorbringen,
- dabei den Kunden bei der Erfassung des Marktbedarfs, der Produktdefinition und der Erstellung sowie dem Recycling des Produktes stärker einbeziehen,

- durch Integration von Diensten neue Marktbedürfnisse befriedigen,
- globale Differenzierung der Produkte ermöglichen,
- logistische Leistungen maximieren aber Aufwände minimieren,
- effiziente verteilte Entwicklung, Konstruktion und Produktion erlauben und
- umwelt-, menschen-, tierfreundliche Herstellungs-, Einsatz- und Wiederverwertungsmethoden einschließen.

Dabei wird zunehmend das »humane« oder realistischer »menschorientierte« Unternehmen Vorsprung gewinnen, das

- mehr als nur »tote Technik«, nämlich wertorientierte Konzepte bietet, wie z.B. »Vernunft und Mitmachen« (s. IKEA),
- verbesserte »Kundenwirtschaftlichkeit« durch Konfigurierbarkeit, Auf- und Umrüsten verspricht (s. JUNGHEINRICH, LINN),
- allumfassende »Erlebnisprodukte« von der Hardware bis zur Software (s. SONY) verkauft.

Das marktorientierte Bewußtsein wird sich mittelfristig in ungewohntem Maße auch bei Forschungsarbeiten und staatlichem Handeln durchsetzen. Eine markt- und damit umsetzungs- und industrieorientierte Sicht wird sich auf breiter Front durchsetzen. Dies bedeutet jedoch nicht ein Versiegen grundlagenorientierter Forschung, sondern eher ein engeres Zusammenrücken mit angewandter Forschung und marktnaher Entwicklung der Unternehmen, um einen Effekt des »simultanen Forschens, Entwickelns und Vermarktens« mit deutlicher Verkürzung der Umsetzungsdauer von Forschungsergebnissen durch Parallelisierung von Grundlagenarbeiten, angewandter Forschung und Umsetzung zu erzielen.

Staatliche Maßnahmen werden in verstärktem Maße übergreifendes Interesse von Unternehmen, insbesondere mittelständischer wahrnehmen, die bisher nicht ausreichend genutzt oder meist nur durch größere Unternehmen betrieben werden konnten. Ein wichtiges Beispiel ist hier die Entwicklung standardisierter Systemkomponenten, die durch die Gesetze ökonomischer Skalenerträge bei neuen Produkten der Systemintegration, wie z.B. auf dem Wachstumsmarkt der Hard- und Softwareanwendungen, enorme wirtschaftliche Erfolge erwarten lassen. Der Staat wird hierbei, eingebettet in ein industriepolitisches Konzept, die Rolle der Anschub- und Beschleunigungsfinanzierung der Entwicklung zukunftswichtiger Standards übernehmen.

4. Globalisierung von Markt, Forschung und staatlicher Industriepolitik

Ein zweiter, auf obiger Marktbetrachtung aufbauender Aspekt ist die konsequente Globalisierung der Wertschöpfungskette. Dies schließt alles unternehmerische Handeln vom Marketing über die Produktion, die Konstruktion, Entwicklung bis zur Forschung ein. Märkte werden in Zukunft wesentlich stärker in den ehemaligen Schwellenländern, Osteuropa aber auch der dritten Welt entstehen. Es gilt hier, ganz andere Bedürfnisse zu befriedigen als in den »reichen Ländern«, die sich ein immer »Schöner, Kleiner, Schneller und Weiter« leisten können. Für die erfolgreiche Lieferung, insbesondere ganzheitlicher Produktkonzepte in viele ärmere Länder, wird der kulturelle Hintergrund und die sozialen Rahmenbedingungen zu berücksichtigen sein. Wohlstandsbildung, Marktaufbereitung und -bedienung erfordern eine Beteiligung der Menschen in den Märkten weniger wohlhabender Länder an der Wertschöpfung. Es ist politisch kurzsichtig, menschlich falsch, unrealistisch und letztlich aus Gründen der Sicherheit und Ökonomie unvernünftig, den Produktionsstandort Deutschland als autarke Festung gegen globalen Wettbewerb auf sozialer, innovativer und technologischer Ebene zu verteidigen.

Deutschland darf keine Insel des alleinigen wirtschaftlichen Erfolgs sein und hat daher eher die Chance, im Zentrum Europas als offenes und zukunftsweisendes Modell, mit erstrebenswertem Wohlstand für viele und dem Bemühen, trotz Industrialisierung langfristig eine natürliche Lebensgrundlage zu sichern, zu wirken. Folglich wird man in der Produktion der Zukunft Vernetzung und Verringerung der Fertigungstiefe des Standortes Deutschland zugunsten internationaler Produktionsverbünde betreiben müssen. »Made in Germany« weicht heute schon einem »Made by company x« und wird morgen »Made by consortium y« lauten. Betrachtet man das schnelle wirtschaftliche Wachstum in Ländern außerhalb der OECD, so ist in Zukunft vielmehr mit einem Wettbewerb um deren Märkte und Beteiligung leistungsfähiger Gesellschaftsteile zu rechnen, als in den wachstumsschwachen ausgereizten Regionen der OECD, die heute noch umkämpft werden. Allerdings ist diese positive Entwicklung in ärmeren Ländern durch weltweite wirtschaftliche Schwächen, religiöse Rückbesinnung und der Verstärkung sozialer und politischer Instabilitäten von Gefahren und Widerständen begleitet, die es heute schon aktiv durch Industrie und Forschung zu bekämpfen gilt.

Entscheidend für die Sicherung des deutschen Produktionsstandortes ist, bei genannter Zielsystematik und beim weltweiten Kampf um Wohlstand und Arbeit, nicht Abschottung sondern auch hier die gleichzeitige Kooperation und Konkurrenz mit den sich schneller entwickelnden Produktionskapazitäten und -qualitäten anderer Länder.

Kooperation ist dabei durch konkretes unternehmerisches Handeln mit dem Ziel des Exports von Denkweisen, von Wissen und Know-how, der Integration lokaler Kreativität, lokaler Anforderungen an Produkte und Leistungen, der Nutzung ökonomischer Vorteile sowie des Aufbaus von Wohlstand, sozialer Sicherheit, Frieden und der langfristigen Schonung von Ressourcen und Umwelt.

Konkurrenz wird der Antrieb zur weiteren Effizienzsteigerung der Produktion, Senkung der Stückkosten und der Konzentration auf bestehende und neue Stärken deutscher Produktion sein. Insofern sind sie der Schlüssel für die Entwicklung eigenständiger Produkte, Produktionsprozesse und Technologien, die wiederum als »kreative Systemkopfleistungen« zu Recht einen hohen »Wiederverkaufswert« und damit Rechtfertigung für wirtschafliche Erfolge sowie hohen Lebensstandard in Deutschland sein werden.

Staat und Forschung werden bei dieser Entwicklung wegbereitend sein. Internationale vorwettbewerbliche Kooperation wird nicht nur in Europa, sondern weltweit gefördert werden. Allen Kooperationsbemühungen voran wird die Forschung sich am stärksten internationalisieren. In Technik und Naturwissenschaften macht es bereits heute keinen wesentlichen Unterschied mehr, ob man z.B. in einem Labor in Kalifornien, Tokyo oder in Stuttgart Festkörperforschung betreibt. Arbeit dieser Art lebt heute schon von weltweiter Kooperation und Konkurrenz. Es wird in Zukunft beim Vorsprung bestimmter Forschungsstandorte weniger um Hautfarbe, Sprache oder Religion gehen, sondern vielmehr um seine Ausstattung, internationale Verbindungen, Konzentration einer kritischen Masse an Kompetenz und damit um die Lebensumstände der Forscher, Offenheit der Gesellschaft und Ethik und Ziele, die mit der Forschungsarbeit verbunden werden. Dem Beispiel der Forschung werden Unternehmen rasch folgen und immer stärker offen Beziehungen zu allen Märkten der Welt aufnehmen.

Staatliches Handeln wird in Zukunft, wie in der Forschung, komplexere globale Vernetzung produzierender Unternehmen motivieren, in denen es schwer sein wird, kurzfristigen Nutzen zu erkennen und Bedenken hinsichtlich Risiken für die eigentliche Sicherung des Standortes Deutschland mitschwingen. Der Staat wird in Zukunft aber auch industriepolitisch deutlich stärker intervenieren, um lokale Standortnachteile zu bereinigen oder international vergleichbare Rahmenbedingungen für soziale und ökologische Standards zu erlangen.

5. Produktion der Zukunft

Zwei zentrale Aussagen prägen das Bild von der Produktion der Zukunft:

- die Erkenntnis, daß Wandel die bedeutendste Herausforderung für die Produktion der Zukunft sein wird,

- die Schlußfolgerung, daß Vernetzung die wichtigste Antwort auf die Herausforderung des Wandels darstellt.

Vernetzung ist in vielfacher Hinsicht zu verstehen: z.B. als Zusammenarbeit aller produktionsrelevanten Akteure, wie Unternehmen, Gewerkschaften, Forschung, Staat einschließlich tangierender Bereiche wie Verwaltungen und Dienstleister.

Heute existierende Produktionsunternehmen beweisen zwar, daß sie in einer bestimmten Position erfolgreich Waren und Leistungen anbieten, die Schwierigkeiten bestehen jedoch darin, bei einem Wegdriften des Marktsegmentes – wie dies z.B. die mit manchen Uhren, Foto- und Hifi-Geräten durch eine Bewegung von relativ ruhigen, sicheren zu immer turbulenteren Märkten mit schnellem Modellwechsel, hohen Entwicklungsrisiken und Unsicherheiten war – entweder ihm zu folgen oder bei Beibehaltung der Position auf Basis eigener und evtl. zu ergänzender Kernkompetenzen neue Märkte mit alten Produkten zu erobern oder alte Märkte mit neuen Produkten und Leistungen zu sichern.

Eine Komponente idealen Verhaltens produzierender Unternehmen wird somit der bewußte Kampf um die Beherrschung der immer schnelleren Bewegung von Märkten und die eigene optimale Positionierung darin sein. Dies wird auf globalen Märkten mit globalem Wettbewerb, Internationalisierung der Technikentwicklung und Forschung, kürzeren Produktlebenszyklen, schwankender differenzierter Nachfrage, kurzen Reaktionszeiten, niedrigen Kosten, hoher Qualität und Diversifikation eine immer komplexere Aufgabe werden. Unternehmer und Staat müssen dies nicht nur akzeptieren, sondern vielmehr den Prozeß beschleunigen helfen. Der, der Turbulenz von Märkten bestimmen kann, hat entscheidenden Vorrang vor Nachzüglern, die sie nur zu bewältigen versuchen.

Wie in jeder Prozeßoptimierung, lohnt sich der Einsatz von Mitteln insbesondere an Engpässen. Die Arbeiten zur Standortsicherung müssen sich folglich an Engpässen ausrichten, die sich einer Verbesserung der Standortqualität schon heute entgegenstellen oder morgen vermutlich erschweren werden. Bei der Suche nach Engpässen, ist im Rahmen staatlicher, forschungsorientierter Handlungsbedarfe insbesondere die Beseitigung mittel- und langfristiger Wissensdefizite zu verfolgen.

6. Organisationsgestaltung als Daueraufgabe

Es sind sicher keine Gesetzmäßigkeiten zu finden, aus denen sich für bestimmte Rahmenbedingungen und Einflußgrößen eindeutig ein Produktionskonzept ableiten läßt. Man kann aber doch wesentliche Einflußgrößen wie Menge oder Fertigungsvolumen einerseits und Vielfalt des Leistungsangebotes andererseits identifizieren und daraus Leitlinien ableiten. Es gibt keinen Königsweg für das Finden eines Produktionskonzeptes, sondern die Struktur muß letztlich immer aufgrund der Gegebenheiten eines Betriebes individuell gefunden und angepaßt werden. Zudem kann als sicher gelten, daß wegen der Komplexität und der sich schnell verändernden Umwelt der Optimierungsprozeß nie zum Stillstand kommen wird. Hierbei ist insbesondere das ständige Bemühen um Verbesserungen hervorzuheben, die japanische Vokabel »Kaizen« hat dafür schon fast Eingang in die deutsche Sprache gefunden.

Unter Berücksichtigung vielfältiger Erfahrungen erweist es sich als vorteilhaft, für die Wertschöpfungsprozesse kleine schlagkräftige Einheiten zu bilden. Das Koordinierungsproblem wird damit in vielen Fällen bedeutend entschärft und reduziert sich auf die Schnittstellen zwischen den Einheiten (Abb. 3). Bei Planung und Steuerung variantenreicher Fertigungen findet dieses Konzept mehr und mehr Verbreitung. Fallstudien in deutschen Unternehmen bestätigen das Erfolgspotential eines solchen Ansatzes. Die intensivsten Informations- und Kommunikationsbeziehungen dürfen nicht über Bereichsgrenzen hinweg erfolgen. In der Praxis überwiegen aber nach wie vor hierarchische, träge und starre Strukturen.

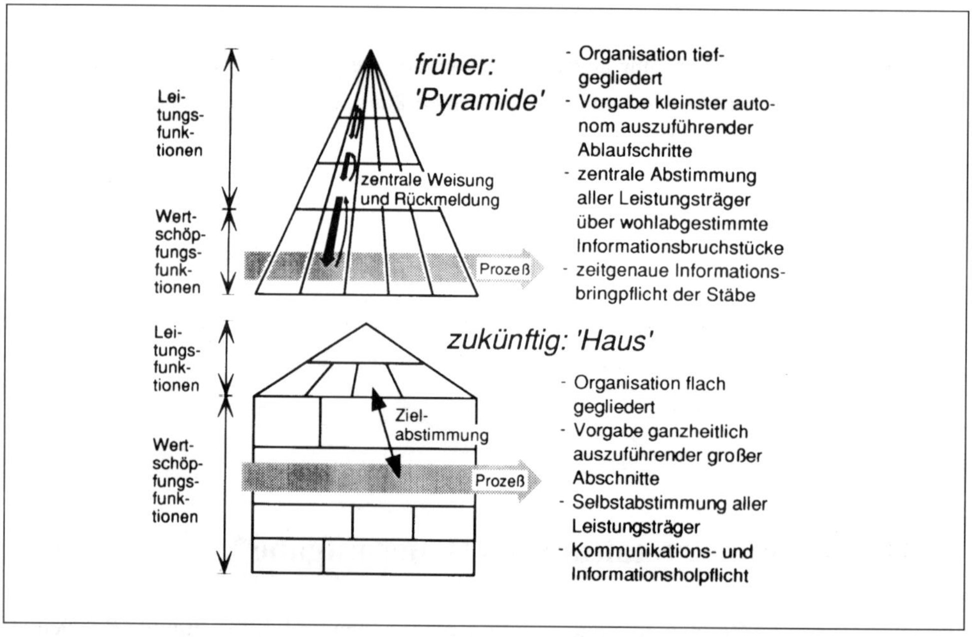

Abb. 3: Zuammenspiel von Organisation, Information und Leistungserstellung: von der Pyramide zum Haus

7. Fraktale Fabrik – eine Struktur mit Zukunft

Situation und Entwicklungstendenzen führen auf das Bild und Ziel der »Fraktalen Fabrik«, angelehnt an die Mathematik der Fraktale zum Beschreiben natürlicher Strukturen. Deren Aufbau bleibt im wesentlichen unverändert, wenn die Auflösung verfeinert wird. Dieses Bild entspricht in mancherlei Hinsicht unserer Vorstellung von einem modernen Produktionsunternehmen. Drei Merkmale der Fraktalen Fabrik haben dabei besondere Bedeutung: *Selbstorganisation*, *Selbstähnlichkeit* und *Dynamik*. Sie stellen einen Ansatz dar, Produktionsstrukturen im Sinne der beschriebenen Erfordernisse zu gestalten[2].

Selbstorganisation in der Fraktalen Fabrik ist mehr als Gruppenarbeit. Eine gesamtheitliche, gemeinsam zu bearbeitende Aufgabenstellung muß verbunden sein mit der Schaffung erforderlicher Freiräume und – nicht zuletzt – der Verantwortlichkeit für das Ergebnis. Beispiele aus der Praxis zeigen, wie Unternehmen *und* Mitarbeiter hiervon profitieren:

- Die Gestaltung der Arbeitssysteme orientiert sich an den tatsächlichen Erfordernissen.
- Ressourcen werden optimal genutzt.
- Verbesserungsmöglichkeiten und notwendige Veränderungen werden unmittelbar sichtbar gemacht und auch durchgesetzt.
- Die Planungstiefe wird optimiert; in vielen Fällen sinkt sie erheblich.
- Die Kundenorientierung des Unternehmens kann ohne nennenswerten Aufwand deutlich gesteigert werden.
- Der Wunsch des Mitarbeiters nach Selbstverwirklichung am Arbeitsplatz wird erfüllt.

Bei alledem ist eine gesamtheitliche Orientierung erforderlich:

- Dezentrale Entscheidungen erfordern entsprechende Informationen. Für ihre Aufbereitung und Verbreitung sorgen *Navigationssysteme*, bespielsweise durch die kontinuierliche Darstellung relevanter Zielgrößen im Soll-Ist-Vergleich.
- Das Zielsystem des Unternehmens ist »*selbstähnlich*«: Jede Einheit hat ihre eigene, konsistente Aufgabenstellung, die sich widerspruchsfrei dem globalen Unternehmensziel unterordnet.
- Der Zielrahmen als Freiraum der Selbstorganisation wird abgesteckt in einem iterativen Prozeß, an dem »Unten« und »Oben« gleichermaßen beteiligt sind.

Das ambitionierteste Merkmal der Fraktalen Fabrik ist ihre *Dynamik*. Der schnelle Wandel im Umfeld des Unternehmens, insbesondere der Märkte, wird nicht als Problem oder Störgröße angesehen, sondern als Wettbewerbschance:

- Eine absatzgesteuerte Produktion paßt ihre Kapazitäten kurzfristig an den Bedarf an.
- Das Unternehmen entwickelt sich kontinuierlich weiter, ohne daß es hierzu Weisungen oder Projekte bedarf.
- Nicht mehr sinnvolle Strukturen werden aufgelöst.
- Neue Aufgaben führen auch zu neuen Strukturen.

Lösungen für die Zukunft können nicht »eingekauft«, sondern müssen »vorgelebt« werden. Vor dem Einsatz technischer Hilfsmittel hat ein Prozeß der Bewußtseins- und Verhaltensveränderung zu stehen. Nur wenn die überwiegende Zahl der Führungskräfte und Mitarbeiter uneingeschränkt hinter diesem Ziel steht, wird es gelingen, die mittleren Führungskräfte und Mitarbeiter zu mobilisieren. Das Führen in derartigen neuen Strukturen stellt andere Anforderungen als bisher gewohnt. Man kann auch sagen, es wird schwieriger, denn Anweisen muß durch Überzeugen und geistige Auseinandersetzung ersetzt werden.

Literatur

1 Warnecke, H.J./Becker, B.-D. (Hrsg.): Strategien für die Produktion – Standortsicherung im 21. Jahrhundert. Stuttgart, 1994.

2 Warnecke, H.J.: Revolution der Unternehmenskultur. Berlin, 1993.

Management der Schnittstelle zwischen Unternehmen und Kunde

W.-Rüdiger Struck*

1. Einführung

2. Das Unternehmen E-Plus Mobilfunk GmbH

3. Komponenten der Kundenorientierung bei E-Plus
   3.1 Einfacher Kauf – Sofort Telefonieren
   3.2 Optimale Gestaltung des Man-Machine-Interfaces
   3.3 Optimaler Kundendienst

4. Zusammenfassung

* *W.-Rüdiger Struck*, Geschäftsführer, E-Plus Mobilfunk GmbH, Düsseldorf

1. Einführung

Ich bin eingeladen worden, um Ihnen insbesondere über das Thema »Kundenorientierung« zu berichten. Für E-Plus Mobilfunk heißt »Kundenorientierung« das Mobiltelefonieren so einfach verständlich und leicht nutzbar wie möglich zu gestalten.

Im folgenden werden exemplarisch drei unserer Unternehmenskonzepte zur optimalen Gestaltung der Schnittstelle Unternehmen/Kunde und deren erfolgreiche Umsetzung vorgestellt.

2. Das Unternehmen E-Plus Mobilfunk GmbH

Damit Sie ein besseres Verständnis für die Aufgabenstellung haben, stelle ich Ihnen kurz das Unternehmen E-Plus Mobilfunk vor – den jüngsten Anbieter im deutschen Mobilfunkmarkt.

Im März dieses Jahres hat E-Plus in der Wirtschaftsregion Berlin mit der Vermarktung seiner Mobilfunk-Produkte und -Dienste begonnen und sich als »Ihr freundliches Mobilfunknetz« im Markt positioniert.

Dabei haben wir uns bei E-Plus zum Ziel gesetzt, unseren Kunden preisgünstige Tarife, Bedienungsfreundlichkeit und Spitzenleistung in Qualität und Kunden-Service zu bieten. Nur eines wollen wir unseren Kunden nicht geben: Das Gefühl von Exklusivität. Der Nutzen und Spaß am Mobiltelefon und nicht unbedingt der Geldbeutel sollen über den Kauf entscheiden.

Hinter E-Plus stehen die beiden großen Unternehmen THYSSEN und VEBA, sowie die größte amerikanische Telefongesellschaft BELLSOUTH und die im britischen Mobilfunk-Markt führende VODAFONE Group (vgl. Abb. 1).

Dies ist eine, wie wir meinen, gelungene Kombination aus internationaler Mobilfunkerfahrung unserer ausländischen Partner und dem Projektmanagement- und Dienstleistungs-Know-how sowie regionalen Spezialkenntnissen der deutschen Partner.

Gemeinsam geben sie mit ihrer Finanzkraft den langen ruhigen Atem für ein solch gewaltiges Investitionsprojekt – mit einem Volumen von mehr als 4 Milliarden DM:

Als wir im März 1993 die Lizenz für das E-Netz erhielten, haben wir unseren Mitarbeitern folgende drei Ziele vorgegeben: *Tempo, Tempo, Tempo!*

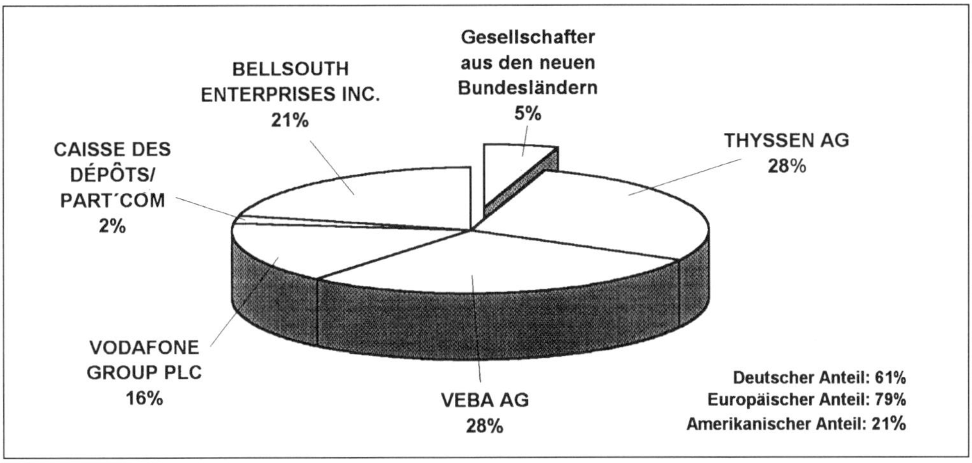

Abb. 1: E-Plus Gesellschafterstruktur

Das Resultat spricht für sich: Innerhalb von 18 Monaten wurden 1.200 Mitarbeiter eingestellt, mehr als 1.000 Sende- und Empfangsstationen errichtet und ca. eine Milliarde DM investiert oder kontrahiert.

Bereits heute – also nach nur anderthalb Jahren – können Sie in allen wichtigen Wirtschaftsräumen wie: Hamburg, Berlin, Hannover, Leipzig, Rhein-Ruhr, Frankfurt, Mannheim, Karlsruhe, Stuttgart und München mit E-Plus telefonieren (siehe Abb. 2).

1995 werden diese Gebiete miteinander verbunden und bis Ende 1996 werden ca. 90% der Bevölkerung versorgt sein.

3. Komponenten der Kundenorientierung bei E-Plus

Hinsichtlich der Gestaltung der Schnittstelle zwischen Unternehmen und Kunde war E-Plus als neugegründetes Unternehmen in einer vorteilhaften Situation: die Prozesse konnten von Grund auf neu gestaltet werden (Clean-Sheet-Ansatz). Die übliche Reengineering-Phase des »Zerstörens alter/bestehender Prozesse« konnte entfallen.

Mögliche Fehler, Hindernisse und Schwierigkeiten konnten zwar nicht aus der bisherigen Organisation, wohl aber aus der Analyse anderer Branchenteilnehmer (Festnetz und Mobilfunk) abgeleitet werden.

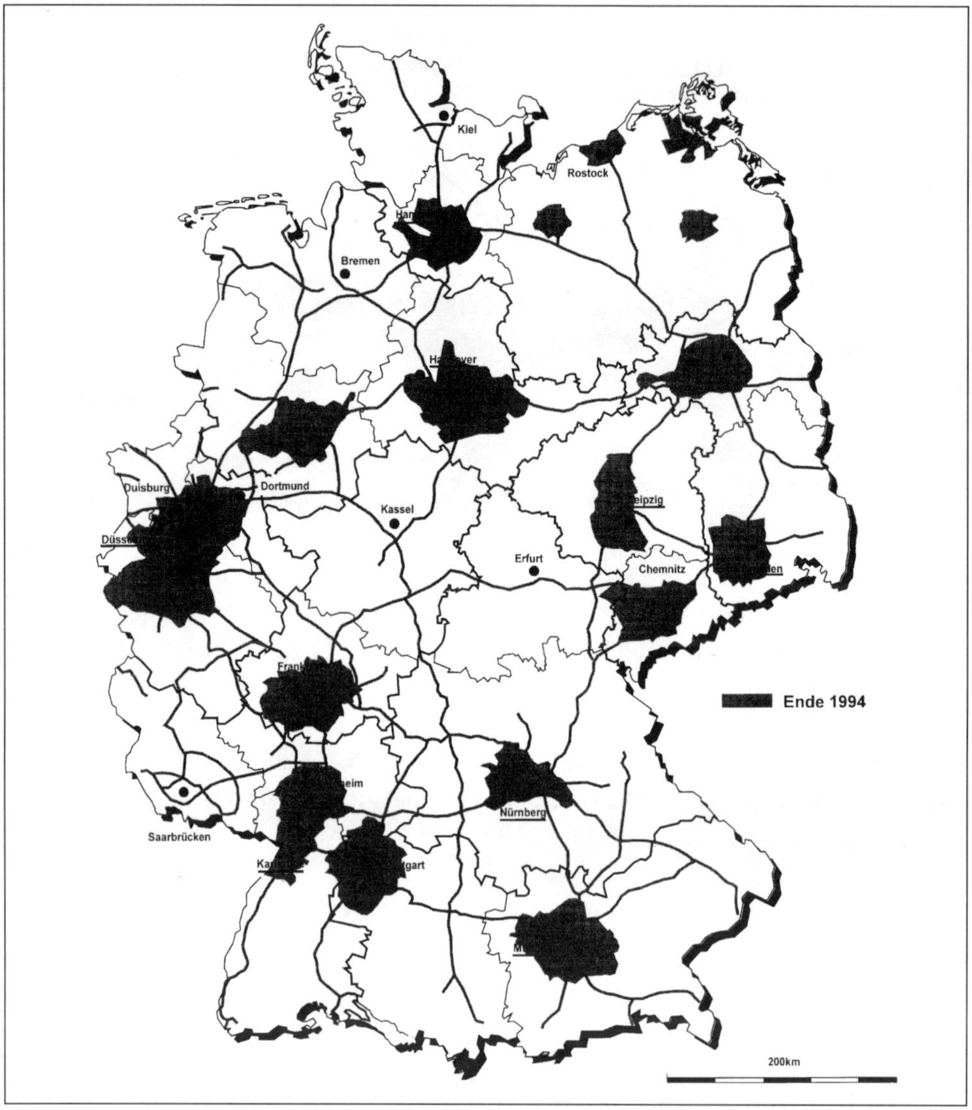

Abb. 2: Netzaufbau Ende 1994

3.1 Einfacher Kauf – Sofort Telefonieren

Das erste Ziel unserer Kundenorientierung lautet:

Einfacher Kauf – Sofort Telefonieren

Die Beantragung eines Telefonanschlusses im herkömmlichen Festnetz war in der Vergangenheit ein äußerst langwieriger Prozeß – diese Erfahrung hat wohl jeder von uns schon einmal gemacht.

Hier sehen wir eine bedeutende Chance für E-Plus, was auch durch unsere Marktforschung klar bestätigt wird:

Kundenanforderungen beim Kauf eines Mobiltelefons

	sehr wichtig / wichtig
• Preis (Mobiltelefon und Karte)	86 %
• Tarife / Gebühren	81 %
• Schnelligkeit (Zeit bis zum ersten Telefongespräch)	76 %
• Qualität (Netzqualität / Produkte / Dienste)	53 %
• Beratung	46 %

Abb. 3: Kundenanforderungen beim Kauf eines Mobiltelefons

Die Möglichkeit sofort zu telefonieren ist für den Kunden fast ebenso wichtig wie der Preis oder die Tarife!

Es galt also, den Freischaltungs-Prozeß, d.h. die Zeit zwischen Kauf und erstem Telefongespräch, so kurz wie möglich zu gestalten. Ich möchte jetzt nicht auf die technischen Einzelheiten eingehen; wichtig ist, daß für unsere Kunden der folgende vereinfachte Freischaltungsprozeß entstand (Abb. 4).

Die Zeit bis zum ersten Mobil-Telefongespräch ist auf ca. 45 Minuten verkürzt – gegenüber 3–6 Wochen Wartezeit im Festnetz. Statt vieler verschiedener Ansprechpartner hat der Kunde im Mobilfunk auch nur *einen* verantwortlichen Gesprächspartner.

Reengineering in der Prozeßgestaltung hat also für E-Plus bedeutet: weg vom funktionsorientierten Prozeß wie im Festnetz – hin zu einem eindeutig ergebnisorientierten Prozeß. Dieser ist voll auf das Ziel »schnelle Freischaltung« ausgerichtet.

Reengineering-Grundsätze, die uns auf dem optimalen Weg zum Kunden geleitet haben, sind:

(1) **Kompromißlose Ausrichtung auf das Ziel:**
Der Kunde im Focus

(2) **Möglichst wenige Stellen im Bearbeitungsprozeß:**
Kundenorientierte Kräfte bündeln

Freischaltungsprozeß aus Kundensicht

1. **Kunde kauft Mobiltelefon und Telefonkarte**
2. **Kunde füllt mit Verkäufer Antrag aus**
3. Kartenantrag geht per Fax zum Service Provider
4. Service Provider prüft auf Vollständigkeit und Richtigkeit
5. On-line Abfrage zur Kundenbonität bei Schufa, Creditreform et al.
6. On-line Einbuchen des Kunden im Mobilfunknetz und Vergabe der Telefonnummer
7. **Kunde erhält vom Verkäufer Fax über Freischaltung und neue Telefonnummer**
8. **Kunde führt erstes Mobiltelefon-Gespräch**

Abb. 4: Freischaltungsprozeß aus Kundensicht

(3) **Delegation von Entscheidungskompetenz:**
Sofortige Lösung

(4) **Nutzen moderner Informations-Technologien:**
Schnellste Prozeßabläufe

Fazit:

Die Leistungskette optimieren: Efficient Consumer Response

Aus jüngsten Kundenbefragungen durften wir erfahren, daß der Prozeß aus Kundensicht noch immer nicht optimal ist: »Gut! Aber immer noch zu lange Wartezeiten« und: »Warum geht es nicht so einfach und schnell wie beim Kauf eines Walkman?« waren die häufigsten Kommentare.

Wir arbeiten seit kurzem an einer weiteren Beschleunigung des Prozesses: Der Kunde soll Sekunden nach dem Kauf telefonieren können. Das Projekt heißt E-Plus Instant und wird – sobald das Betrugsrisiko technisch eingrenzbar ist, d.h. die Gesprächszeit in real-time kontrolliert und abgerechnet werden kann –, eingeführt.

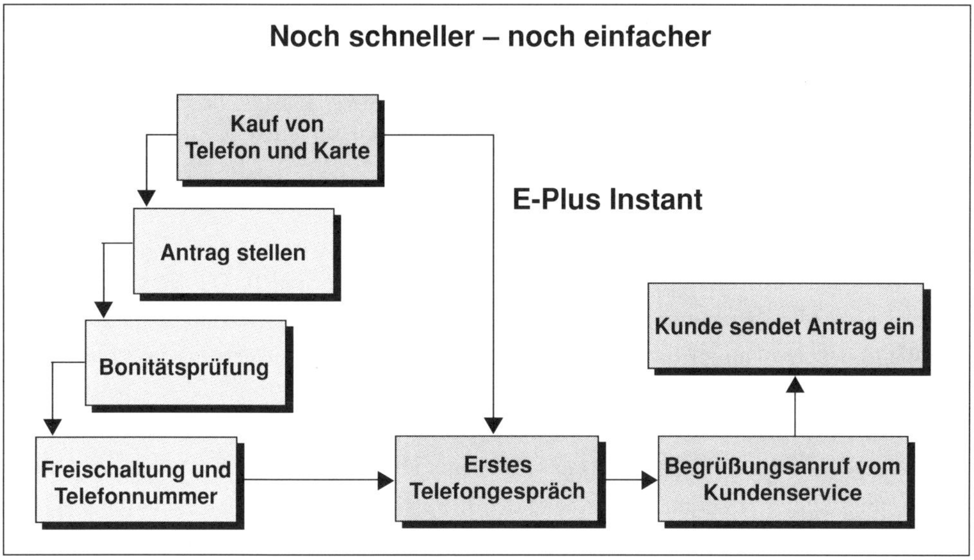

Abb. 5: Das System E-Plus Instant

Durch Verlegung der Prozeßschritte »Antragstellung, Bonitätsprüfung, Freischaltung« auf den Zeitraum nach dem ersten Telefongespräch kann die Wartezeit im Geschäft auf wenige Minuten verkürzt werden. Die hierfür notwendige Prozeßtechnologie steht bereits kurz vor der Erprobung.

3.2 Optimale Gestaltung des Man-Machine-Interfaces

Man-Machine-Interface steht unter Technikern für benutzerfreundliche Maschinen-Bedienung. Wir haben diesen Begriff für uns weiter interpretiert, wir verstehen darunter Nutzung und Zugang zum Netz und seinen Services – also quasi die Schnittstelle zwischen Kunde und Unternehmen.

Unsere Marktforschung stellte in mehreren Untersuchungen fest, daß Mobiltelefonieren für viele Kunden nicht nur technisch kompliziert ist, sondern auch ein in seinem Produkt- und Dienste-Spektrum oft verwirrendes Angebot darstellt. Daher lautet unsere Maxime: das Mobiltelefonieren für den Kunden möglichst einfach zu machen.

Als Erstes und Wichtigstes ging es darum, das Mobiltelefon – den Kleincomputer »Handy« – so einfach verständlich und leicht bedienbar wie möglich zu gestalten. Auch ein technisch nicht versierter Kunde soll spontan Sympathie für sein Handy entwickeln. Das gelingt am besten, wenn man sofort – ohne langwieriges Studium der Bedienungsanleitung – Erfolg beim ersten Telefongespräch hat und auch ein Gespräch empfangen kann.

Wir haben die Bedienungsanleitung des Herstellers daher so umgestaltet, daß der Kunde in nur acht kurzen Schritten erfährt, wie er sofort telefonieren kann. Hier sind wir wiederum dem Prinzip des Reengineering konsequent gefolgt. Wir haben die gesamte nach Funktionen aufgebaute Bedienungsanleitung jetzt im Sinne: »Was muß ich tun, um telefonieren zu können?« nach kundenorientierten Prozessen gegliedert.

Als weiteren wichtigen Schritt in der Kundenorientierung haben wir die Wahl der Telefonnummer – gegen eine geringe Gebühr – an unsere Kunden delegiert. Die Möglichkeit, z.B. seine bisherige Festnetznummer auch im E-Plus Netz zu bekommen, erfüllt dem Kunden seinen Wunsch, überall möglichst unter der gleichen Rufnummer erreichbar zu sein – eine erhebliche Vereinfachung bei der Kommunikation.

Auch wenn er nicht erreichbar ist, da er sein Handy abgeschaltet hat oder sich außerhalb des Versorgungsbereiches befindet, kann man den E-Plus-Kunden erreichen. Denn dann springt der persönliche E-Plus Anrufbeantworter für ihn ein und meldet ihm später automatisch (mit Datum und Uhrzeit), daß zwischenzeitlich ein Anruf eingegangen ist.

Dieser Anrufbeantworter wurde ebenfalls nach unserem Reengineering-Prinzip entwickelt: die Nutzung so kundenfreundlich wie möglich zu gestalten. Statt Eingabe einer 7stelligen Telefonnummer und eines PIN-Code wählt der E-Plus Kunde einfach 99* und hört – ebenfalls kundenfreundlich, da kostenlos und zeitsparend – nach dem LIFO (Last In First Out) Prinzip die letzte Nachricht als erste ab.

In Zukunft wird der Rückruf noch erheblich erleichtert. Die Nummer des Anrufers wird automatisch gespeichert; der Rückruf erfolgt auf Knopfdruck. Und daß solche scheinbar kleinen Unterschiede entscheidend für die Kunden sind, bestätigt die hohe Nutzungsrate von über 90%; gegenüber nur 15–20% bei unseren Wettbewerbern.

Auch in unserer Preisgestaltung haben wir versucht, einen Schritt näher auf unsere Kunden zuzugehen als unsere Wettbewerber. In einer breit angelegten Conjoint Measurement Studie haben wir die Kundenerwartungen untersucht und eine Tarif-Struktur entwickelt, die auf die Kundenbedürfnisse differenziert eingeht.

Der Kunde hat die Wahl zwischen einem attraktiven Profi-Tarif für Geschäftsleute und einem günstigen Partner-Tarif für Einsteiger und Privatleute. Der besondere Clou aber ist der E-Plus zu E-Plus-Tarif, mit dem der Kunde mit anderen E-Plus Teilnehmern bundesweit günstiger telefonieren kann als im Festnetz.

Zusammengefaßt stehen im »Freundlichen Mobilfunknetz« bei der Gestaltung des MMI – also unserer Produkte und Dienste – leichte Verständlichkeit und einfache Nutzung im Vordergrund. Konkret heißt das:

- Benutzerfreundliche Mobiltelefone
- Kundenorientierte Tarife und Preise
- Kundenindividuelle Telefonnummer
- Kostenloser Anrufbeantworter-Service

3.3 Optimaler Kundendienst

Last but not least sehen wir bei E-Plus einen wesentlichen Wettbewerbsvorteil in einem optimalen Kundendienst. Seine Aufgabe ist es, Vertrauen zu schaffen durch direkte, schnelle Bearbeitung und klare Informationen rund um die Uhr. Denn nirgends verliert man schneller die Geduld und das Vertrauen seiner Kunden, als in einer endlos scheinenden Telefon-Warteschleife!

Deshalb sind schnelle kompetente Antwort, sofortige Bearbeitung der Reklamation und unmittelbares Feedback an den Kunden unsere Zielvorgaben bei der Gestaltung des Kunden-Service.

Der beste Kundendienst ist aber einer, der nicht gebraucht wird. Deshalb wollen wir beim Erkennen von Mängeln oder Störungen dem Kunden einen Schritt voraus sein. Regelmäßige Qualitätsmessungen stellen Spitzenleistung sicher und klären mögliche Probleme bereits im Vorfeld, bevor sie zu einer Beeinträchtigung des Mobilfunkbetriebes führen und von den Kunden wahrgenommen werden. Wir nennen das proaktiver Kundendienst (vgl. Abb. 6). Eine optimale Gestaltung der Schnittstelle zwischen Unternehmen und Kunde heißt in diesem Sinne, Kundendienst und damit den aus Kundensicht notwendigen Kontakt zum Unternehmen so stark wie möglich zu reduzieren.

Kommt es dennoch einmal zu Problemen, so ermöglichen wir den Kunden einen möglichst direkten Zugang zum Problemlöser im Unternehmen. Das heißt: kein unnötiges Weiterverbinden, kein Zeitverlust, keine unnötigen »Mehrfacherklärungen«. Wir erreichen das, indem wir entsprechende Service-Telefonnummern (nach inhaltlichen Problembereichen differenziert) in das Handy einprogrammieren. Diese sind somit für den Kunden permanent verfügbar und können durch einfachen Knopfdruck aktiviert werden. Man erreicht auf diese Weise unmittelbar einen kompetenten Ansprechpartner – und das 24 Stunden am Tag. Die üblichen Bürozeiten in Deutschland gelten nicht für unseren Service. Das *sofortige* Beheben der Störung/Reklamation ist unserer Ansicht nach selbstverständlich, genauso wie ein Feedback bzw. eine kurze Rückmeldung an den Kunden nach der Instandsetzung. Wir informieren ihn über die wiederhergestellte Funktionsbereitschaft und erklären mögliche Ausfallgründe. Das erhöht das Verständnis des Kunden für mögliche Probleme sowie insgesamt seine Zufriedenheit mit E-Plus.

Der beste Kundendienst ist ein Kundendienst, der nicht gebraucht wird

- Regelmäßige Qualitätsmessung des Netzes, der Dienste und Produkte, insbesondere des Kunden Services
- Frühzeitiges Erkennen und Beheben möglicher Störungen, bevor sie zu Qualitätsminderung beim Kunden führen
- Direkter Zugang zum Problemlöser im Unternehmen:
  Kein langwieriges Weiterverbinden, kein Zeitverlust, schnell kompetente Antwort
- Sofortige Bearbeitung der Reklamation / Behebung der Störung
- Unmittelbares Feedback an den Kunden: Ursache, Ausfallgründe und Meldung über wiederhergestellt Funktionsbereitschaft

Abb. 6: Proaktiver Kundendienst

Für Hardware-Bedienungsfragen planen wir den Einsatz eines Electronic Handbook. Dieses simuliert die Bedienung sämtlicher im Angebot befindlicher E-Plus-Endgeräte am Bildschirm. Die Geräte werden am Bildschirm in 3D dargestellt, die Bedienung erfolgt über Touch-Screen; die Reaktion via Computer/Bildschirm entspricht exakt der realen Reaktion am Endgerät. Kunde und Kundendienstberater können auf diese Weise via Telefon die gleichen Schritte durchführen. Hierdurch wird die Problemidentifikation und -diagnose signifikant beschleunigt und verbessert. Die Quote der direkten Problemlösungen am Telefon erhöht sich radikal. Mit Hilfe modernster Technologie wird somit versucht, das Kundenproblem sofort – d.h. noch während des aktuellen Telefongespräches – zu lösen. Daß dies darüber hinaus auch die Service-Kosten erheblich reduziert, ist ein weiterer, nicht zu unterschätzender Effekt.

4. Zusammenfassung

Wir hatten die seltene Gelegenheit, ein ganzes Unternehmen nach den Anforderungen unserer Kunden von Grund auf zu gestalten – unter Einsatz modernster Informations-Technologien. In der nachfolgenden Abbildung sind die Prinzipien, nach denen wir die Schnittstelle zum Kunden entwickelt haben, noch einmal zusammenfassend aufgeführt. Diese sind branchenunabhängig und können für jedes Unternehmen als Anhaltspunkt dienen.

Was heißt optimales Management der Schnittstelle Unternehmen / Kunde für E-Plus?

1. Aus der Sicht des Kunden denken und handeln: Eindeutige Identifikation mit den Kundenanforderungen
2. Kompromißlose Ausrichtung der Prozesse auf diese Kundenwünsche
3. Einsatz modernster Informationstechnologien
4. Dem Kunden einen ständigen, direkten Kontakt zum Unternehmen ermöglichen
5. Delegation von Entscheidungskompetenz auf die Kundenkontaktebene
6. Unmittelbare Problemlösung für den Kunden schaffen. Jeder Umweg kostet Zeit, Geld und Vertrauen. Kundenzufriedenheit ist unser Erfolg

Abb. 7: Zusammenfassung

Geschäftsprozeßmanagement im Krankenhaus

Wilfried von Eiff*

1. Ausgangssituation: Der Reformbedarf

2. Eckpunkte der GSG-Reform
   2.1 Sofortmaßnahmen mit strategischer Perspektive
   2.2 Strukturverändernde Maßnahmen – Ordnungspolitische Ziele

3. Die »Neue Marktdynamik« im Gesundheitswesen

4. Geschäftsprozeßmanagement: ein resultat-orientierter Ansatz zur Optimierung von Führungs- und Organisationsstruktur

5. Das Praxisbeispiel: Die Optimierung des Geschäftsprozesses »Herzoperation mit Einsatz der Herz-Lungen-Maschine unter Verwendung der Brustwandarterie«

6. Konsequenzen des Geschäftsprozeßmanagements für Führung und Zusammenarbeit im Krankenhaus: Qualitäts- und Kostenmanagement als Herausforderung

7. Personalpolitische Konsequenzen des Geschäftsprozeßmanagements

Ausgewählte Publikationen

* Prof. Dr. Dr. *Wilfried von Eiff*, Geschäftsführer, Centrum für Krankenhaus-Management, Universität Münster

1. Ausgangssituation: Der Reformbedarf

Mit dem GSG, das seit dem 01.01.1993 stufenweise in Kraft tritt, hat der Gesetzgeber eine grundlegende Reform in der Krankenhausversorgung eingeleitet.

Ziel dieser Reform ist es, ordnungspolitische Steuerungsmechanismen,

- die zu einer Fehlallokation von Ressourcen (insbesondere Finanzmittel) führten,
- aber insbesondere auch eine Kultur kameralistischen Verwaltungsdenkens in den Krankenhäusern etablierten,

durch unternehmerische, managementorientierte Anreiz-Beitrags-Mechanismen zu ersetzen.

Die Situation vor Inkrafttreten des GSG war schwerpunktmäßig durch folgende Fehlsteuerungsbereiche gekennzeichnet:

(a) Durch das duale Finanzierungssystem (Betriebskostenfinanzierung auf Basis tagesgleicher Pflegesätze und Investitionsfinanzierung im Einzelantragsverfahren bei der jeweils zuständigen Landesbehörde bzw. über Pauschalen je Krankenhausbett)

- wurde freiwilliger Bettenabbau finanziell bestraft;
- bestand kein Anreiz zur Verkürzung der Verweildauer;
- insbesondere zahlte sich die innovative Einführung minimalinvasiver Verfahren aufgrund der die Verweildauer verkürzenden Wirkungen für das Krankenhaus nicht aus.

(b) Die ineffiziente Verzahnung von ambulantem und stationärem Sektor zwang die Krankenhäuser, die vollstationäre Versorgung aus ökonomischen Gründen zu präferieren. Mit Ausnahme singulärer Institutsermächtigungen und Vertragsärzten im Krankenhaus war es den Krankenhäusern nicht möglich, Patienten ambulant, teilstationär oder tageschirurgisch zu versorgen.

Damit führte die vor Inkrafttreten des GSG bestehende ordnungspolitische Situation und Gesetzeslage dazu, daß wirtschaftliches Handeln »bestraft« und Verschwendung im Umgang mit öffentlichen Mitteln »belohnt« wurde. In Verbindung mit den üblicherweise anzutreffenden Maximalversorgungsansprüchen von Patienten und die durch anonymisierte Krankenkassenbeiträge unterstützte »Nulltarif-Illusion« der Versicherten, waren – vor diesem Hintergrund der im Gesundheitssystem grundsätzlich angelegten Fehlsteuerungsmechanismen – Zielkonflikte für das Krankenhaus-Management unvermeidbar (vgl. von Eiff, 1985, S. 23).

2. Eckpunkte der GSG-Reform

Das GSG enthält Sofortmaßnahmen zur Vermeidung unkontrollierter Leistungsausdehnungen sowie weiterhin explodierender Kosten. Das GSG liefert aber auch Ansätze einer ordnungspolitischen Neuorientierung auf Basis von Steuerungsprinzipien der sozialen Marktwirtschaft (mit teilweise planifikatorischen Varianten). Das GSG räumt allen Beteiligten am Gesundheitssektor eine Übergangsphase ein, in der eine strukturelle Anpassung schrittweise realisiert werden kann.

2.1 Sofortmaßnahmen mit strategischer Perspektive

Kernstück des GSG ist eine dreijährige, seit dem 01.01.1993 wirksame Budgetdeckelung, um die defizitäre Finanzlage der gesetzlichen Krankenversicherung von der Ausgabenseite her zu entlasten. Die Ausgaben für die Bereiche ärztliche und zahnärztliche Behandlung, Arznei-, Verband- und Heilmittel sowie stationäre Kuren dürfen nur noch um einen Betrag steigen, der dem Zuwachs der beitragspflichtigen Einnahmen der Krankenkassenmitglieder entspricht.

2.2 Strukturverändernde Maßnahmen – Ordnungspolitische Ziele

Vom Gesetzgeber werden die durch das GSG geschaffenen neuen Rahmenbedingungen durchaus als Übergangsphase betrachtet, die genutzt werden muß, um sich an realistische Maßstäbe von Bedarfsgerechtigkeit und Wirtschaftlichkeit im Gesundheitswesen schrittweise heranzutasten. Ziel ist es, die an den Leistungsprozessen im Gesundheitswesen Beteiligten schrittweise zu transparenter Eigenverantwortung zu erziehen. Eine Erhöhung der Konsumentensouveränität wird angestrebt, indem der GKV-Versicherte von der Packungsgröße abhängige Zuzahlungen zu leisten hat. Auch die Ausgrenzung medizinisch nicht notwendiger Leistungen im zahnärztlichen Bereich sowie die Festlegung verordnungsfähiger Arzneimittel in Verbindung mit der Unterrichtungspflicht der Patienten im Hinblick auf Kosten und Leistungstransparenz dient letztlich dazu, daß der Patient als Leistungsempfänger mehr und mehr in die Lage versetzt wird, auf die ökonomischen Konsequenzen einer medizinischen Behandlung Einfluß zu nehmen. Zentralistische Elemente in der Ordnungspolitik des GSG wie z.B. die Arzneimittelliste oder der Katalog für Ambulantes Operieren, sollen nach dem Willen des Gesetzgebers durch Expertenurteile erhärtet und im Konsens mit den Beteiligten realisiert werden. Anliegen des Gesetzgebers war es auch, die Verhandlungsautonomie der unmittelbaren Vertragspartner (Krankenhaus, Kassen) zu stärken. Schließlich hat der Gesetzgeber bewußt die Möglichkeit geschaffen, die Leistungsprozesse in Krankenhäusern regelmäßig auf Leistungsfähigkeit und Wirtschaftlichkeit zu überprüfen, dies insbesondere durch Betriebsvergleiche mit »Modellkrankenhäusern«, deren beispielgebende Qualitäts- und Kostenstrukturen zum Standard (= Benchmark = Vergleichsmaßstab) erhoben werden. Gemäß § 5 Bundespflegesatzverordnung sind die Deutsche Krankenhausgesellschaft und die Spitzenverbände der Krankenkassen verpflichtet, einen Krankenhausvergleich gemeinsam zu vereinbaren und zu organisieren. Auf dieser Informationsbasis entstehen Standards als Grundlage zur Fortschreibung von Fallpauschalen, Sonderentgelten usw. Unternehmerisches Verhalten in den Krankenhäusern soll in Zukunft belohnt werden; insbesondere ist es in Zukunft möglich, daß die Vertragsparteien für das einzelne Krankenhaus Modellvorhaben vereinbaren, um kostensenkende bzw. qualitätssteigernde Management- und Organisationsmethoden zu entwickeln sowie zu erproben (gem. § 26 BPfLV).

2.2.2 Das neue Entgeltsystem

2.2.2.1 Die Struktur des Entgeltsystems

Ein weiteres Kernstück des GSG ist das sogenannte differenzierte Entgeltsystem. Durch die Neufassung der §§ 4 und 17 Abs. 1 KHG ist das Selbstkostendeckungsprinzip aufgehoben worden, ebenso erfolgte die Aufgabe der tagesgleichen Vergütung. Die Krankenhäuser haben also keinen Anspruch mehr auf die Deckung der vorauskalkulierten Selbstkosten, sondern auf die Erstattung medizinisch leistungsgerechter Pflegesätze (vgl. § 17 Absatz 1 KHG). Diese Pflegesätze sind nicht mehr auf ein bestimmtes Krankenhaus bezogen, sondern es handelt sich dabei um eine Kalkulationsgröße, die es einem unbestimmten Krankenhaus bei wirtschaftlicher Betriebsführung ermöglicht, den Versorgungsauftrag zu erfüllen. In dem neuen, differenzierten Entgeltsystem wird der allgemeine Pflegesatz abgelöst durch Fallpauschalen, Sonderentgelte, Abteilungspflegesätze und einen Basispflegesatz.

– Mit *Fallpauschalen* sollen die gesamten Kosten eines medizinischen Behandlungsfalles im Krankenhaus abgegolten werden. Eine Fallpauschale enthält alle Personal- und Sachkosten für die operative Leistung sowie zusätzlich die Personal- und Sachkosten für die Leistungen der Normalstation, der Intensivstation sowie der standardmäßig in Anspruch genommenen medizinischen Funktionseinheiten. Hinzukalkuliert werden auch alle Kostenarten des Basispflegesatzes bezogen auf eine fallspezifisch kalkulierte Verweildauer.

– *Sonderentgelte* sollen einen Teil der medizinischen Behandlung und Versorgung finanzieren (z.B. die Kosten einer Operation oder die Kosten einer besonders aufwendigen diagnostischen Untersuchung). Ein Sonderentgelt enthält alle Personalkosten des ärztlichen Dienstes (Operateure, Anästhesisten), des Funktionsdienstes sowie des medizinisch-technischen Dienstes. Hinzu kommen die medizinisch veranlagten Sachkosten, sofern ihr Anfallen auf den OP-Bereich, den Aufwachraum sowie die Zentralsterilisation beschränkt bleiben. Sonderentgelte werden zusätzlich zu tagesgleichen Pflegesätzen abgerechnet.

– *Abteilungspflegesätze* sollen fachabteilungsbezogen die Kosten der ärztlichen und pflegerischen Behandlung abgelten. Hierzu zählen alle direkt zurechenbaren Personal- und Sachkosten der jeweiligen Fachabteilung sowie die Kosten für die Inanspruchnahme von Leistungen der medizinischen Funktionseinheiten durch diese Fachabteilung.

– Über den *Basispflegesatz* sollen die dann noch verbleibenden Kosten abgerechnet werden. Dies sind alle weiteren Personalkosten, die nicht dem medizinischen oder pflegerischen Bereich zuzurechnen sind (klinisches Hauspersonal, Wirtschafts- und Versorgungsdienst, technischer Dienst). Weiterhin fallen unter diesen Basispflegesatz alle weiteren Sachkosten, wie z.B. Lebensmittel, Wasser und Energie, Wirtschaftsbedarf und Verwaltungsbedarf, das heißt alle Kosten für Unterkunft und Verpflegung.

2.2.2.2 Die Konsequenzen

Das neue Entgeltsystem mit seinem Übergang vom prospektiven Kostenerstattungsprinzip zu einem fallorientierten Entgelt auf Preisbasis stellt betriebswirtschaftlich betrachtet nichts anderes dar, als die Anwendung eines Target-Controlling-Managements. Ausgehend von einem am Markt durchsetzbaren Zielpreis (= landesweit gültige Fallpauschale) werden retrograd die Zielkosten bzw. die erlaubten Kosten für die einzelnen Leistungsstellen prozeßbezogen/fallbezogen ermittelt. Für die Krankenhäuser werden dadurch Anreize zu mehr Wirtschaftlichkeit, aber auch zur Verbesserung ihrer medizinischen Leistungsfähigkeit gegeben.

(a) So können z.B. einzelne Teilleistungen kostengünstiger erbracht werden, indem Kalkulationsbestandteile dieser Teilleistungen (Personal, Sachmittel, Verbrauchsgüter) auf ihren wertanalytischen Beitrag untersucht werden. Methoden der Gemeinkostenwertanalyse oder des Zero-Base-Budgeting bieten sich hier an.

(b) Für ein Krankenhaus ist es aber auch attraktiv, den Behandlungsprozeß insgesamt wirtschaftlicher zu erbringen, indem durch Vereinbarung abgestimmter Qualitätsstandards in der medizinischen und pflegerischen Versorgung eine fallangemessene und damit kostengünstigere Prozeßdurchführung erfolgt (= Standards vereinfachen die Abwicklung von Geschäftsprozessen und reduzieren Management-Komplexität).

(c) Betrachtet man den Behandlungsprozeß zusätzlich unter dem Gesichtspunkt der Verweildauersenkung sowie der Fallzahlenerhöung, so bietet es sich an, geschäftsprozeßorientierte Optimierungen anzustreben.

2.2.3 Die Verzahnung des ambulanten mit dem stationären Sektor: das Konzept der Versorgungskaskade

Die durch das deutsche Gesundheitswesen ehemals typische strikte Trennung zwischen ambulanter und stationärer Versorgung wird durch das GSG überwunden: Krankenhäuser erhalten grundsätzlich die Möglichkeit, Patienten nicht nur vor- und nachstationär sowie teilstationär zu behandeln, sondern insbesondere auch Leistungen ambulant anzubieten. Ziel des GSG ist es eindeutig, die Stufen der teil- und vollstationären Versorgung zugunsten verstärkter Ambulanzleistungen zu entlasten; letztlich mit der Absicht, die kostenintensive Inanspruchnahme des vollstationären Sektors für die effektiv notwendigen Fälle zu reservieren. Diese »Nachrangigkeit der Krankenhausbehandlung« ist in § 39 SGB V geregelt. Auch im Bereich der Anschlußheilbehandlung (AHB) bzw. der Rehabilitationsstufe II ist ein deutlicher Trend zur Ambulanz erkennbar (z.B. Frankfurter Modell). Durch das ambulante Leistungsangebot treten die Krankenhäuser nunmehr in direkten Wettbewerb um den Patienten mit den niedergelassenen Ärzten; aber auch unter den Krankenhäusern wird sich diese Wettbewerbssituation zunehmend bemerkbar machen. Von besonderem Interesse ist in diesem Zusammenhang der Sektor des »Ambulanten Operierens« (§ 115 b SGB V) im Krankenhaus, in den Praxen niedergelassener Ärzte bzw. in ambulanten Operationszentren (wie sie z.B. aus den USA bekannt sind). Sicherlich sind in Krankenhäusern die struktur-qualifikatorischen Voraussetzungen für einen ambulanten OP-Betrieb tendenziell günstiger als bei niedergelassenen Ärzten; dies gilt z.B. für die Existenz einer unmittelbar erreichbaren Notfallkapazität im OP- und Anästhesiebereich. Andererseits fehlen den Krankenhäusern oft die baulich-funktionalen Voraussetzungen sowie die Flexibilität, diese zu ändern. Bei dieser Feststellung handelt es sich sicherlich um die Kommentierung einer Momentaufnahme. Eine Reihe von Anzeichen sprechen für einen Trend, wonach die Kooperation zwischen Ärzten gerade im ambulanten Sektor völlig neue Formen annehmen wird. Dabei zeichnet sich ab, daß eine Arbeitsteilung zwischen diagnostischen (niedergelassener Arzt) und operativen (Krankenhaus) Leistungen zu beiderseitigem Vorteil realisiert wird. Für diesen Trend spricht z.B. die von einigen Regionalvertretungen der Krankenkassen proklamierte Absicht, bestehende Institutsermächtigungen nicht oder nur eingeschränkt zu erneuern.

Der ambulante Sektor wird zum Dynamikfaktor einer
marktwirtschaftlichen Entwicklung im Gesundheitswesen.

Die Versorgungsstruktur des Gesundheitswesens nimmt aufgrund dieser GSG-Orientierung die Form einer zweiteiligen Prozeß-Kaskade an.
Es gilt das Vorrang-Prinzip:

- ambulante Leistungen primär und
- *vor* einer vorstationären, diese wiederum

- *vor* einer teilstationären und diese wiederum
- *vor* einer vollstationären Leistung

zu erbringen.

Für den zweiten Teil der Versorgungs-Kaskade ist das Ziehprinzip charakteristisch:

- Der Patient ist möglichst frühzeitig aus dem vollstationären Bereich in die
- nachstationäre Versorgung und von dort wiederum möglichst frühzeitig in die Stufe der Anschlußheilbehandlung zu überweisen.

2.2.4 Der Versorgungsauftrag

Grundlage für die strategische und operative Ausrichtung des Leistungs-/Angebotsspektrums eines Krankenhauses ist der Versorgungsauftrag. Dieser kommt gemäß § 109 Abs. 1 SGB V durch Einigung zwischen den Landesverbänden der Krankenkassen sowie den Verbänden der Ersatzkassen gemeinsam und dem Krankenhausträger zustande. Im Hinblick auf die inhaltliche Gestaltung des Versorgungsauftrages ist der Gesetzgeber erstens von der vormals eher zentralistischen Steuerung über den Krankenhausbedarfsplan abgerückt und zweitens enthält die neue GSG-Orientierung dispositive Rechtsansätze, was die Vereinbarungskompetenz der Verhandlungspartner anbelangt. Wichtig ist, daß ein Versorgungsauftrag (schneller als dies früher möglich war) eingeschränkt oder gar entzogen werden kann. Dieses aufgrund nachgewiesener, mangelhafter Qualität; wenn z.B. aufgrund einer Festvergütung bzw. als Folge der Budgetdeckelung am Patienten gespart wird und Anschlußkomplikationen eintreten. Auch wiederholte Plausibilitätsverstöße im Merkmalisierungs-/Steuerungsverhalten des Arztes (Pflicht zur Kaskadenoptimierung) können die Einschränkung des Versorgungsauftrages zur Folge haben. Die gleiche Konsequenz droht, wenn das Krankenhaus selbst einseitig den Versorgungsauftrag aus rein ökonomischen Gründen einschränkt (Reduktion von Kombinationseingriffen; Abweisung von Patienten; »Patiententourismus«).

Ein weiterer Aspekt ist in diesem Zusammenhang zu erwähnen: Es besteht kein Anspruch auf Abschluß eines Versorgungsauftrages nach § 108 Nr. 3 SGB V (siehe § 109 Absatz 2 Satz 1 SGB V); haben sich mehrere Krankenhäuser um den Abschluß eines Versorgungsvertrages beworben, entscheiden die Landesverbände der Krankenkassen gemeinsam mit den Verbänden der Ersatzkassen, welches Krankenhaus den Erfordernissen einer bedarfsgerechten, leistungsfähigen und wirtschaftlichen Krankenhausbehandlung *am besten* gerecht wird. Ein Versorgungsauftrag kann auch entzogen werden (§ 110 SGB V), wenn Qualität und/oder Wirtschaftlichkeit nicht mehr den als Standard fixierten Inhalten entsprechen. Auch diese Forderung des Gesetzgebers weist darauf hin, daß *nachgewiesene Bestleistungen* zur Qualitätssteigerung und/oder zur Kostensenkung einzelner Krankenhäuser konsequent auf generelle Umsetzbarkeit überprüft werden mit dem Ziel, Standards zu setzen, die in zukünftigen Verhandlungen um Versorgungsaufträge und Kostenerstattungspauschalen den Charakter einer *wertanalytischen Orientierungsmarke* einnehmen.

Das Krankenhaus-Management steht damit in der Verpflichtung, alle Kalkulationsbestandteile eines Target-Costing-Systems (Zielpreise, Zielkosten, Gewinn, Allowable Costs, Drifting Costs) einer permanenten Kosten-Wertanalyse zu unterziehen bzw. die Leistungsprozesse auf Bedarfsgerechtigkeit und den Ressourceneinsatz auf Wertschöpfungsbeiträge zum Kerngeschäft zu überprüfen.

3. Die »Neue Marktdynamik« im Gesundheitswesen

Die »Neue Marktdynamik« im Gesundheitswesen weist die typischen Merkmale eines Verdrängungswettbewerbs auf:

(a) Wesentlicher Dynamikfaktor ist der ambulante Sektor, der niedergelassene Ärzte, Krankenhäuser und ambulante Operationszentren in Konkurrenz bringt.

(b) Eine zusätzliche Dynamik der Leistungsstrukturen wird durch das Prinzip der Versorgungskaskade ausgelöst: durch transparente, überprüfbare Merkmalisierungsentscheidungen des Arztes ist der Patient in die jeweils kostengünstigste Versorgungsstufe zu dirigieren; außerdem soll durch das Prinzip der Nachrangigkeit der Krankenhausbehandlung der ambulante Sektor eine stärkere Rolle in der Gesundheitsversorgung spielen.

(c) Dynamikauslöser ist auch das neue Management-Paradigma, steigende Versorgungsqualität bei tendenziell sinkenden Kosten zu realisieren. Die Krankenhäuser werden durch den Übergang vom prospektiven Kostenerstattungsprinzip zum Preisprinzip gezwungen, alle Rationalisierungsreserven für Kostensenkungen und Qualitätssteigerungen, aber auch zur Finanzierung zukunftsweisender minimalinvasiver Technologien im ambulanten Sektor nutzbar zu machen.

(d) Dynamische Impulse gehen auch von der erklärten Strategie des Gesetzgebers aus, durch ständige krankenhausübergreifende Leistungsvergleiche und Benchmarking-Projekte nach § 26 BPflV schrittweise zu medizinisch abgesicherten, ökonomischen Leistungs- und Entgeltstrukturen (insbesondere Fortschreibung von Fallpauschalen und Sonderentgelten) vorzustoßen.

(e) Die »Neue Marktdynamik« produziert für die meisten Krankenhäuser eine grundlegende strategische Zieledisharmonie:

• Einerseits steigen die Anforderungen an die Versorgungsqualität. Dadurch nimmt die High-Tech-Orientierung in der Medizin zu (Trend zu nicht-/minimalinvasiven Verfahren in Diagnose und Therapie). Diese Art von Medizin erfordert kosten- und zeitaufwendige Entwicklungsanstrengungen von Medizinwissenschaftlern im Verbund mit der Medizinindustrie. Diese Art von Medizin ist aber auch nur noch durch hochqualifiziertes medizinisches und paramedizinisches Personal sicherzustellen. Dieses Zusammenwirken unterschiedlichster Know-how-Träger erfordert Teamarbeitsprozesse bei steigender Kommunikationsintensität.

• Andererseits zwingt der Verdrängungswettbewerb die Krankenhäuser dazu, mit einem flexiblen und von seiner Spezialität her gesehen vorzugswürdigen Leistungsangebot um den Patienten zu werben. Ständiges Benchmarking und Orientierung an Best Practices soll die Kosten mindern, ohne in eine Billigmedizin abzugleiten.

• Diese Zieledisharmonie zwischen »Design-to-Quality« versus »Design-to-Cost« ist nur durch Mobilisierung des bestmöglichen technologischen, medizinischen und insbesondere organisatorischen Know-hows aufzulösen.

• Aus den Anforderungen der neuen Marktdynamik und den strategischen sowie organisatorischen Konsequenzen (Design-to-Quality versus Design-to-Cost) wird deutlich, daß die Erfolgsfaktoren eines Krankenhauses (nämlich: Aktivierung des bestmöglichen technologischen medizinischen und organisatorischen Know-hows, zeitoptimale Organisation von Leistungsprozessen, Patientenwirksamkeit bei »Produkt« und »produktnaher« Dienstleistung) nur im Leistungsverbund mit Forschungspartnern, Speziallieferanten, logistischen Dienstleistern, usw. zu aktivieren sind. Bei zunehmender technologischer »Produktkomplexität« ist es daher nicht möglich und auch kostenmäßig nicht mehr vertretbar, alle Know-how-Träger in einem Krankenhaus (verstanden als geschlossene juristische Einheit) vorzuhalten. Diese Aspekte sprechen für eine »Auflösung« des Krankenhauses als organisatorisches Zweckgebilde in Verbindung mit Maßnahmen zur Leistungstiefenoptimierung (Konzentration auf das Kerngeschäft; ausschließliches Vorhalten wettbewerbssichernden Know-hows im eigenen Krankenhaus). Damit wird die sogenannte Wertschöpfungskette zum primären organisatorischen Gestaltungsobjekt. Die konkrete Umsetzung des Wertschöpfungsketten-Ansatzes erfolgt durch das Organisations- und Führungskonzept des Geschäftsprozeßmanagements.

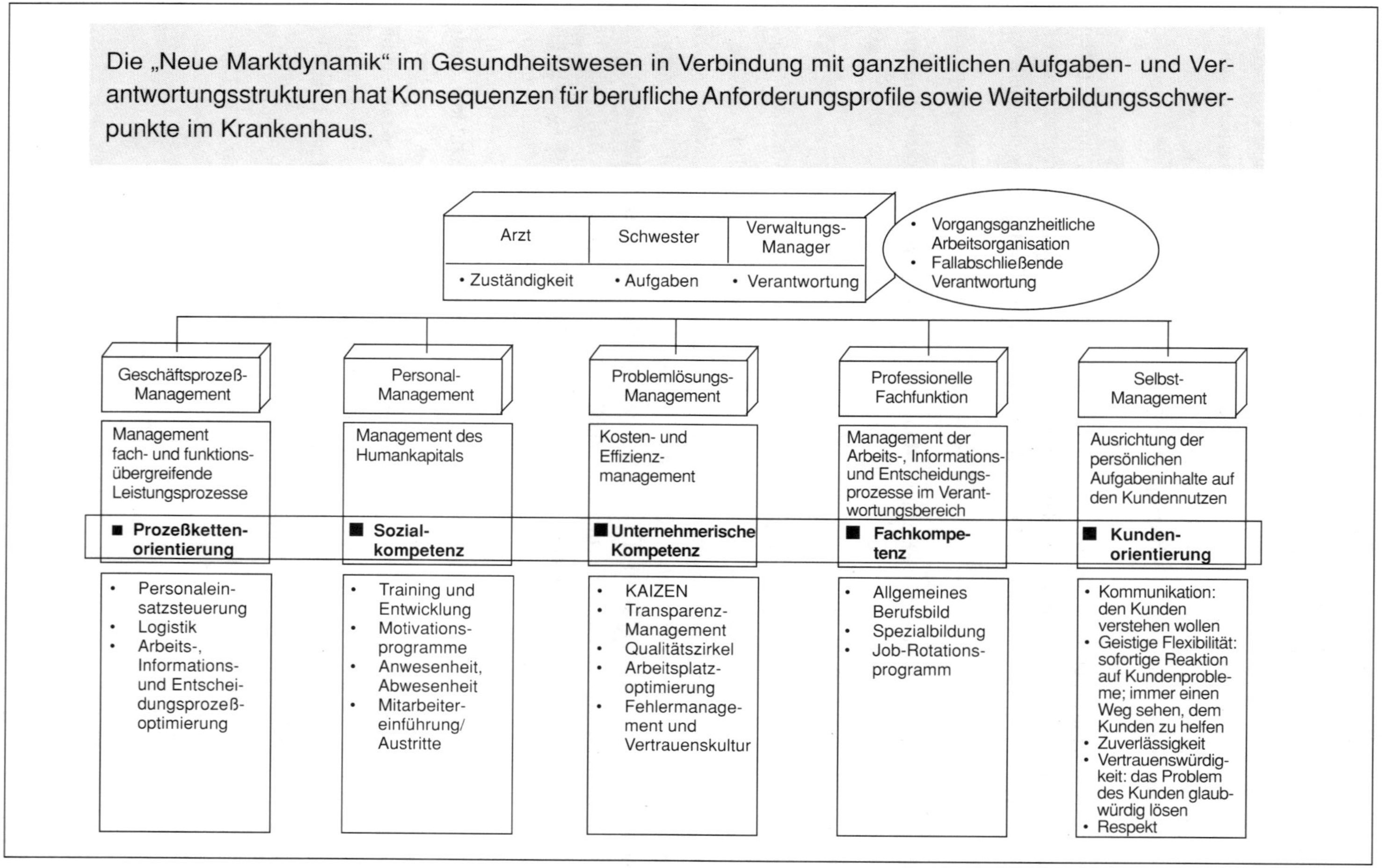

Abb. 1: Geschäftsprozeßmanagement und Personalentwicklung im Krankenhaus

4. Geschäftsprozeßmanagement: ein resultatorientierter Ansatz zur Optimierung von Führungs- und Organisationsstruktur

Der Wertschöpfungsketten-Ansatz zielt also darauf ab, das bestmögliche medizinische, technologische und organisatorische Know-how innerhalb und außerhalb des Krankenhauses zu mobilisieren, um den größtmöglichen Beitrag zu den Krankenhauszielen zu erwirken:
Über Qualitätssteigerungen und Kostensenkungen soll Patientenzufriedenheit bzw. »Kundenorientierung« erreicht werden. »Kundenorientierung« heißt, den Patienten und sein soziales Umfeld situationsadäquat ernst zu nehmen. Dieser anspruchsvolle Leistungsmaßstab bezieht die Wechselwirkung zwischen Patientenzufriedenheit und Mitarbeiterzufriedenheit in die Beurteilung von wertschöpfenden Leistungen mit ein. Nur motivierte Mitarbeiter sichern auf Dauer die Leistungsfähigkeit eines Krankenhauses. »Erfolg« resultiert also aus Beiträgen zu Mitarbeitermotivation, Kostenreduktion und Qualitätssteigerung bei gesicherter Patientenversorgung auf hohem Niveau.

Motivierend sind dabei solche Erfolgsbeiträge, deren Zustandekommen der einzelnen Mitarbeiter durch eigene Initiative, eigene Entscheidungen und eigene Leistungen sichtbar erleben kann. Derartige Resultate i.S. *meßbarer Ergebnisse* bzw. *nachvollziehbarer Veränderungen* können aber erst im Leistungsverbund eines Geschäftsprozesses verdeutlicht werden.

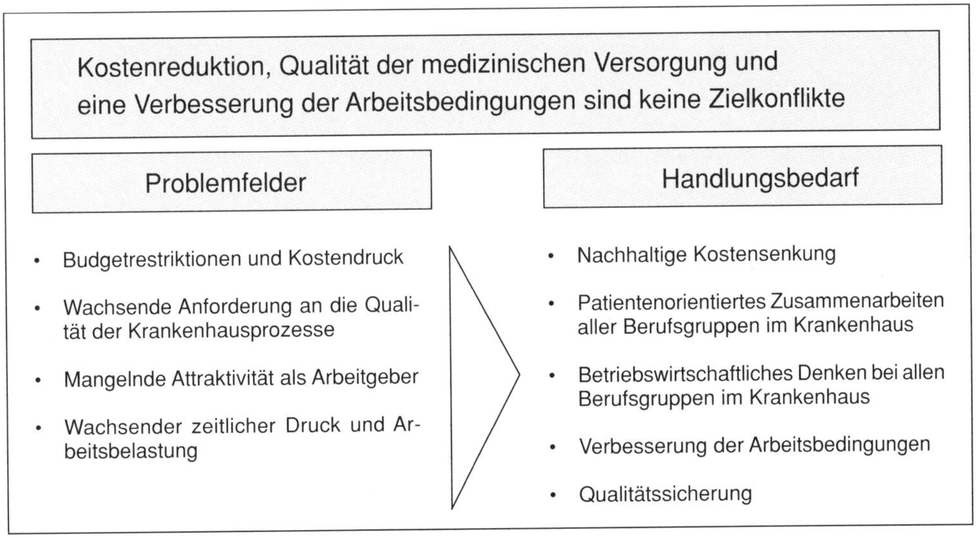

Abb. 2: Herausforderung an das Krankenhaus-Management

Ein *Geschäftsprozeß* ist ein am Kerngeschäft des Krankenhauses orientierter Arbeits-, Informations- und Entscheidungsprozeß mit einem für den Krankenhauserfolg relevanten Resultat. Der Prozeßoutput steht entweder in Verbindung mit einem konkreten Patientennutzen oder liefert einen nachvollziehbaren Beitrag zu dem Zielsystem des Krankenhauses insgesamt.

Durch Geschäftsprozeßmanagement wird das bestmögliche Know-how zielgerichtet, zeitnah und mit geringsten Kosten mobilisiert. Damit hat ein Geschäftsprozeßmanagement folgende Optimierungsschwerpunkte:

- Festlegung der Prozeßziele sowie der Steuerungsparameter mit dem Zweck, die Management-/Steuerungskomplexität und damit die Entscheidungsstrukturen zu vereinfachen sowie transparent zu machen.
- Vereinfachung der Informationsflüsse; Konzentration auf diejenigen 20% an entscheidungsorientierten Informationen, mit denen ein Prozeß zu 80% beherrscht gesteuert werden kann. Aber auch: Zwang zur Entscheidungstreue durch Informationstransparenz.
- Optimierung der Wertschöpfungstiefe. Konzentration auf Kernfähigkeiten, Versorgungsauftrag und strategisches Kerngeschäft. Entlastung von Funktionen, deren Selbstdurchführung mit höheren Transaktionskosten sowie Managementkomplexität verbunden ist als dies bei Fremdbezug der Fall wäre. Dabei ist Outsourcing nicht die einzige Variante einer Dienstleistungstiefenoptimierung; Cost- und Profit-Center-Varianten sind hier ebenfalls denkbar. Entscheidend ist, daß die Leistungsbeziehungen in einem Geschäftsprozeß konsequent dem »Kunden-Lieferanten-Prinzip« sowie dem »Wertschöpfungsbeitragsprinzip« unterworfen werden.
- Optimierung der Zusammenarbeit zwischen kerngeschäftsnahen Einheiten und Zentralstellen in der Trägerorganisation, Verwaltungsstellen, Stäben usw. nach dem »Wertschöpfungsbeitragsprinzip« sowie dem »Akzeptierten Hoheitsprinzip«.
- Optimierung der Arbeitsteilung nach motivationsfördernden Kriterien.
- Optimierung der Strukturorganisation nach den Prinzipien der »Teilautonomie« und der »Fallabschließenden Verantwortung«.
- Festlegung des prozeßrelevanten Informationsbedarfs, insbesondere der erforderlichen informatorischen Rückkopplungsbeziehungen.
- Ermittlung der Aufwands- und Kostentreiber im Prozeß.

Ein Geschäftsprozeß hat *einen* für die *Prozeßsteuerung* (= Ressourceneinsatz, Kostenmanagement, Investitionen) und für das Prozeßergebnis (= von Patienten und Kassen honorierter Nutzen; Ergebnisbeitrag) *Verantwortlichen* (= Owner of the Process):

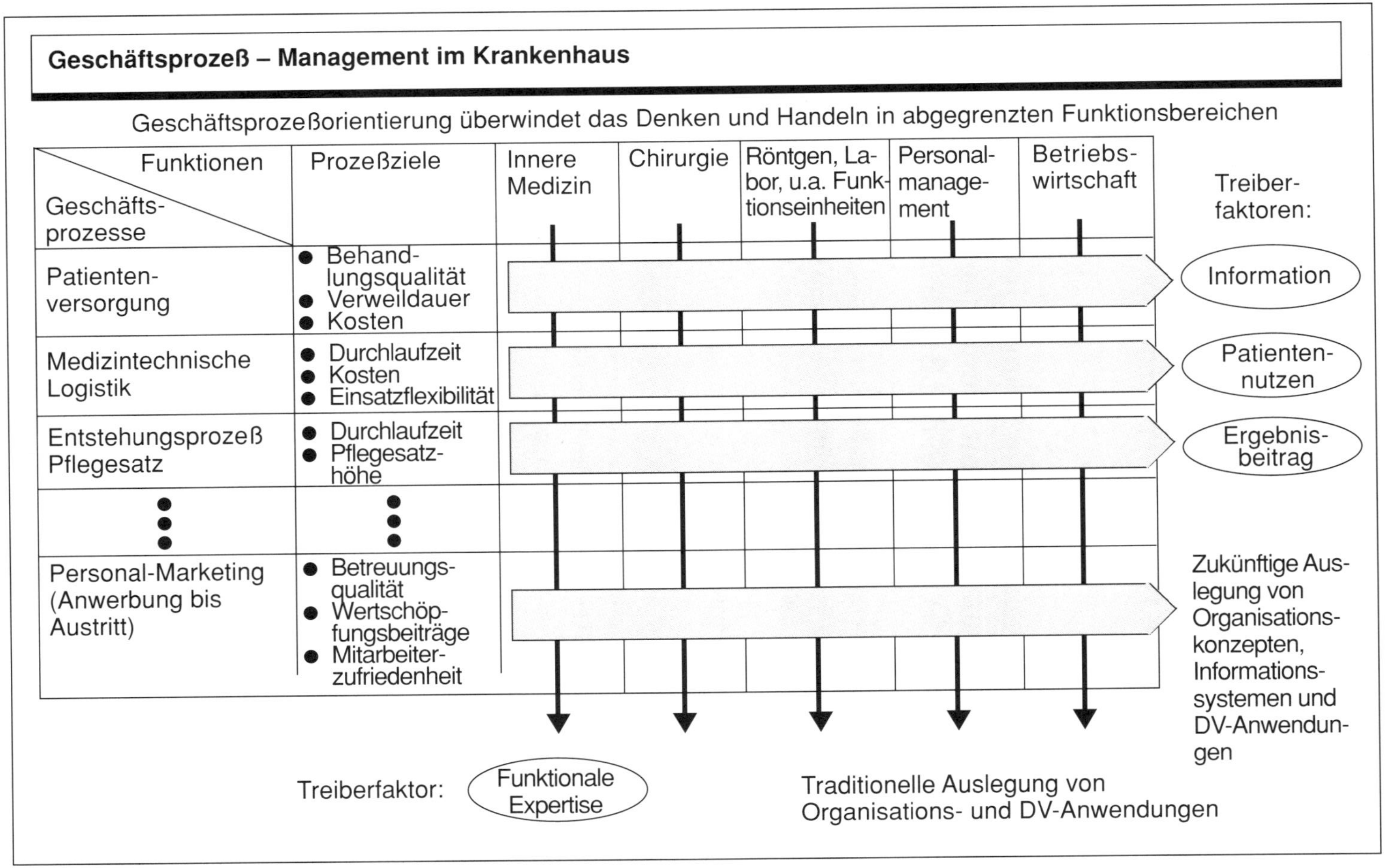

Abb. 3: Geschäftsprozeß-Management im Krankenhaus

Ein Geschäftsprozeß wird durch ergebniswirksame, kontrollierbare Prozeßziele gesteuert (Target-Controlling). Der Geschäftsprozeß-Management-Ansatz beinhaltet darüber hinaus eine organisationskulturelle Dimension: Geschäftsprozeßorientierung soll das Denken in Funktionen ersetzen und die berufsgruppenübergreifende Zusammenarbeit verbessern. Dabei kann es nicht darum gehen, die funktionale Organisation abzuschaffen. Ziel dieses Management-Approaches ist es, die funktionale Expertise zeitgerecht und zielgerecht zur Unterstützung eines Geschäftsprozesses (z.B. Patientenversorgung) zu mobilisieren.

5. Das Praxisbeispiel: Die Optimierung des Geschäftsprozesses »Herzoperation mit Einsatz der Herz-Lungen-Maschine unter Verwendung der Brustwandarterie«

Dieser hochkomplexe Geschäftsprozeß ist zunächst durch eine entsprechende Phasung sowie durch Ableitung der entscheidungsrelevanten Treiberfaktoren zu optimieren. Anschließend kann eine Suboptimierung einzelner Prozeßabschnitte vorgenommen werden, ohne daß Optimierungsstörungen für den Gesamtprozeß zu befürchten wären. Voraussetzung für die Durchführung der intraoperativen Phase ist die Verfügbarkeit von Kathetern und sonstigem medizinischen Sachbedarf.

Im vorliegenden Fall stand als Ausgangspunkt die Frage, inwieweit die für das Einbringen von Kathetern (Blasenkatheter, Swan-Gans-Katheter, Doppel-Lumen-Katheter) unter aseptischen Bedingungen notwendigen logistischen Vorbereitungsmaßnahmen organisatorisch optimiert werden können. Die *Ausgangssituation* war gekennzeichnet durch folgende Merkmale, die sich nachteilig auf Kostenstrukturen und Behandlungsqualität auswirkten:

- aufwendige Lagerhaltung im OP-Bereich;
- personal- und zeitintensives Zusammenbauen der Katheter aufgrund der großen Zahl separat verpackter Einzelkomponenten (Drei-Wege-Hähne, Kanülen, Spritzen, Inline-Sensor, Schleuse, usw.);
- hohes Abfallaufkommen;
- Kosten durch Verschwendung, da aufgrund mangelhafter Transparenz über den effektiv notwendigen, zeitpunkt-bezogenen Bedarf, eine größere Zahl von Einmalprodukten ausgepackt wurden als erforderlich (= Verbrauchsorientierte Logistik-Steuerung).
- lange Einleitungszeiten für den Patienten.

Das *LDL-Konzept* basiert auf einer standardisierten Produktlinie für ein OP-Sieb, das als komplettes Set unter sterilen Bedingungen lagerlos (»Just-in-time«) von einen LDL verwendungsfähig angeliefert wird; da der LDL ebenso für die Entsorgung zuständig ist, ist dieses Konzept

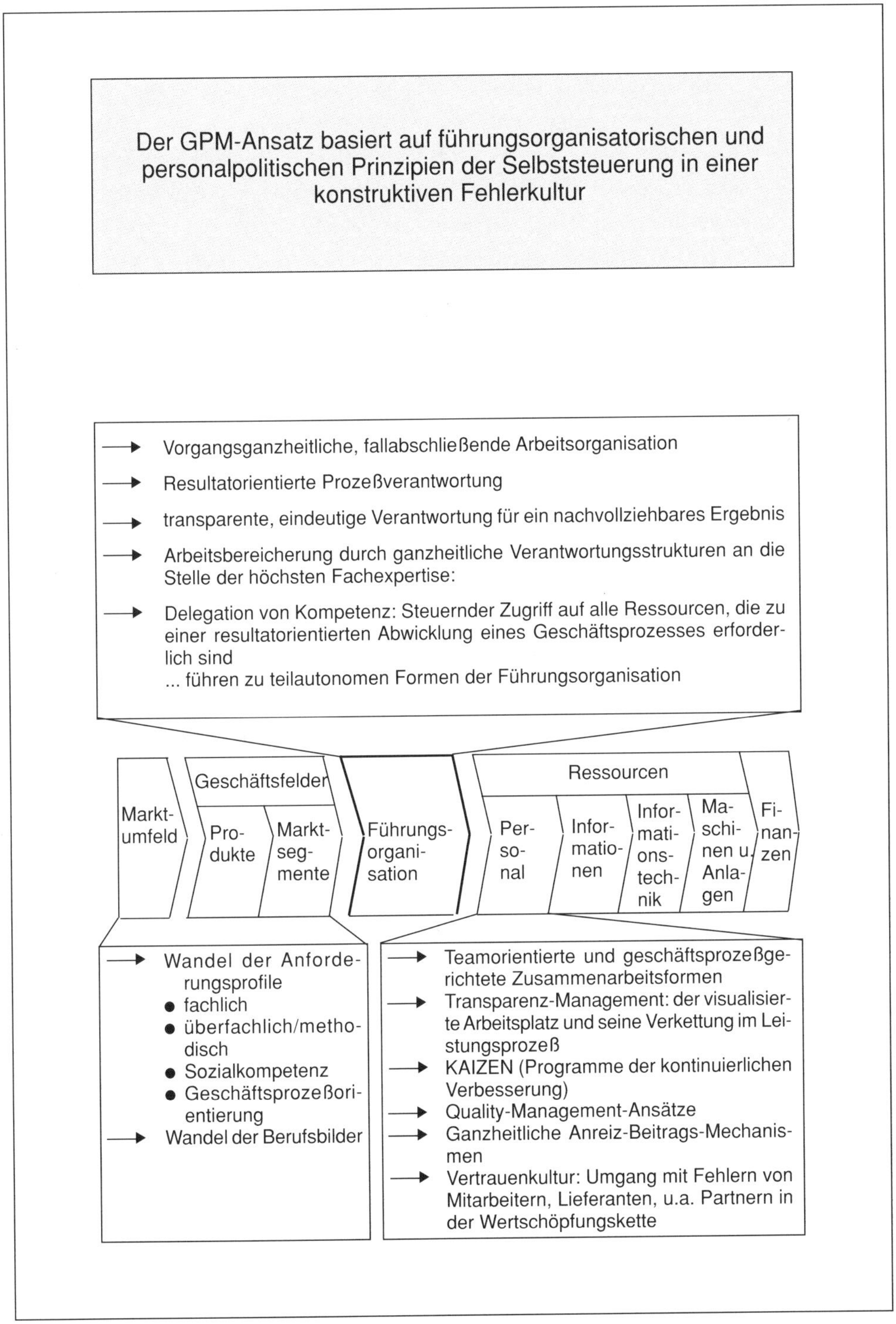

Abb. 4: Geschäftsprozeßmanagement: Prinzipien

auch ein gutes Beispiel für eine selbststeuernde Organisation (dies ist ein zentrales Merkmal einer sogenannten fraktalen Organisation). Selbstorganisierend ist ein Organisationssystem dann, wenn es einen Koordinationsautomatismus beinhaltet, durch den (quasi automatisch und ohne externen Steuerungseingriff) Maßnahmen zur Optimierung des Geschäftsprozesses von den Organisationsbeteiligten initiiert werden, weil diese Initiative belohnt wird. Im vorliegenden Fall ist der LDL auch verantwortlich für die Entsorgung des Verpackungsmaterials; also hat er auch ein Interesse daran, daß bereits im Anlieferungsprozeß möglichst geringe Verpackungsmengen anfallen, weil dadurch seine Kostenbelastung entlang der Geschäftsprozeßkette minimiert wird. Es ist durchaus möglich, solche Kostenvorteile auch auf beide Partner dieser Logistikorganisation (also Krankenhaus und logistischer Dienstleister) gleichgewichtig zu verteilen; dann führt das Interesse an einer kontinuierlichen Verbesserung zu Optimierungsvorschlägen von beiden Seiten.

Das *Ergebnis* dieses Know-how-Transfers zwischen Industrie und Krankenhaus (bedarfsorientierte Logistiksteuerung) ist überzeugend:

- Sinkende Kosten durch reduzierte Lagerhaltung, durch vermindertes Müllaufkommen sowie durch Verschwendungsreduktion;
- Entlastung des OP-Personals von artfremden Logistikaufgaben (Aufreißen der einzeln verpackten Komponenten; Zusammenbau der Katheter, usw.).
- Verkürzung der Einleitungszeit für den Patienten.
- Vermeidung von Verschwendung durch bedarfsgerechtes Zurverfügungstellen von Einmalprodukten

6. Konsequenzen des Geschäftsprozeßmanagements für Führung und Zusammenarbeit im Krankenhaus: Qualitäts- und Kostenmanagement als Herausforderung

Die grundlegende Optimierung von Geschäftsprozessen i.S. eines umfassenden Business Process Reengineering gehört in der Praxis nicht zu den häufig anfallenden Aufgaben des Tagesgeschäfts; gleichwohl bietet eine grundlegende Geschäftsprozeßreorganisation die Basis für ein kontinuierliches Verbessern der Arbeitsprozesse gemeinsam durch Führungskräfte und Mitarbeiter Tag für Tag. Damit hat GPM nachhaltige Konsequenzen für Führung und Zusammenarbeit im Krankenhaus. Dies kann an den Beispielen des Qualitäts- und Kostenmanagements verdeutlicht werden. Die Qualität der Leistungsprozesse im Krankenhaus wird maßgeblich bestimmt vom Verhalten des Personals; dies gilt insbesondere, wenn die Krankenhaus-Leistungsprozesse unter Wirtschaftlichkeitsgesichtspunkten analysiert werden. Insofern

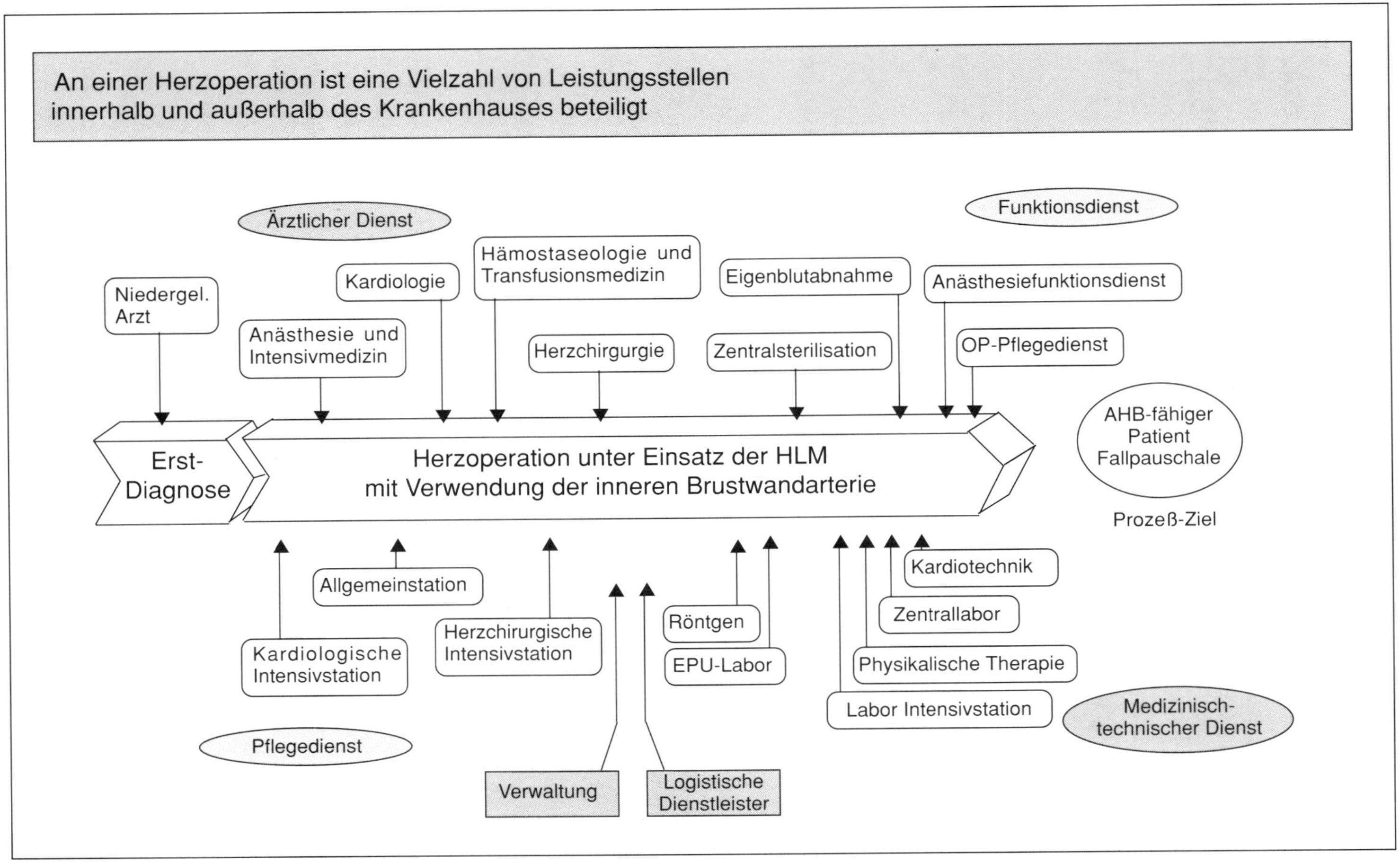

Abb. 5: Der Geschäftsprozeß: Herzoperation

besteht eine wichtige Managementleistung im Krankenhaus gerade bezüglich der Qualitätssicherung darin, die Arbeitsorganisation so zu gestalten, daß

- Arbeitsfreude bei den Mitarbeitern hervorgerufen wird (womit die Qualität des Arbeitslebens eine Steigerung erfährt), um auf dieser Basis
- die Sachziele der Organisation (= Versorgungsauftrag des Krankenhauses gegenüber den Patienten) effizienter und mit einem qualitativ höheren Ergebnis zu erreichen.

Die Wirksamkeit von Qualitätssicherungs-Programmen läßt sich grundsätzlich an den folgenden vier Merkmalskategorien beurteilen:

- Strukturelle Qualität
- Prozeßqualität
- Ergebnisqualität
- soziale Qualität

Strukturelle Qualität

Hierbei handelt es sich um Gestaltungsfaktoren, die als Rahmenbedingungen auf die Qualität des ärztlichen und pflegerischen Leistungsprozesses Einfluß nehmen wie etwa

- Ausbildungsstand des Personals
- Qualität und Zuverlässigkeit der Technik
- ausreichende Finanzmittel
- den organisatorischen und hygienischen Erfordernissen angepaßte baulich-funktionelle Gegebenheiten
- patientenmittelbare organisatorische Gestaltungsmaßnahmen

Prozeßqualität

Hiermit sind prozeßbezogene Gestaltungsfaktoren der Qualität gemeint, die den eigentlichen Handlungsbedarf beeinflussen. Die Qualität der Leistungsprozesse wird für den Patienten dort spürbar, wo er diejenige individuelle Zuneigung entgegengebracht bekommt, die er als soziales Individuum, das sich in einer seelisch belasteten Grenzsituation befindet, braucht und wo er das Gefühl hat, bestmöglich versorgt zu sein. Letztlich zählt zu diesen leistungsprozeßorientierten Merkmalen auch ein auf Konfliktfreiheit, Verständnis und Unterstützung gerichtetes Verhältnis zur Verwaltung.

Ergebnisqualität

Diese orientiert sich an der Zielsetzung, den Gesundheitszustand eines jeden Patienten, der eine Behandlung wünscht, objektiv und subjektiv zu verbessern. Aus diesem Qualitätsmerkmal ergeben sich naturgemäß gravierende Meßprobleme.

Qualität von Krankenhausleistungsprozessen ist ein Ergebnis der Erfolgsfaktoren:

- reibungslose, unaufdringliche Organisation und
- professionelles Personal.

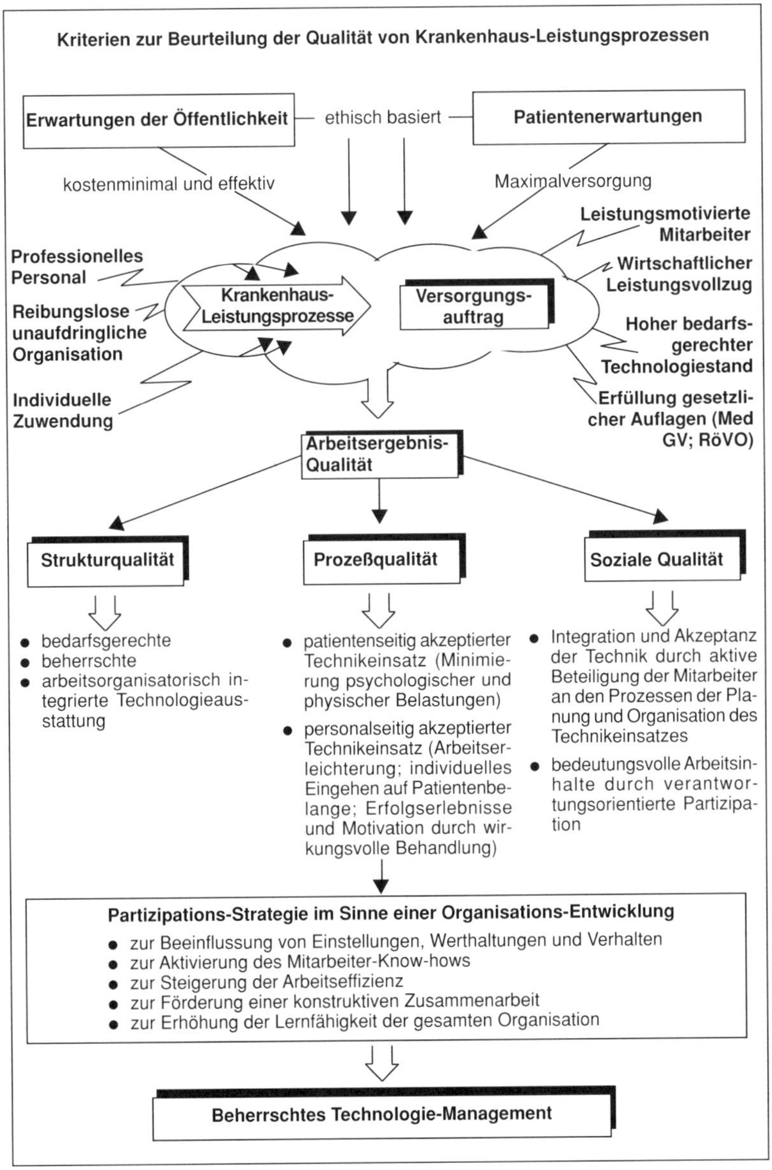

Abb. 6: GPM: Qualitätsdimensionen

Soziale Qualität

Die Qualität der Leistungsprozesse im Krankenhaus wird maßgeblich bestimmt vom Verhalten des Personals. Fachliche Qualifikation und Motivation sowie die Identifikation aller Mitarbeiter/innen mit dem sozial-orientierten Wertesystem und dem besonderen Versorgungsauftrag des Krankenhauses sind die zentralen Bestimmungsgrößen der spezifischen Leistungsfähigkeit. Eine technologieunterstützte Dienstleistung für kranke – sich oftmals in akuten physischen und psychischen Grenzsituationen befindende – Menschen zu erbringen, erfordert eine besondere Einstellung zur Arbeit. Mitarbeiter/innen, die in ihrer Arbeit eine Sinnerfüllung sehen, können leichter und dauerhafter zu der notwendigen, überdurchschnittlichen Leistung motiviert werden. Soziale Qualität ist die Basis für Struktur-, Prozeß- und Arbeitsergebnis-Qualität. Sie wird erreicht durch aktives, verantwortungsbewußtes Einbinden der Mitarbeiter/innen in die Prozesse der arbeitsorganisatorischen Gestaltung.

Aus der Überlegung, daß die Sicherstellung der Qualität von Krankenhaus-Leistungsprozessen primär ein Problem der unmittelbar mit Patienten in Kontakt stehenden Mitarbeiter/innen ist, resultiert ein Ansatz, der bisher nicht systematisch verfolgt wurde.

Ein personalorganisatorisches Konzept nämlich, das über intensive, verantwortungsorientierte Partizipation der Mitarbeiter an den Leistungsprozessen des Krankenhauses eine »Kerngeschäftsnähe der Aufgabe« zu erreichen versucht, und damit einer größeren Zahl von Mitarbeitern das Gefühl vermitteln kann, eine »bedeutungsvolle« Arbeit zu leisten.

Dieser Ansatz des sog. »Transparenz-Managements« sieht eine wichtige Aufgabe des Managements darin, organisatorische Rahmenbedingungen zu schaffen, in denen delegationsfähige Mitarbeiter durch selbständige Entscheidungen sichtbare Resultate erzielen dürfen (= Organisationsprinzip der fallabschließenden Verantwortung). Führungsaufgabe ist es dann auch, Mitarbeiter mit »Geschäftsprozeßpotential« zu identifizieren, indem durch Fördern, Fordern und Feedback ein Ernstnehmen des Mitarbeiters deutlich wird.

Transparenz-Management basiert auf dem Prinzip der wechselseitigen Verpflichtung (psychologischer Kontrakt): mit einer Partizipationschance ist auch die Verpflichtung zur konstruktiven Zusammenarbeit verbunden. Dies wird besonders deutlich an der gelebten Fehlerkultur (und Streitkultur) sowie dem Umgang mit zweitbesten Lösungen:

- Konstruktiver Umgang mit Fehlern
  (Fehler begehen ist verzeihlich; unverzeihlich ist es, erkannte Fehler zu ignorieren, augenscheinlichen Fehlerphänomenen nicht nachzugehen oder eine systematische Fehleranalyse zu behindern).

- 80 : 20-Regel/Pareto-Ansatz
(die Realisation eines kleinen, aber sichtbaren Verbesserungserfolges ist sinnvoller und motivationsgebender als das sofortige Anstreben einer zeitraubenden, vermeintlichen 100%-Lösung).

Qualitäts- und Kostenbewußtsein läßt sich auch durch ein konsequentes Verschwendungs-Management entwickeln. Verschwendung ist jeder Ressourceneinsatz, dem keine oder nur eine geringe wertschöpfende Leistung i.S. der Krankenhausziele zuzurechnen ist. Verschwendungs-Management ist ein typischer Bottom-up-Ansatz, der den Mitarbeiter in den Mittelpunkt der ständigen Verbesserung der Arbeitssituation stellt. Mit den Mitarbeitern gemeinsam werden Verschwendungskategorien gebildet, inhaltlich beschrieben und bezüglich ihrer Auswirkungen auf Kosten, Qualität und Motivation sowie »Patient Outcome« transparent gemacht. Der Mitarbeiter wird dadurch aktiv gestaltender Bestandteil des komplexen Prozesses der Patientenversorgung. Bei diesem Ansatz geht es nicht darum, Managementinformationen aus starren Kennzahlen des Rechnungswesens abzuleiten, deren Informationsgrundlage bis zu einem Jahr zurückliegt.

Verschwendungs-Management ist resultatorientiert. Verbesserungen müssen für die Mitarbeiter nachvollziehbar, erlebbar und aktiv beeinflußbar sein. Die Verschwendung sog. verhaltenssteuernder Kenngrößen, die jedem Mitarbeiter jeden Tag zeigen, wie sich seine Arbeit konkret auswirkt, ist die Basis eines modernen Controllingsystems im Sinne von »Steuerung am Ort der Wertschöpfung«.

In der Praxis wird häufig der Fehler gemacht, solche Programme und Aktivitäten einseitig auf Kostensenkungsresultate in abgegrenzten Funktionseinheiten zu orientieren; die ganzheitliche Sicht einer bereichsübergreifenden Zusammenarbeit geht dabei verloren. Mit dem sog. »Prozeß-Team-Ansatz« wird das Ziel verfolgt, die Verschwendungs-Management-Idee auf einen bereichsübergreifenden Geschäftsprozeß auszudehnen.

Die Aufgabenstellung solcher Prozeß-Teams (die aus maximal drei bis fünf Personen unterschiedlicher Berufsgruppen aus verschiedenen Funktionsbereichen bestehen) ist ganzheitlich und nicht einseitig kostenorientiert. Ein Geschäftsprozeß besteht grundsätzlich in der ablauforganisatorischen Verbindung zwischen Patientennutzen als Ziel und allen relevanten, dieses Ziel unterstützenden Leistungseinheiten (auch externe wie z.B. Lieferanten). Das Prozeß-Team hat neben dieser Kontext-Orientierung seine Arbeitsweise »unternehmerisch« zu verstehen: Durchführung von Organisationsanalysen, Erarbeiten von Lösungskonzepten, Kosten/Nutzen-Betrachtungen, Realisierungsmanagement u.a.m.

Durch unternehmerisch agierende Prozeß-Teams wird Verschwendungs-Management im Rahmen bereichsübergreifender Geschäftsprozesse praktiziert.

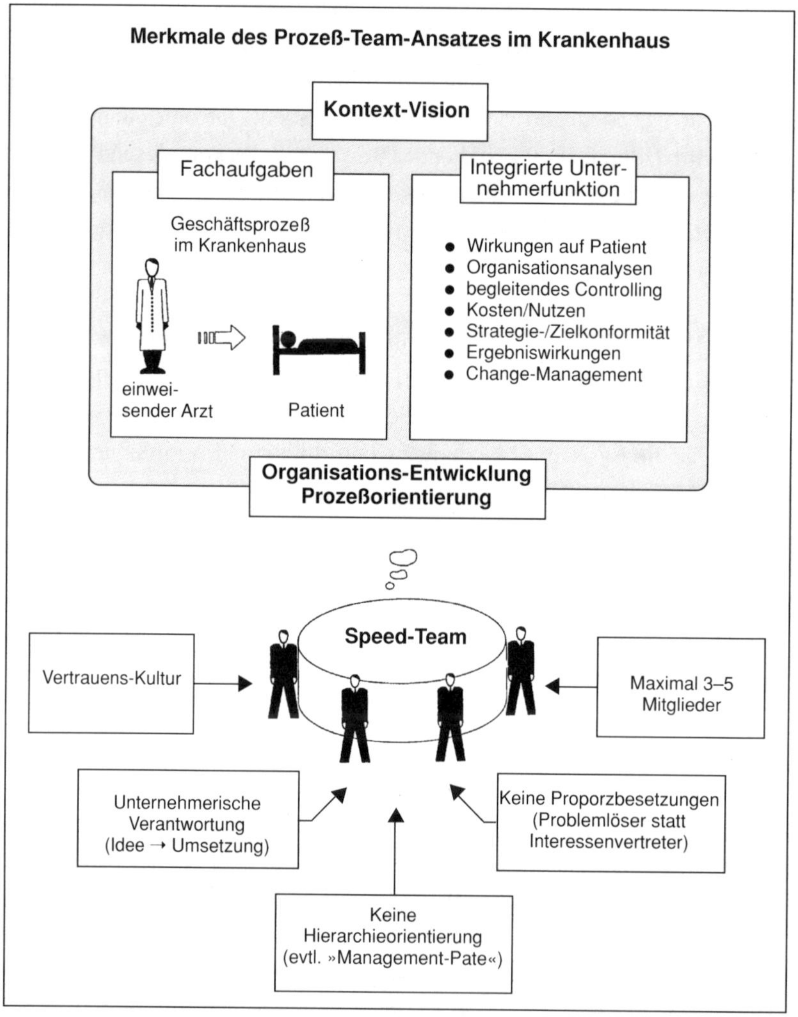

Abb. 7: GPM: Problemlösung durch Prozeß-Teams

7. Personalpolitische Konsequenzen des Geschäftsprozeßmanagements

Im Rahmen eines geschäftsprozeßorientierten Managements ist es absolut notwendig, den durch

- verändertes Marktumfeld (Fallpauschalen und verändertes Controlling-Verständnis; Begreifen des Patienten mit seinem sozialen Umfeld als »Kunden«) sowie
- ganzheitliche Aufgaben- und Verantwortungsstrukturen (integriertes Qualitäts- und Kostenmanagement für Ärzte und Pflegekräfte; Prozeßverantwortung in Prozeß-Teams; Verschwendungs-Management)

begründeten Leistungsdruck auf die Mitarbeiter rechtzeitig durch personalpolitische Maßnahmen zu begrenzen.

Die Merkmale einer »schlanken Organisation«:

- »Go-to-Gemba« Kultur
- Speed-Management
- Verhaltenskultur der Fehlertransparenz
- Verschwendungs-/Wertschöpfungsmanagement
- KAIZEN-Philosophie der Standardentwicklung sind durch eine gezielte Qualifikationsoffensive mit Leben zu erfüllen.

Ausgewählte Publikationen

Medizintechnische Logistik. Landsberg/München 1987.

Krankenhaus-Sanierung. Landsberg/München 1988.

Organisation. Erfolgsfaktor der Unternehmensführung. Landsberg/L. 1991.

Organisations-Wertanalyse. Wettbewerbsfähigkeit und Wirtschaftlichkeit durch Lean Organization Management. Vieselbach/Erfurt 1992.

Innovative Arbeitssystemgestaltung. Mensch, Organisation, Information und Technik in der Wertschöpfungskette. Köln 1992.

Qualitätsmanagement im Krankenhaus und öffentlicher Verwaltung: Geschäftsprozeßoptimierung als Mittel zur Effizienzanalyse. In: Verwaltung und Management. Eschborn 1993.

Zuständigkeits- und Beratungsschwerpunkt (Industrie):

Geschäftsprozeßorganisation

CAx-Management

Technische (Stückliste, Fertigungssteuerung, Logistik, Entwicklung) und kommerzielle (Controlling, MIS) Informationssysteme

Profit Improvement Programs (auch in ausländischen Tochtergesellschaften in China, Taiwan, Südafrika, etc.)

Organisation der Produktionsordnung/Fertigungsverbund/Entwicklungstiefe

Einführung teilautonomer Unternehmenseinheiten

Entwicklung und Einführung von Corporate Identity-Programmen

Zielkosten-Management in Vertrieb und technischer Entwicklung

Zuständigkeits- und Beratungsschwerpunkte (Gesundheitswesen):

Organisationsentwicklungs-Projekte in verschiedenen Krankenhäusern

Weiterbildungsseminare für Krankenhäuser und Verbände des Gesundheitswesens (Ärzte, Pflegekräfte, Verwaltung)

Trainingsprogramme (Organisation, Führung, Kommunikation, Motivation) für Chefärzte in Zusammenarbeit mit der Universität Innsbruck

Qualitätsmanagement im Krankenhaus

Einkaufs-Management

Medizintechnisches Service-Management

Einführung von Informationssystemen und Benutzerservice-Organisation

Abb. 8: Zuständigkeits- und Beratungsschwerpunkte in der Industrie und im Gesundheitswesen

Gestaltung des Führungssystems – Strategie, Struktur, Verhalten in einem integrierten Konzept

Wigand F. Große-Oetringhaus*

1. Generelle Gestaltungsprinzipien für Führungssysteme
2. Strategie als Ausgangspunkt zur Gestaltung von Führungssystemen
3. Die Integration von Kompetenzen als zentrale Gestaltungsaufgabe
4. Wesentliche Konsequenzen für die Struktur und das Verhalten

---

* Dr. *Wigand F. Große-Oetringhaus*, Leiter des Top-Management Trainings, Siemens AG, München

1. Generelle Gestaltungsprinzipien für Führungssysteme

Der Begriff Führungssystem kann unterschiedlich weit gefaßt werden (Abb. 1). Wir verstehen darunter ein *System von Leitlinien* zur Führung eines Unternehmens. Diese Leitlinien können nur im Zusammenhang mit anderen Bestandteilen des Zielsystems formuliert werden. Ein umfassendes Zielsystem beginnt mit einer *Vision*, die die Richtung des Unternehmens aufzeigt. Eine Vision sollte vor allem die Frage beantworten, wie das Unternehmen in – sagen wir – 5 bis 10 Jahren einen Wettbewerbsvorteil erzielen kann. Für Siemens ist eine Vision die Systemkompetenz.

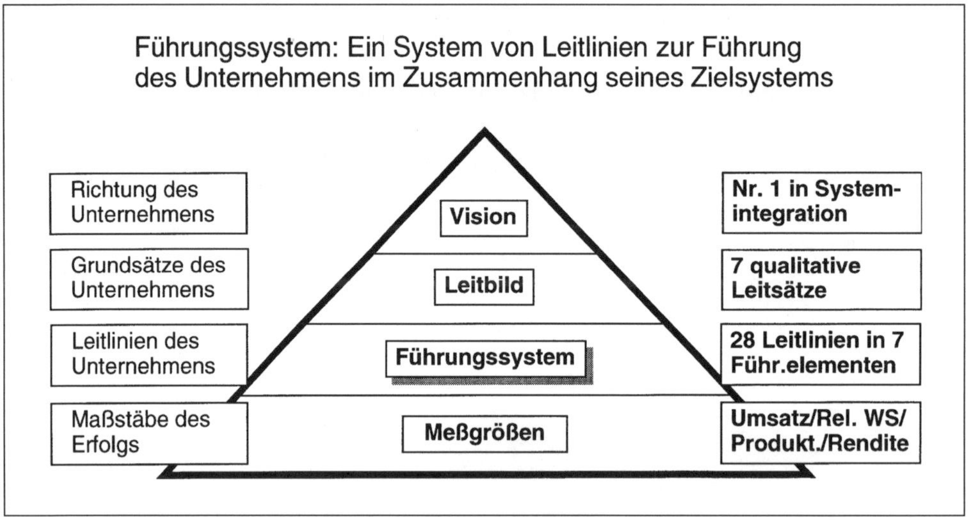

Abb. 1: Einordnung des Führungssystems

Ein *Leitbild* dokumentiert die Grundsätze des Unternehmens. Es ist Ausdruck der Unternehmenskultur, es dokumentiert die Wertvorstellungen. Bei Siemens haben wir es mit sieben sogenannten Leitsätzen formuliert.

Ein Leitbild wendet sich primär »nach außen«, und zwar an die verschiedenen Interessengruppen. Insofern bedarf es einer Ergänzung um die Sicht »nach innen«, und zwar einer Konkretisierung für die Umsetzung des Leitbildes. Diese Aufgabe sollen die Leitlinien erfüllen. Und dieses System von Leitlinien nennen wir das *Führungssystem*, bei uns 28 Leitlinien.

Schließlich bedarf das Zielsystem einer quantitativen Ausprägung, in dem die *Maßstäbe des Erfolges* zeitlich konkretisiert werden. Wichtig sind z.B. Umsatz, relative Wettbewerbsstellung, Produktivität und Kapitalrendite. In diesem Zusammenhang steht das Führungssystem, d.h. die Leitlinien werden im Zusammenhang mit den anderen drei »Schichten« des Zielsystems formuliert. In unserem Hause entstand die Erforschung von Führungssystemen aus unseren umfangreichen Arbeiten zur Strategie. Wir waren mit der Umsetzung der Strategien unzufrieden. Wir entdeckten, daß Strategien nur dann wirksam umgesetzt werden können, wenn man Führungssysteme entsprechend gestaltet. Dabei entdeckten wir *zwei grundsätzliche Gestaltungsprinzipien: Konsistenz und Motivation.*

Zunächst müssen Führungssysteme *konsistent* sein (Abb. 2), d.h. sie müssen im Hinblick auf die Anforderungen der Kunden und des Wettbewerbs, aber auch im Hinblick auf die eigene Vision, widerspruchsfrei sein.

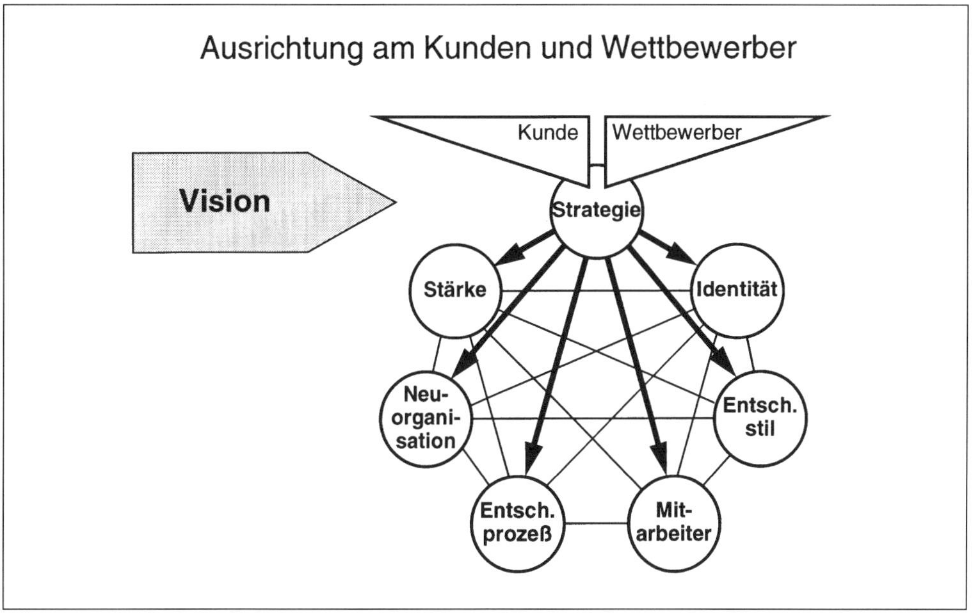

Abb. 2: Führungssysteme müssen konsistent sein

Um die Anforderungen des Kunden im Vergleich zum Wettbewerber besser zu erfüllen, werden generell eine Vision und für die Geschäfte spezifisch Strategien formuliert. Die Strategie stellt bestimmte Anforderungen an die anderen Elemente des Führungssystems. Nicht aber können bestimmte Gegebenheiten der anderen Elemente die Strategie bestimmen. Nach unserer Auffassung kann es hier keinen Kompromiß geben. Diese Auffassung könnte man auch als »die harte Schule« bezeichnen.

Im Kern trifft diese Schule zwei Grundaussagen:

(1) Alle Elemente des Führungssystems haben gleiches Gewicht. Die »weichen« Elemente sind nicht wichtiger als die »harten« Elemente.

(2) Eine Strategie wird aus externen Anforderungen bestimmt, nicht aus internen Gegebenheiten. Wenn aber die internen Gegebenheiten nicht den externen Anforderungen entsprechen, dann ergibt sich die *Notwendigkeit zur Transformation.* Falls die Transformation nicht realistisch ist, kann die Strategie nicht durchgeführt werden.

Um die Elemente, die in sich widerspruchsfrei zu gestalten sind, ganzheitlich zu erfassen, haben wir in die hier gezeigten *sieben Elemente* aufgeteilt. Dabei liegen unsere eigenen Forschungsarbeiten aber auch die Arbeiten von McKinsey zugrunde. Diesen Elementen (Abb. 3) haben wir jeweils einen *Kernbegriff* zugeordnet, der für die Verbesserung unserer Wettbewerbsstellung wesentlich ist. Ein Führungssystem kann unterschiedliche Ziele verfolgen. Uns scheint wesentlich, daß sich ein Führungssystem auf das Kernproblem des Unternehmens konzentriert. Für das Verständnis unseres Führungssystems ist daher wesentlich, diese spezifische Zielsetzung zu sehen: Wir haben uns darauf konzentriert, unsere Wettbewerbsstellung zu verbessern. Deshalb treten andere Gesichtspunkte in den Hintergrund.

So zielt die *Strategie* auf Wettbewerbsstärke, die *Identität* auf Fortschritt in einem gesellschaftlich umfassenden Sinne, der *Entscheidungsstil* zielt auf Führungswillen, die Entwicklung unserer *Mitarbeiter* auf die Mobilisierung von Unternehmertum, die *Entscheidungsprozesse* auf Schnelligkeit, unsere *Neuorganisation* auf Marktnähe und unsere *Stärke* liegt in der Systemintegration.

In dieser Formulierung »reimen« sich die Namen der Elemente auf den Namen unseres Unternehmens. Wir geben zu, daß wir aus mnemotechnischen Gründen geringfügige Zugeständnisse an die Namensgebung der Elemente gemacht haben. Dabei hat uns der Zufall geholfen, vor allem, daß unser Firmenname sieben Buchstaben hat. Ebenso zufällig war, daß die Reihenfolge der Buchstaben der Logik des Führungssystems entspricht. Z.B. steht das »M« für Mitarbeiter in der Mitte entsprechend der zentralen Bedeutung der Mitarbeiter.

Die Zugeständnisse betrafen eigentlich nur zwei Elemente:

Statt *Identität* könnte man auch Werte oder Kultur oder Basiskompetenzen sagen. Aber Identität trifft das Element besser, denn Identität bedeutet »der unverwechselbare Charakter« eines Unternehmens, und der beruht auf seinen Werten.

Unser Führungssystem wurde mit einer grundlegenden *Neuorganisation* 1989 eingeführt. Diese intern gebrauchte Bezeichnung als Name für das Element ist vielleicht mißverständlich, denn

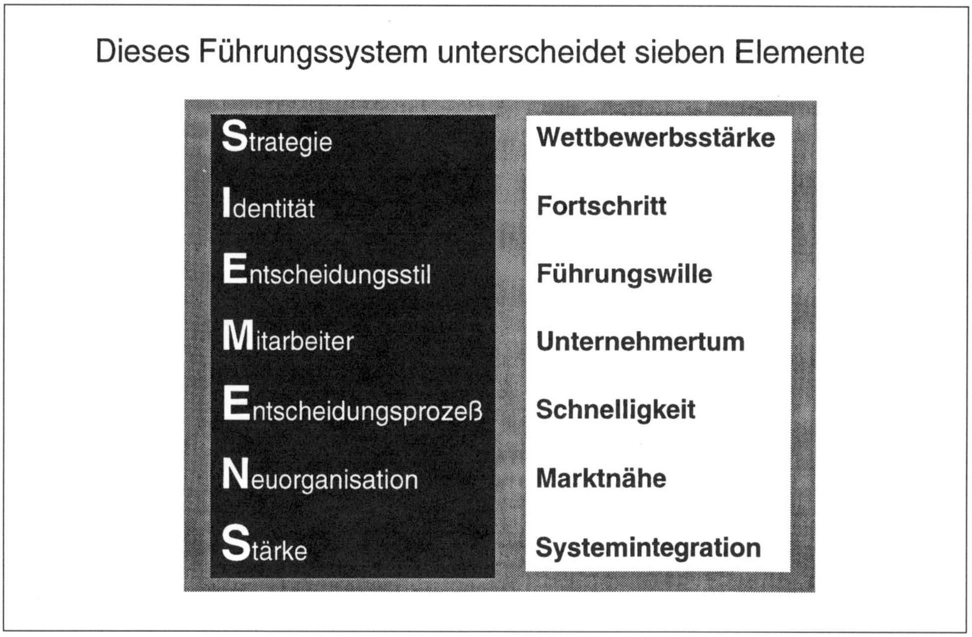

Abb. 3: Konsistenz im Siemens-Führungssystem

wir meinen hier nicht einen einmaligen Akt, sondern eine sich ständig erneuernde Organisation. Ein »L« für eine lernende Organisation wäre uns hier lieber gewesen.

Aber es bleibt dabei, daß der mnemotechnische Vorteil dieser Namensgebung für uns nicht übertreffbar ist .

Zum *zweiten Gestaltungsprinzip* (Abb. 4): Führungssysteme müssen *motivieren*.

Im ersten Schritt bedeutet dies, diejenigen Potentiale eines Unternehmens bewußtzumachen, die Innovationen bewirken. In einer umfassenden Mobilisierung des Unternehmens werden die Innovationen gestaltet. Dafür muß zunächst der erforderliche Freiraum gewährt werden, aber die Potentiale sollten durch Führungswillen gesteigert und auf Kundenvorteile in den Segmenten der Geschäftsfelder kanalisiert werden, und zwar so, daß für das Unternehmen insgesamt die Vision ihrer überlegenen Leistungskompetenz erreicht wird.

Um diese Vision einer überlegenen Leistungskompetenz zu erreichen, muß der *Anspruch* eines Führungssystems sehr hoch sein (Abb. 5). Dieser Anspruch muß über allgemeine Führungsgrundsätze hinausgehen. 1979 hatten wir McKinsey auf der Basis von 12 Unternehmen gefragt, welches die Voraussetzungen für Führungspositionen seien. Diese Vorstudie, über die

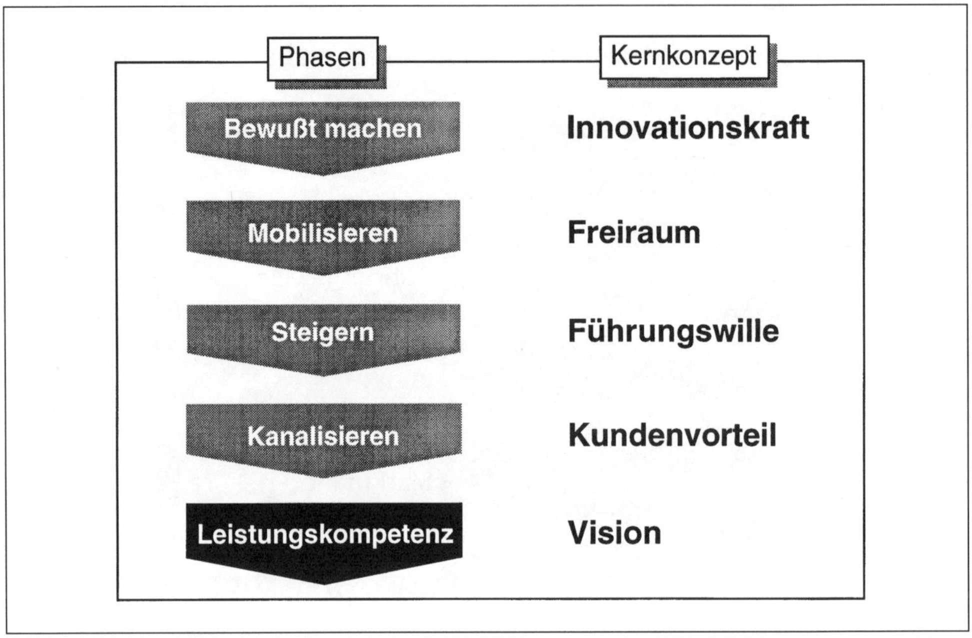

Abb. 4: Führungssysteme müssen motivieren

uns 1980 berichtet wurde, konnte uns nicht voll überzeugen. Die Vorstudie ist dann auf eine größere Zahl von Unternehmen erweitert worden, deren Ergebnisse 1982 in dem Bestseller »In search of excellence« veröffentlicht wurden.

Nach unserer Meinung sind die acht Kernaussagen nur generelle Führungsgrundsätze: Sie sind richtig, aber sie werden auch von einem Nr. 3-Unternehmen mehr oder weniger erfüllt. Sie erklären noch nicht Exzellenz. Zielt der Anspruch eines Führungssystems höher, und zwar auf die Erreichung von Führungspositionen – kurz *Nr. 1-Positionen* – dann ist zu fragen, was eine Nr. 1 hat, das eine Nr. 2 nicht hat. Diese wesentlich präzisere Fragestellung zielt auf den Unterschied zwischen einer Nr. 1 und einer Nr. 2.

Dieser Unterschied besteht nach unserer Auffassung in *vier Dimensionen*:

- in dem *Führungswillen*,
- in der Klarheit der *Wettbewerbsvorteile*,
- in der *Konsistenz* der Funktionsprogramme, also der Programme von Entwicklung, Fertigung und Vertrieb und
- in der *Konsequenz* der Umsetzung.

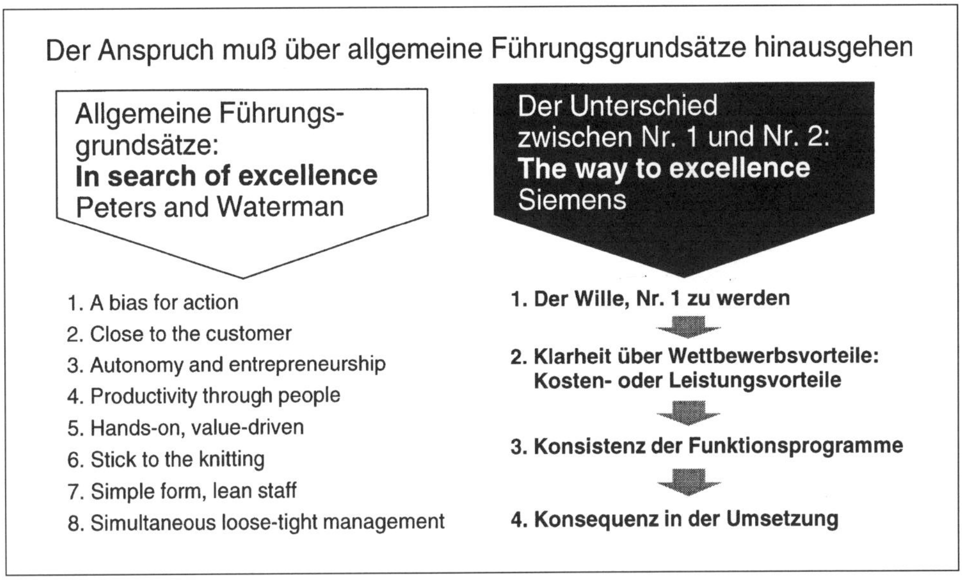

Abb. 5: Anspruch des Führungssystems

In der Gestaltung dieser vier Dimensionen liegt der Schlüssel zum Erreichen von Führungspositionen.

Die jüngste Geschichte der Management-Literatur ist voll von Konzepten, die jeweils *einzelne Aspekte* des Managements betonen (Abb. 6). Etwas provokatorisch könnte man sie auch als »gimmick of the year« bezeichnen. Es begann – etwa 1970 – mit Portfolio-Management, das dann zunächst zur Bereinigung von Geschäftsstrukturen, dem sogenannten restructuring, führte – bis hin zu dem selbstverständlichen Aspekt, das man sich in allen Funktionen auf den »Klassenbesten« beziehen muß. Value based management, Strategic intent, Multifunktionsteams, Lean management und Time based management, flache Hierarchien, Total quality management und Kernkompetenzen machen die lange Liste noch keinesfalls vollständig.

Die Umsetzungserfahrungen haben gezeigt, daß Konzepte, die sich einzelne Managementaufgaben herausgreifen, nur einen begrenzten Erfolg haben. Auch Reengineering ist nur ein Einzelaspekt. Er zielt auf Prozeßintegration, um eine Organisation schlanker, fitter zu machen. Ohne eine strategische Ausrichtung ist das vergleichbar mit einer Bemühung, einen Blinden fitter zu machen. Wenn man aber einen Blinden fitter macht, dann rennt er nur noch schneller gegen die Wand. Da alle Elemente in einem Zusammenhang stehen, können sie auch nur im Zusammenhang geändert werden. Und diese ganzheitliche, konsistente Änderung sollte ein Führungssystem leisten. Es sollte der ständigen Versuchung, nur an einzelnen Schrauben zu drehen, Widerstand leisten.

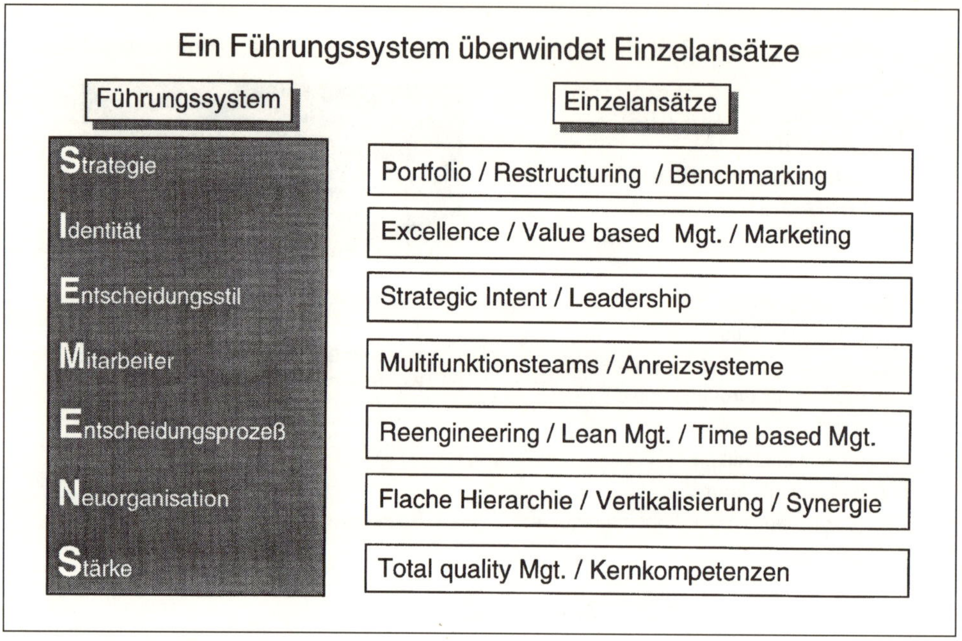

Abb. 6: Ganzheitlichkeit im Führungssystem

Ein Führungssystem zielt auf *systematische Veränderung* (Abb. 7). *Vier Gestaltungsdimensionen* sind wichtig:

Zunächst stellt sich die Frage nach dem *Anspruch* der Veränderung: Bis zu welchem Grad will man etwas ändern? Damit hängt die Frage nach der *Richtung* zusammen. Und schließlich stellen sich die Fragen nach dem »Was?«, also dem *Objekt* der Veränderung, und nach dem »Wie?«, also nach dem *Prozeß* der Veränderung bzw. der Umsetzung.

Für die Formulierung der Leitlinien – genauer für ihre Bewertung – ist eine weitere Gliederung hilfreich: Ausgehend von den Anforderungen des Kunden und des Wettbewerbs sind Beispiele der Besten aufschlußreich, denn sie bilden den Maßstab. Daran gespiegelt sind die Probleme des Unternehmens zu formulieren. Daraus ergibt sich sein Lösungsansatz und somit sein Umsetzungsprogramm. In unserem Führungssystem haben wir für jedes der sieben Elemente und für jede der vier Gestaltungsdimensionen eine Leitlinie formuliert. Deshalb ergeben sich 28 Leitlinien.

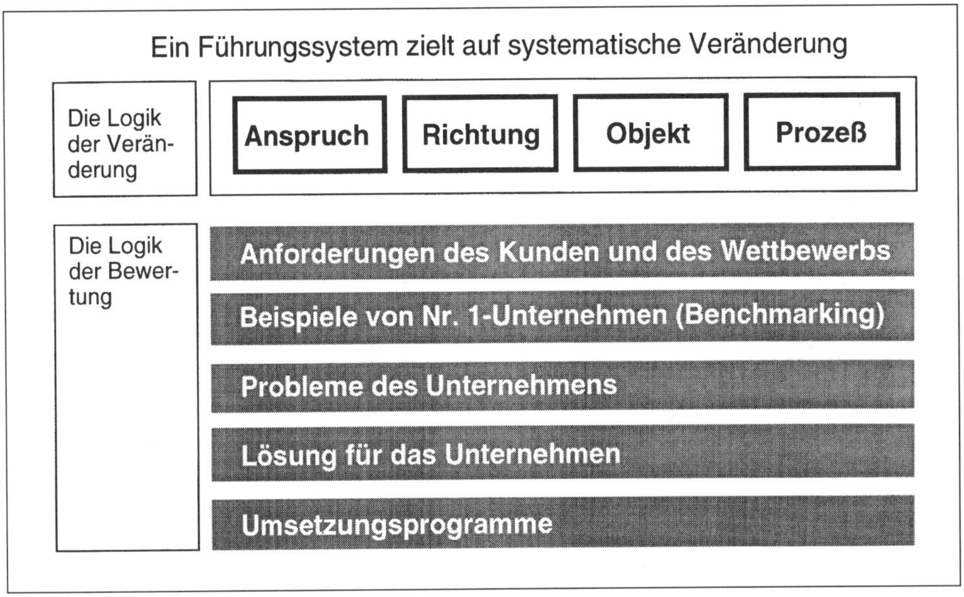

Abb. 7: Systematik im Führungssystem

2. Strategie als Ausgangspunkt zur Gestaltung von Führungssystemen

Das Prinzip der systematischen Ableitung von Leitlinien soll für das grundlegende Element der *Strategie* aufgezeigt werden. Für dieses Element ist der Kernbegriff die Wettbewerbsstärke (Abb. 8). Dazu gehört der Kernsatz »*Weltweit Führungspositionen erreichen und ausbauen*«. Dieser Satz wird nach dem Schema der vier Gestaltungsdimensionen aufgelöst:

- In bezug auf den *Anspruch*, wollen wir den Schwerpunkt unserer Geschäfte von Folge- zu Führungspositionen verschieben.
- In der *Richtung* wollen wir unseren regionalen Fokus von einem Deutschland-basierten Geschäft zu einem globalisierten Geschäft verlagern.
- Dementsprechend wollen wir den Fokus unseres Geschäftes von einem Spezialisierungsgeschäft auf ein Volumengeschäft verändern. Dies ist das *Objekt* der Veränderung.
- Zur Umsetzung des veränderten strategischen Grundansatzes genügt es nicht, die Geschäftsfunktionen nur zu koordinieren, vielmehr müssen die Geschäftsfunktionen so integriert werden, daß die funktionalen Programme inhaltlich voll konsistent sind. Dies ist vor allem ein Auftrag an den *Prozeß*. Hieraus resultieren deutlich veränderte Organisationsstrukturen und ein kooperatives Verhaltenskonzept.

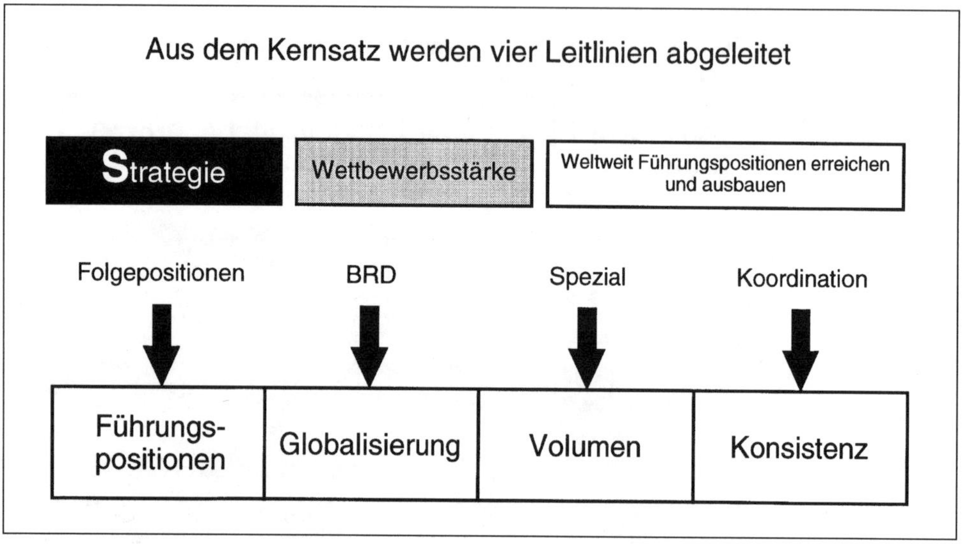

Abb. 8: Leitlinien zur Strategie

Somit ergeben sich vier strategischen Leitlinien:

Zur 1. Leitlinie, dem *Streben nach Führungspositionen* (Abb. 9):

Den statistischen Zusammenhang zwischen relativer Wettbewerbsstellung und der Umsatzrendite haben wir gründlich untersucht. Es ist ein Zusammenhang zwischen Ursache und Wirkung. Dabei hat sich deutlich gezeigt, daß im Durchschnitt nur Geschäfte in Nr. 1- und Nr. 2-Positionen Geld verdienen. Geschäfte in Nr. 3-Positionen können zwar noch Geld verdienen, aber sie verdienen oft nicht mehr die Kapitalkosten. Abb. 9 zeigt – auf der Basis vieler Geschäfte – die Werte, die wir für Führungs- und Folgepositionen über einen bestimmten Zeitraum gefunden haben.

Dieser statistische Zusammenhang löst immer wieder Diskussionen aus, da es von der gezeigten Linie erhebliche Abweichungen gibt. Aber gerade diese Abweichungen sind ein entscheidender Ansatz für die Strategie. Bei Abweichungen sollte die Geschäftsfeld-Definition oder die Effizienz diskutiert werden. Bei der Ermittlung der relativen Wettbewerbsstellung muß sorgfältig vorgegangen werden, damit aus simplifizierten und pauschalierenden Vergleichen nicht falsche Schlußfolgerungen gezogen werden. Unterschiede in der Wertschöpfungs- und Regionalstruktur spielen eine ganz erhebliche Rolle.

Überdies gilt dieser Zusammenhang nicht für besondere Geschäftstypen, die man meist als fragmentierte Geschäfte bzw. als Patt-Geschäfte bezeichnet. Er gilt nur für die sogenannten

Spezialisierungs- und Volumengeschäfte. Besonders bei den Spezialisierungsgeschäften muß der Geschäftsfeld-Definition große Aufmerksamkeit geschenkt werden, damit man aus dieser Darstellung nicht in das Mißverständnis verfällt, daß es nur darum ginge, möglichst groß zu sein. In diesem Geschäftstyp ist statt der kommunikativen Kurzformel »Nr. 1« die Bezeichnung »Bestleister« vielleicht weniger mißverständlich. Nur muß neben der Leistung auch die kostenmäßige Bedeutung des Volumens klar erkannt werden, damit nicht Leistungsvorteile durch Volumennachteile irrelevant werden.

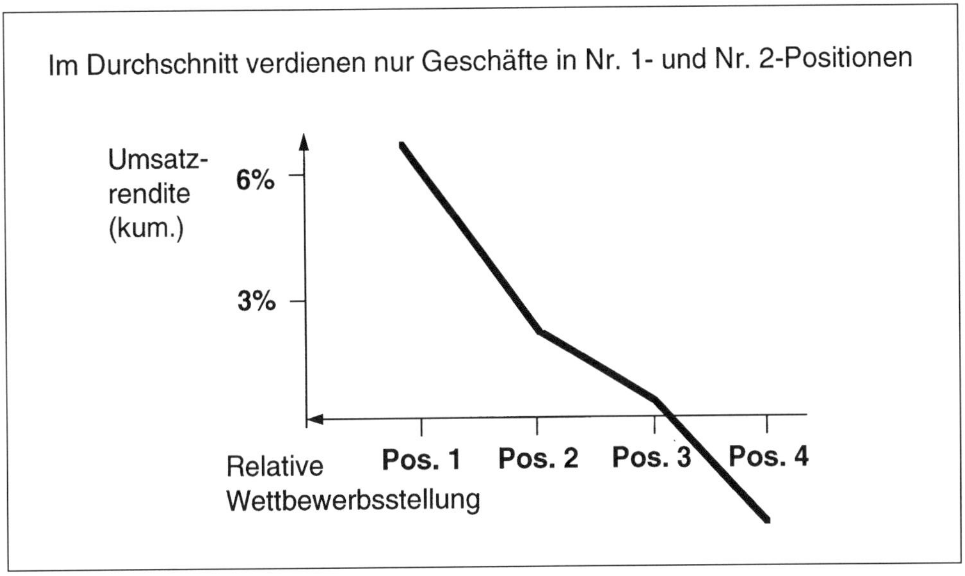

Abb. 9: 1. Leitlinie: Führungspositionen

Zur 2. Leitlinie, der *Verstärkung des globalen Geschäfts* (Abb. 10):

Die Bedeutung der Globalisierung läßt sich durch einen *Wertschöpfungsvergleich* erläutern. Nehmen wir als Beispiel zwei Wettbewerber: Ein amerikanisches Unternehmen, das seinen Absatz auf die USA beschränkt, und ein globales Unternehmen, das in den USA – gegenüber dem amerikanischen Unternehmen – nur ein Drittel des Umsatzes macht. Der Hauptanteil seines Umsatzes liegt in Europa. Insgesamt ist dieses europäische Unternehmen etwa dreimal so groß. Seine Wertschöpfung ist zu 50% regionalspezifisch. Die anderen 50% sind global, d.h. sie sind entweder in einem Land ganz oder nach Anteilen in verschiedenen Ländern zentralisiert.

Aus dieser Struktur resultiert der strategische Ansatz des europäischen Unternehmens. Geht man davon aus, daß man bei einem dreifachen Volumen – allein aus Volumen – etwa 15%

Kostenvorteil hat, dann hätten beide Unternehmen in den USA die gleichen Kosten, denn der Kostennachteil des Europäers in den lokalen Kosten wird kompensiert durch seinen Kostenvorteil aus den globalisierungsfähigen Kosten.

Die Wertschöpfungsanalyse zeigt, worauf es in der Globalisierung ankommt, nämlich – verallgemeinernd formuliert – auf ein Denken in *Landesgemeinsamkeiten*. Hieraus wiederum ergeben sich Konsequenzen für Struktur und Verhalten.

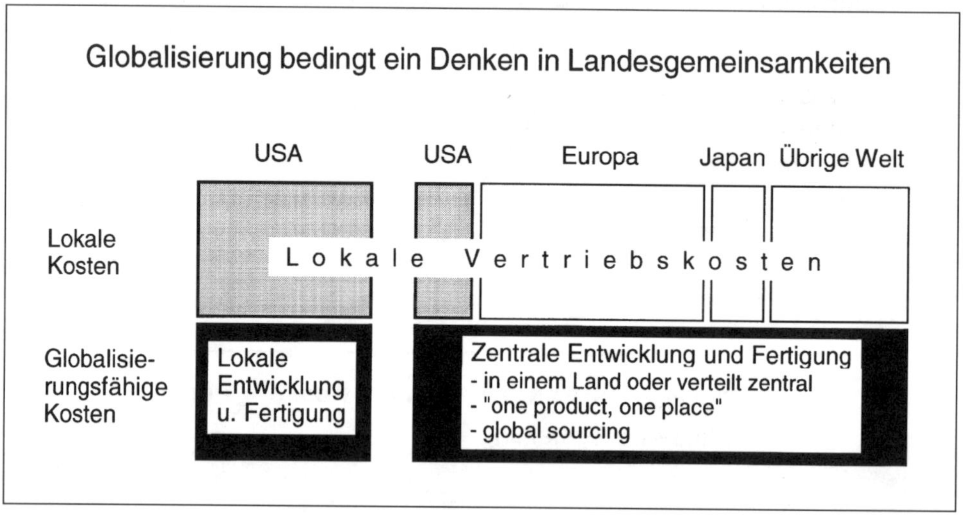

Abb. 10: 2. Leitlinie: Globalisierung

Zur 3. Leitlinie, der *Vergrößerung der Volumenbasis* (Abb. 11):

Die strategische Bedeutung des Volumens kann mit der gleichen Methodik erläutert werden. Dazu wird die *Wertschöpfungsanalyse* nicht für Länder, sondern für Leistungsklassen angewendet. Wieder vergleichen wir zwei Unternehmen: Ein europäisches Unternehmen, das seine Produktion auf die obere Leistungsklasse beschränkt und seine Wertschöpfung überwiegend spezifisch auf die Anforderungen dieser Leistungsklasse gestaltet, und ein japanisches Unternehmen, das einen fundamental anderen strategischen Ansatz wählt.

Das japanische Unternehmen beginnt seinen Absatz in der unteren, hochvolumigen Leistungsklasse. Seine Geschäftstätigkeit ist von vornherein auf das gesamte Geschäftsfeld mit allen Leistungsklassen konzipiert. Dafür hat es seine Wertschöpfung so gestaltet, daß 50% der Funktionen allen Leistungsklassen gemeinsam sind. Wenn es den Markt »von unten nach oben«

aufrollt, dann kann es die Kostenvorteile aus dem Volumen der unteren Leistungsklasse in die obere Leistungsklasse transferieren.

Wenn wir gleiche Leistung und gleiches Volumen in der oberen Leistungsklasse unterstellen, dann hat das europäische Unternehmen so gegen diesen japanischen Ansatz keine Chance. Es wird nicht durch das Argument des Leistungsvorteils geschlagen, sondern durch das Argument des *Volumenvorteils*: »Gleiche Leistung zum halben Preis«.

In diesem Vorgehen sehen wir den *Kern japanischer Strategie*. Dabei muß man dieses Konzept sehr weit interpretieren: Bei den gemeinsamen Funktionen bzw. Kosten geht es nicht nur um gemeinsame Teile, sondern um ein gemeinsames prozessuales Qualitätskonzept und um gemeinsame Ressourcen höchster Flexibilität. Auch aus diesem strategischen Ansatz resultieren unmittelbar strukturelle und verhaltensmäßige Konsequenzen.

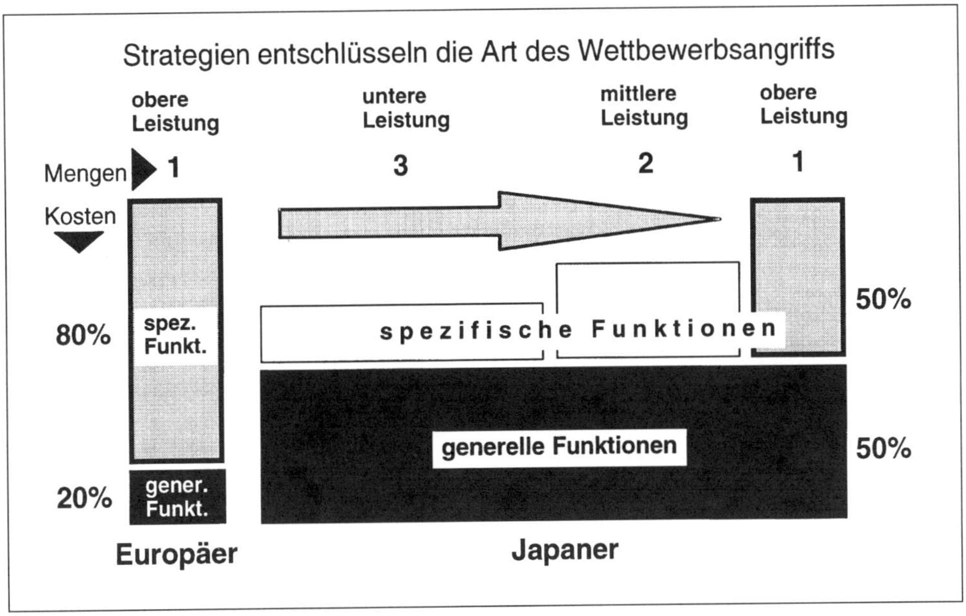

Abb. 11: 3. Leitlinie: Volumen

Zur 4. Leitlinie, der *Gestaltung konsistenter Funktionsprogramme* (Abb. 12):

Die empirische Forschung zeigt, daß es nur – jedenfalls noch – zwei *generische Strategien* gibt, nämlich die Leistungsdifferenzierung und die Kostenführerschaft. Jedes Geschäftsfeld, das sich hier auf dem Weg zur Nr. 1 nicht klar entscheiden kann, bleibt »zwischen den Stühlen« stecken. Eine Nr. 2 hat gegenüber einer Nr. 1 die besten Siegeschancen, wenn sie sich klar entscheidet: Entweder für das Argument »höhere Leistung bei gleichen Kosten« oder für das Argument »geringere Kosten bei gleicher Leistung«.

Die *Klarheit* in der strategischen Richtung ist eine Klarheit des Vorteils. Diese Klarheit ist ein Herzstück der Strategie. Sie muß sich *in allen Geschäftsfunktionen konsistent* fortsetzen, damit alle Funktionen ihren Beitrag zu dem Vorteil leisten – anders formuliert – damit alle Funktionen an einem Strang in dieselbe Richtung ziehen.

Für die *Entwicklung* beispielsweise bedeutet dies, daß bei einer Leistungsdifferenzierung die Entwicklung sich auf das spezifische Leistungsmerkmal konzentrieren und hierfür eine adäquate Qualität entwerfen muß. Dafür braucht man die besten Entwickler.

Nehmen wir als konkretes Beispiel die Computertomographie: Die weitaus größte Gruppe der Segmente von Krankenhäusern und Radiologen ist an der Wirtschaftlichkeit des CT's interessiert. Die Wirtschaftlichkeit wird durch den Patientendurchsatz, diese durch die Scanzeit und diese wiederum durch die Rotationstechnologie getrieben. Führerschaft in dieser Technologie sichert Vorteile in der Scanzeit. Mit dieser Strategie der *Leistungsdifferenzierung* lassen sich Volumennachteile durch überlegene Leistungsvorteile kompensieren.

Ganz anders ist der strategische Ansatz in der *Kostenführerschaft*. Hier kommt es in der Entwicklung darauf an, durch Standardisierung, Modularisierung und Kompatibilität ein größtmögliches Volumenpotential in das Produkt zu entwickeln, denn dieser Ansatz zielt nicht auf Leistungs-, sondern auf Volumenvorteile. Aus dieser Leitlinie werden Konsequenzen für Struktur und Verhalten vielleicht am deutlichsten: Die *Konsistenz* ist nur *durch eine organisatorische und prozessuale Integration* zu erreichen. Wir nennen dies Vertikalisierung.

Durchgesetzt werden kann die Integration nur durch einen *General Manager*, der auf die Ressourcen Zugriff hat – nach dem Motto »one man, one business«. Kommitteeformen zur Integration haben sich nicht bewährt. Der General Manager setzt Ziele und ist die letztlich entscheidende Instanz zur Lösung von Zielkonflikten. Er führt ein Team, das über die Funktionsgrenzen hinweg kooperiert.

Soviel zur Erläuterung eines Elements im Führungssystem.

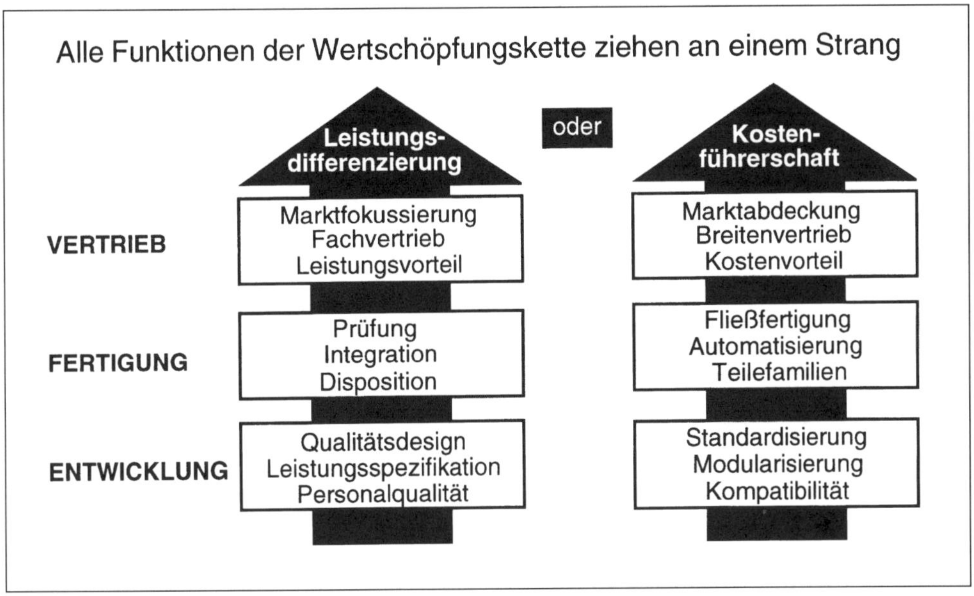

Abb. 12: 4. Leitlinie: Konsistenz

3. Die Integration von Kompetenzen als zentrale Gestaltungsaufgabe

Der *Zusammenhang zwischen den Elementen* soll an einer zentralen Aufgabe zur Gestaltung von Führungssystemen erläutert werden: Der *Integration von Kompetenzen.*

Ausgangspunkt ist das zweite Element des Führungssystems (Abb. 13). Wir nennen es Identität und verstehen darunter ein *Wertesystem.* Es läßt sich in fünf »Schichten« gliedern:

- Grundüberzeugungen, z.B. die Ausrichtung auf Fortschritt,
- ethische Standards, z.B. Zuverlässigkeit,
- das grundsätzliche Anspruchsniveau – z.B. der Anspruch auf Exzellenz,
- die Lebensauffassung, z.B. Selbstverwirklichung,
- die Basiskompetenzen, z.B. Technologiekompetenz.

Für die Gestaltung eines Führungssystems, das auf Wettbewerbsstärke zielt, sind unter den Werten die *Basiskompetenzen*, also Kompetenzen in den Ressourcen, besonders wichtig. In unserem Hause wollen wir unsere hohe Technologiekompetenz durch gleichgewichtige Sozial- und Marketingkompetenz verstärken. Für uns kommt es auf das *Gleichgewicht* dieser Basiskompetenzen an. Weil wir einen überlegenen Vorteil in der Systemkompetenz erzielen wollen, brauchen wir dazu

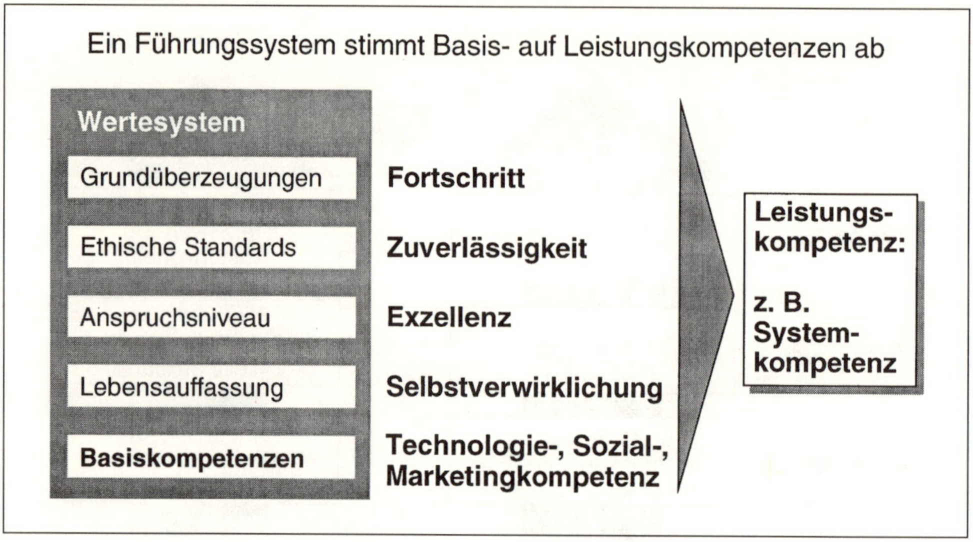

Abb. 13: Konzentration auf Kompetenzen

- entsprechende Technologien,
- die integrative Kraft der Sozialkompetenz und
- eine Marketingkompetenz, die Systeme auf Kundenwünsche ausrichtet.

Basis- und Leistungskompetenzen müssen konsistent sein, d.h. dem angestrebten Vorteil im Output muß ein Vorteil im Input entsprechen (Abb. 14).

Dazu folgen zwei Beispiele: BMW steht für dynamische Automobile. Diesem Vorteil in der Leistung entsprechen Basiskompetenzen, nämlich Vorteile in der Elektronik und im Motorenbau. SONY ist trendsetzender Marktführer im Audio- und Videobereich. Diesem Leistungsvorteil entspricht ein überlegener Vorteil im Management von Innovation und in der Miniaturisierung, dem wesentlichen Trend.

Um diese Konsistenz zu erreichen, müssen die *Basiskompetenzen auf die konkrete Vision hin integriert* werden (Abb. 15).

Für die *Systemkompetenz* läßt sich diese komplexe Aufgabe in vier Teilaufgaben auflösen. Zunächst ist die *Wertschöpfung bzw. Leistungskompetenz* zu gestalten. Systemleistungen beruhen auf Engineering, kompatiblen Produkten und auf den integrierenden Dienstleistungen, von der Software bis hin zur Finanzierung, um nur einige zu nennen. Die der Systemkompetenz entsprechende *Technologiekompetenz* beruht auf Branchen-Know-how, Prozeß-Know-how und spezifischen Systemtechnologien, wie z.B. Leittechniken, Bus- und Netzwerktech-

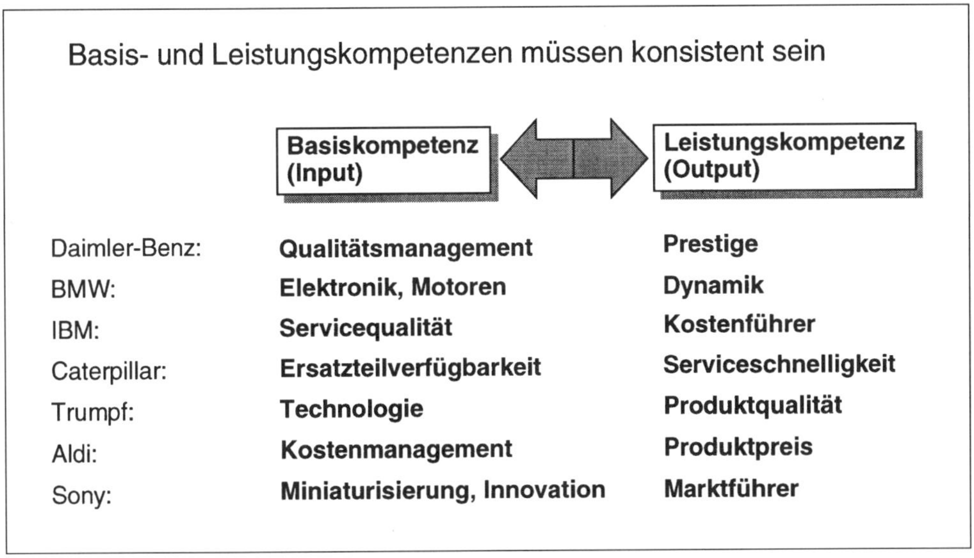

Abb. 14: Konsistenz der Kompetenzen

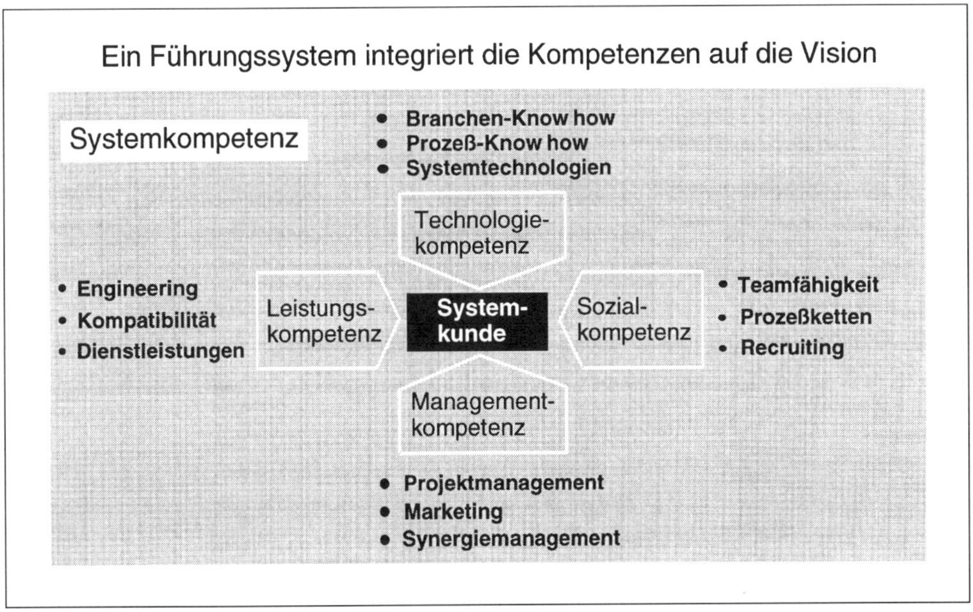

Abb. 15: Integration der Kompetenzen

nologien. Um die entsprechende *Sozialkompetenz* zu erreichen, sind Teamfähigkeit der Projektgruppen, das Denken in Prozeßketten und die Rekrutierung der Mitarbeiter herausfordernde Aufgaben. Systemkompetenz stellt an die *Managementkompetenz* höchste Anforderungen: Projektmanagement, Marketing und Synergiemanagement sind wichtige Teilaufgaben.

In der Integration von Basiskompetenzen auf die Leistungskompetenzen, um *Wettbewerbsvorteile* für die Geschäfte und damit auch die Vision des gesamten Unternehmens zu realisieren, liegt die wesentliche strategische Gestaltungsaufgabe.

4. Wesentliche Konsequenzen für die Struktur und das Verhalten

Die strategische Ausrichtung der Kompetenzen auf Wettbewerbsvorteile hat Auswirkungen auf die Aufbau- und Ablaufstrukturen des Unternehmens und das Verhalten der Mitarbeiter. Ein zentraler Aspekt des Verhaltens ist die *Lernfähigkeit der Organisation*. Die Fähigkeit der Manager und der Mitarbeiter, schneller zu lernen als sich das Umfeld ändert, ist wohl die Kernursache für Wettbewerbsvorteile. Dies aber umzusetzen, scheint wohl eines der schwierigsten Probleme zu sein. Wenn man die Geschichte vieler Unternehmen verfolgt, dann gibt es nichts, das nachdenklicher stimmt als die Beobachtung, daß sich ihre Erfolge in Mißerfolge wandelten.

Betrachtet man die Unternehmen auf der Geschäftsebene, dann ergibt sich ein viel dramatischeres Bild infolge des Technologiewandels (Abb. 16). Nehmen wir als Beispiel die Entwicklung von Wettbewerbspositionen in der Halbleiterindustrie. Die führenden Unternehmen RCA und Hughes verschwanden vollständig von der Bildfläche, als die Halbleiter Vorformen der Bauelemente ablösten. Mit steigendem Integrationsgrad und dem Wandel der Technologien und ihrer Bedeutung wurde auch Texas Instruments verdrängt. Augenblicklich hat sich Intel vor NEC und Toshiba nach vorn geschoben.

Offensichtlich ist die Fähigkeit zum Lernen, zur Anpassung an Änderungen, zur Selbstregulierung gering. Vergangene Erfolge sind oft der Grund für gegenwärtige Mißerfolge. Deshalb ist es eine bedeutende Aufgabe von Führungssystemen, Unternehmen in ein *lernendes Unternehmen* zu transformieren (Abb. 17). Letztlich läuft das darauf hinaus, Lernen und Geschäftsführung zu integrieren. Diese Integrationsaufgabe leistet das Führungssystem, wenn es alle Geschäfte auf die Erfolgsfaktoren in den Branchen ausrichtet, den Wandel antizipiert und die Geschäfte auf die Kernkompetenzen konzentriert und dies in aktiven Trainingsformen zur Erarbeitung der Geschäftspolitik umsetzt. Das verstehen wir unter *Organisationslernen*.

Vergangene Stärken sind oft die Gründe für gegenwärtige Schwächen

	1954	1955	1960	1975	1980	1989	1993
	Vakuumröhren	Transistoren	Halbleiter	IC's	hochintegrierte IC's	höher integrierte IC's (MOS)	höchstintegrierte IC's (MOS)
1	RCA	Hughes	TI	TI	TI	NEC	Intel
2	Sylvania	Transitron	Transitron	Fairchild	Motorola	Toshiba	NEC
3	GE	Philco	Philco	National	National	Intel	Toshiba
4	Raytheon	Sylvania	GE	Intel	Intel	Hitachi	Motorola
5	Westingh.	TI	RCA	Motorola	NEC	Fujitsu	Hitachi
						(Dataquest)	(Dataquest)

Abb. 16: Technologiewandel

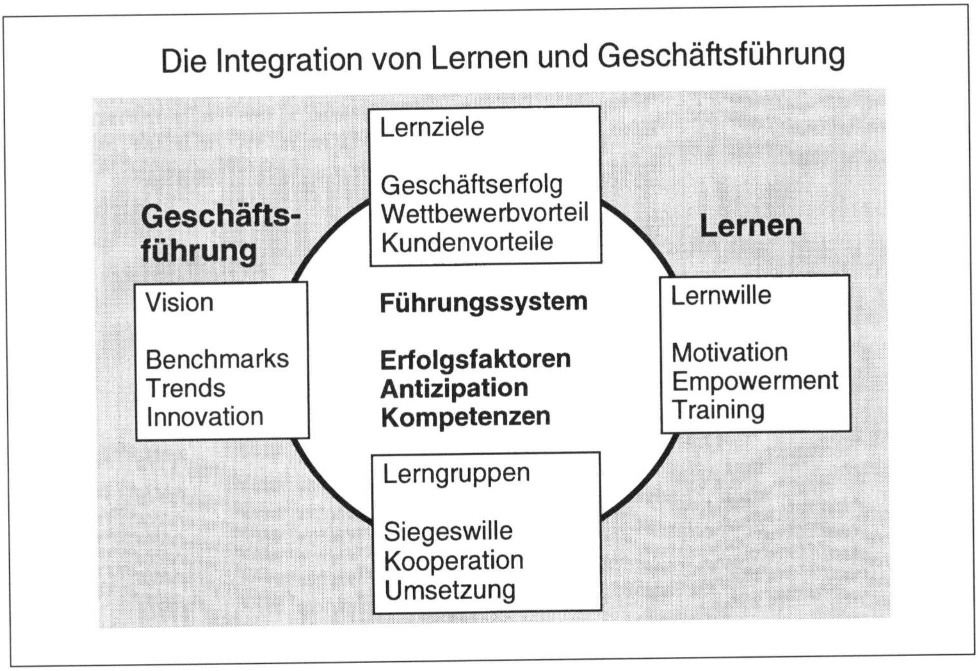

Abb. 17: Das lernende Unternehmen

Das bedeutet für die einzelnen Geschäfte: Ausgehend von einer *Vision*, die Benchmarks, Trends und innovative Leistungsansätze berücksichtigt, müssen für die einzelnen Geschäfte *Lernziele* erarbeitet werden, die das Geschäft auf Erfolg, auf Wettbewerbsvorteile und Kundenvorteile in den Kundensegmenten ausrichtet. Das setzt voraus, daß ein entsprechender *Lernwille* stimuliert wird. Dazu sollten die Führungskräfte alle Mitglieder entsprechend motivieren, ermächtigen und trainieren. Verstehen sich alle als eine *Lerngruppe*, dann kann ein Lernwille zum Siegeswille gesteigert werden. Wesentlich für die Arbeit der Lerngruppe sind Kooperation und ein hohes Maß an Umsetzungsdisziplin. Der *strategischen Kompetenz* muß – kurz formuliert – eine hohe *Sozialkompetenz* entsprechen.

Das Konzept vom *lernenden Unternehmen* zeigt die *Integration von Strategie, Struktur und Verhalten*. Hieraus resultiert eine grundsätzliche Transformationsbedingung: die *Lernfähigkeit.*

Eine weitere grundsätzliche Transformationsbedingung ist die *Wandlungsfähigkeit.* Diese Anforderung resultiert aus dem *Entwicklungsdilemma* (Abb. 18). Bekanntlich steigen die Entwicklungsaufwendungen und die Entwicklungszeiten werden oft länger. Weil sich aber der Technologiewandel beschleunigt, die Vermarktungszeiten kürzer werden und der Wettbewerbsdruck größer wird, ergibt sich für die Geschäfte ein Dilemma, aus dem sie nur herauskommen, wenn sie in kürzerer Zeit mehr verdienen. Das können sie aber nur, wenn sie in kürzerer Zeit Führungspositionen aufbauen. Also werden *Zeitvorteile strategisch kritisch.*

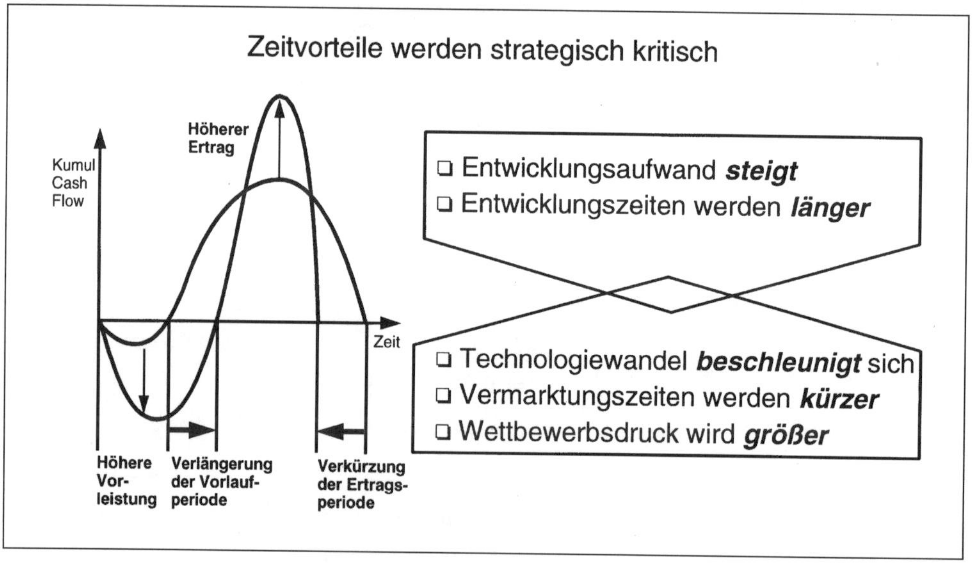

Abb. 18: Das Entwicklungsdilemma

Um die Geschäftsaktivitäten zu beschleunigen, stehen *drei grundsätzliche Ansätze* zur Verfügung:

- *Änderung der Struktur*,
- *Änderung des Denkens* und
- *Änderung des Verhaltens*.

Zunächst zur *Änderung der Struktur*, und zwar der Aufbaustruktur (Abb. 19):

Organisatorische Arbeit bewegt sich vor allem zwischen Zentralisierung und Dezentralisierung. Zwischen beiden Ansätzen besteht ein *Organisationsdilemma*, weil beide Ansätze Vor- und Nachteile haben. Die Zentralisierung bietet den Vorteil, Synergien besser ausnutzen zu können, vor allem den Scale-Vorteil. Aber sie schafft mehr Ebenen und ist daher langsamer. Die Dezentralisierung vermeidet diesen Nachteil. Sie ermöglicht schnellere Entscheidungen, aber sie ermöglicht keine volle Synergieausnutzung, sie muß Mehrfacheinsatz in Kauf nehmen. Dieser Konflikt ist unlösbar. Die Optimierung dieses Konflikts muß angesichts des Umfeldwandels stets neu bewertet werden. Aus der zunehmenden Bedeutung von Zeitvorteilen müssen die organisatorischen Konsequenzen gezogen werden. Um erheblich schneller zu werden, haben wir 1989 unsere Organisation stärker *dezentralisiert* und sie stärker auf Geschäfte, und damit auf *Marktnähe* ausgerichtet.

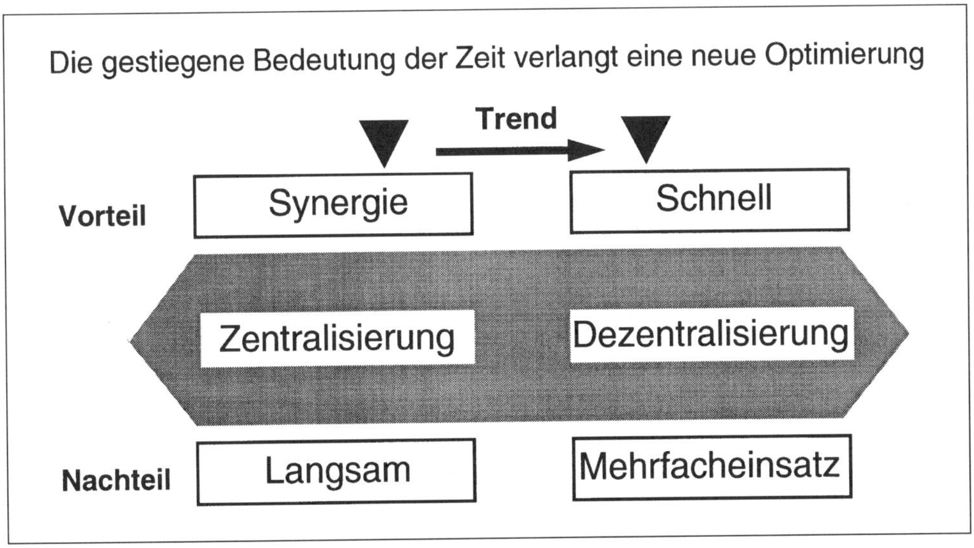

Abb. 19: Das Organisationsdilemma

Aber unsere Organisation wurde auch *flacher* (Abb. 20). Gestaltet man eine Organisation unter dem Gesichtspunkt der wettbewerbsorientierten Geschäftsführung und den grundsätzli-

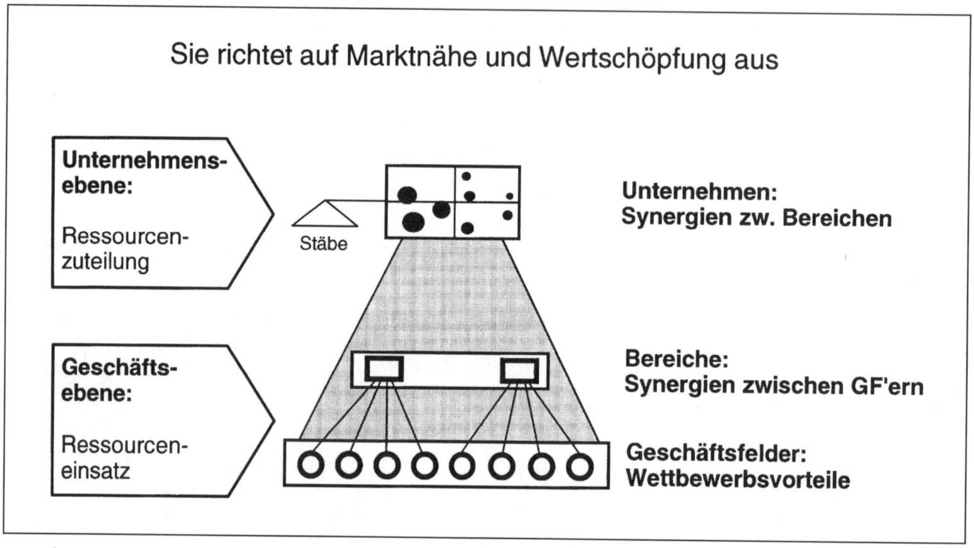

Abb. 20: Die flache Unternehmensstruktur

chen Aufgaben der Wertschöpfung, dann ergeben sich zunächst *zwei Ebenen*, die Unternehmensebene und die Geschäftsebene. Auf der Unternehmensebene werden die Ressourcen zugeteilt, auf der Geschäftsebene werden sie eingesetzt. *Geschäftsfelder* schaffen Werte, wenn sie Wettbewerbsvorteile erreichen. Geschäftsfelder bilden somit die elementare Wertschöpfungseinheit.

Zwischen den Geschäftsfeldern ergeben sich aber auch Synergien, und zwar aus der Inanspruchnahme gemeinsamer Ressourcen und aus Vertriebssynergien. Aus der Notwendigkeit, diese Synergien zu gestalten und die erforderlichen Koordinierungsentscheidungen zu fällen, entsteht die Ebene der *Bereiche*. Sie aber führen nicht die Geschäftsfelder. Wir sprechen hier von einer Betreuungsfunktion.

Die Wertschöpfung der Bereiche entsteht durch *Synergiemanagement*, das je nach der Leistungskompetenz des Unternehmens eine unterschiedliche Bedeutung haben kann. Für unser Haus, dessen Stärke in der Systemintegration liegt, ist das Synergiemanagement von zentraler Bedeutung. Das Synergiemanagement bzw. die Betreuungsaufgabe haben auf der Unternehmensebene eine besondere Bedeutung, weil hier die bereichsübergreifenden Synergien gestaltet werden. In unserem Falle konkretisiert sich das zum Beispiel im Führen von komplexen Transportsystemen, in dem Systeme des rollenden Verkehrs mit entsprechenden nachrichtlichen und automatisierenden Systemen koordiniert werden müssen.

Dieses Organisationsmodell orientiert sich an der Wertschöpfung und nicht an der Kontrollspanne. So gesehen ist es nicht hierarchieorientiert, sondern im Grundansatz ein Netzwerkmodell. Es ist konsequent *geschäftsorientiert*. Hierarchien ergeben sich nur innerhalb der Geschäftsfelder zum Management von Produktivität.

Der nächste Ansatz zur Beschleunigung ist die *Veränderung des Denkens* (Abb. 21).

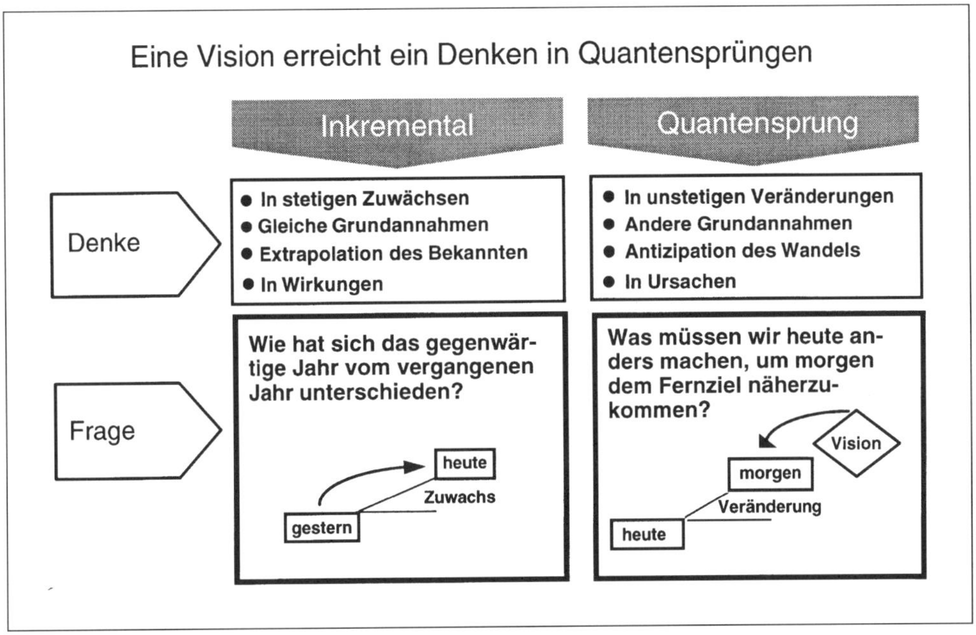

Abb. 21: Zeitvorteile durch Quantensprünge

Geht man konsequent von einer Vision aus, dann kann dieses Denken zu einem *Denken in Quantensprüngen* führen, das nicht mehr nur auf inkrementale Verbesserungen ausgerichtet ist. Stetige Verbesserungen – etwa im Sinne von Kaizen – müssen sein. Aber sie reichen allein nicht. Das Denken in Quantensprüngen denkt in unstetigen Veränderungen, es hinterfragt die Grundannahmen und antizipiert den Wandel. Es fragt zum Beispiel nicht, wie wir Speicherchips immer dichter gestalten, sondern wie wir Informationen anders übertragen können, um nicht alle drei Jahre die Leistung zu vervierfachen, sondern sie zu verzehntausendfachen. In seinem Kern ist dieses Denken ein Denken in *Ursachen*. Es fragt zum Beispiel nicht, wie Kosten kontrolliert, sondern vermieden werden.

Ein klassischer Managementansatz ist der Soll-Ist-Vergleich, d.h. die Frage, wie sich das gegenwärtige Jahr vom vergangenen Jahr unterschieden hat. Das Denken in Quantensprüngen ist anders: Es stellt die Frage, was wir heute *anders machen* müssen, um morgen dem *Fernziel näher* zu kommen. Das Denken in Quantensprüngen sollte mit dem Reengineering verbunden werden. Wenn das der Fall ist, erklärt sich auch das, was viele Anwendungsbeispiele zeigen, daß nicht nur 10% sondern 90% Zeitverkürzung und eine Halbierung der Kosten zu erreichen sind.

Um Zeitvorteile zu erreichen, sind einmal die viel diskutierten *organisatorischen Voraussetzungen* zu schaffen (Abb. 22): Dazu gehören flache Hierarchien, kurze Entscheidungswege, klare Entscheidungskompetenzen für General Manager, selbständige Geschäftseinheiten mit flexiblen Projektorganisationen bis hin zu strategischen Kooperationen und im Grenzfall auch Ausgliederungen.

Dem Denken müssen Struktur und Verhalten folgen

Organisatorische Voraussetzungen

- **Flache Hierarchien**
- **Kurze Entscheidungswege**
- **Klare Entscheidungskompetenz**
- **General Manager**
- **Selbständige Geschäftseinheiten**
- **Flexible Projektorganisation**
- **Frühwarnsysteme und Rückkopplung**
- **Strategische Kooperation**
- **Ausgliederung**

Verhaltensbezogene Voraussetzungen

- **Offene Kommunikation**
- **Klare, schnelle Entscheidungen**
- **Umsetzungsdisziplin und -konsequenz**
- **Kooperation der Funktionen**
- **Markt/Kunden-Orientierung**
- **Teamfähigkeit**
- **Lernfähigkeit**
- **Engagement und Initiative**
- **Risikobereitschaft**

Abb. 22: Zeitvorteile schaffen

Für die Umsetzung von Beschleunigungskonzepten mindestens ebenso wichtig sind die *verhaltensbezogenen Voraussetzungen*: Dazu gehören offene Kommunikation, klare Entscheidungen, Umsetzungsdisziplin, Kooperation der Funktionen, Kundenorientierung, Team- und Lernfähigkeit und schließlich Engagement und Risikobereitschaft.

Alle diese Gesichtspunkte schreiben sich schnell hin, aber die *Umsetzung* ist eine schwierige Managementaufgabe, die Jahre harter Arbeit erfordert. Auch in unserem Hause haben wir zwar die Schwierigkeit der Umsetzung gesehen, aber trotzdem noch unterschätzt. Vom Aufzeigen einer Führungskonzeption bis zur Umsetzung ist es ein sehr langer Weg.

Als die modernen Formen des strategischen Managements entstanden, wurden zunächst die strategischen von den operativen Aufgaben abgesetzt (Abb. 23). Das ist verständlich, weil strategisches Management in systematischer Form neu war und erst eine klare Identität gewinnen mußte.

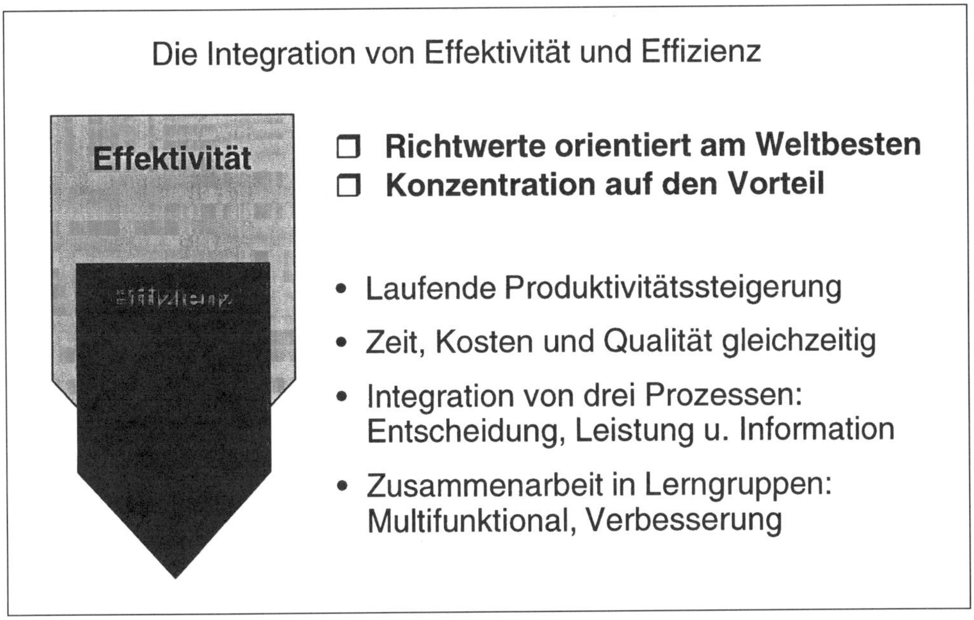

Abb. 23: Prozeßkompetenz

Die strategische Aufgabe ist auf *Effektivität* ausgerichtet, darauf, die richtigen Dinge zu tun. Das leistet das strategische Management, wenn es von Richtwerten der Weltbesten ausgeht und die Geschäftsaktivität auf den Vorteil konzentriert.

Daneben steht die operative Aufgabe, die richtigen Dinge auch richtig zu tun. Das leistet das operative Management, wenn es die *Effizienz*, also die Produktivität, laufend steigert. Im Bereich von Ineffizienz lassen sich Zeit, Kosten und Qualität gleichzeitig steigern. Dazu müssen Entscheidungs-, Leistungs- und Informationsprozesse integriert werden. Schließlich muß die Zusammenarbeit in multifunktionalen Lerngruppen auf laufende Verbesserung des Geschäfts ausgerichtet werden.

Heute wollen wir das Nebeneinander von Strategie und Operation überwinden. Wir wollen *beide Aufgaben integrieren*. Denn die schönsten Strategien nützen nichts, wenn es an der operativen Umsetzung krankt. Beides ist gleich wichtig, das Strategische und das Operative. Dabei ist die Integration der Geschäftsfunktionen, also Entwicklung, Fertigung und Vertrieb ein zentraler Aspekt: Er ist zentral für das Reengineering. Zur *Prozeßintegration*, ist das funktionale – das die Geschäftsfunktionen isolierende – Denken zu überwinden (Abb. 24). Es wurde entscheidend von Taylor geprägt. Es konzentriert sich auf die *Elemente* eines Prozesses.

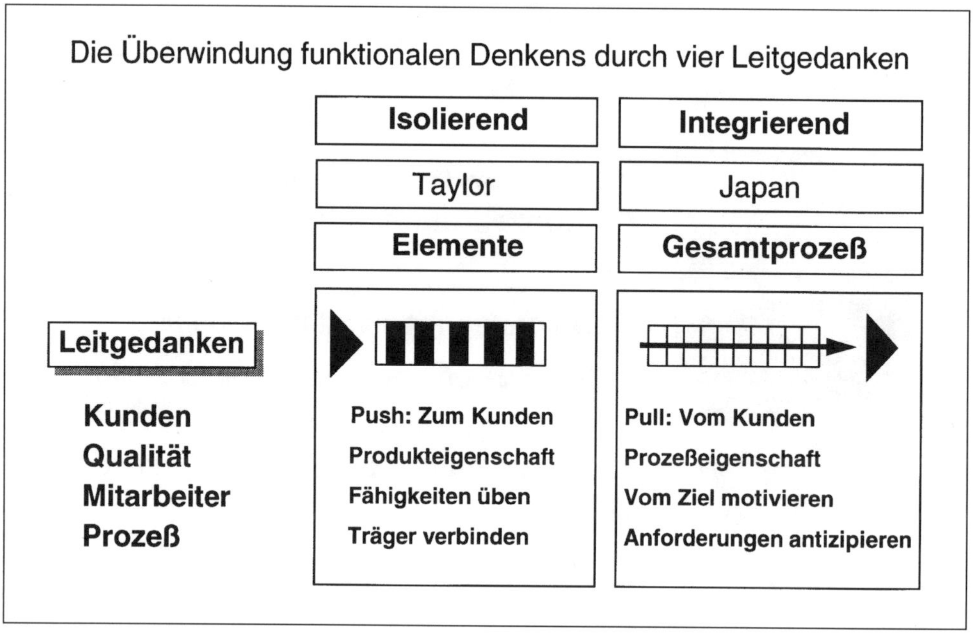

Abb. 24: Prozeßintegration

Dagegen steht das *japanische Denken*, das integriert, indem es den *Gesamtprozeß* betrachtet. In westlichen Publikationen wird »Kaizen« oft nur als »laufende Verbesserung« interpretiert. Das ist viel zu eng. In Wirklichkeit ist das Konzept wesentlich breiter angelegt und es unterscheidet sich dann auch nicht mehr von einer breiteren Interpretation des Konzepts »Reengineering«. Sein Kern ist die Prozeßintegration.

Die Prozeßintegration geht von *vier Leitgedanken* aus, Gedanken, die nichts mit einer spezifischen Funktion zu tun haben: Die Ausrichtung des Geschäfts auf *Kunden, Qualität, Mitarbeiter* und – zur Umsetzung – auf den *Prozeß*. Dieses Denken

- »zieht« das Produkt durch den Prozeß, da es vom Kunden ausgeht,
- es begreift Qualität als eine Prozeßeigenschaft, und nicht als eine Produkteigenschaft in der oberen Leistungsklasse,
- es will Mitarbeiter vom Ziel motivieren,
- es will, daß jede Funktion die Anforderungen der nachgelagerten Funktion antizipiert.

Dieses Denken ist in seinem Kern letztlich nichts anderes als eine *konsequente Zielorientierung*.

Nicht die Zielorientierung macht die Qualität dieses Denkens aus, sondern seine *Konsequenz*, die große Stärke der Japaner. Sie haben nicht – von Geistesblässe angekränkelt – über der Frage nach dem »to be or not to be« das Handeln vergessen. Manchmal erscheint es, als ob die Europäer – vom Hamlet-Syndrom gelähmt – in Zaudern, Selbstzerfleischung, Selbstmitleid und Weltschmerz verharren. Hier muß eine grundsätzliche Veränderung des Verhaltens einsetzen, das auch wieder eine gesunde *Aggressivität* einschließt, denn anders lassen sich keine Weltmarktpositionen erobern.

Diese vier Leitgedanken, die *Kundenorientierung*, die *Qualitätsintegration*, die *Mitarbeitermotivation* und die *Prozeßantizipation* müssen auf alle Ebenen der Organisation übertragen werden (Abb. 25). Die Leitgedanken müssen übersetzt werden in die Sprache, die die jeweilige Ebene spricht. Nur so entsteht ein Unternehmertum auf allen Ebenen. Alle Mitarbeiter – alle bis zur »untersten Ebene« – müssen einbezogen werden. Hieran wird bei der Umsetzung oft gesündigt. Dann aber reißt der Motivationsprozeß nach unten ab. Dieses Prinzip soll am Beispiel der *Kundenorientierung* verdeutlicht werden. Auf der General-Management-Ebene geht es um das Konzept des Kundenvorteils, also um die Frage, wie der Kundengewinn in einem Segment günstiger zu beeinflussen ist. Auf der nächsten Ebene wird das konkretisiert.

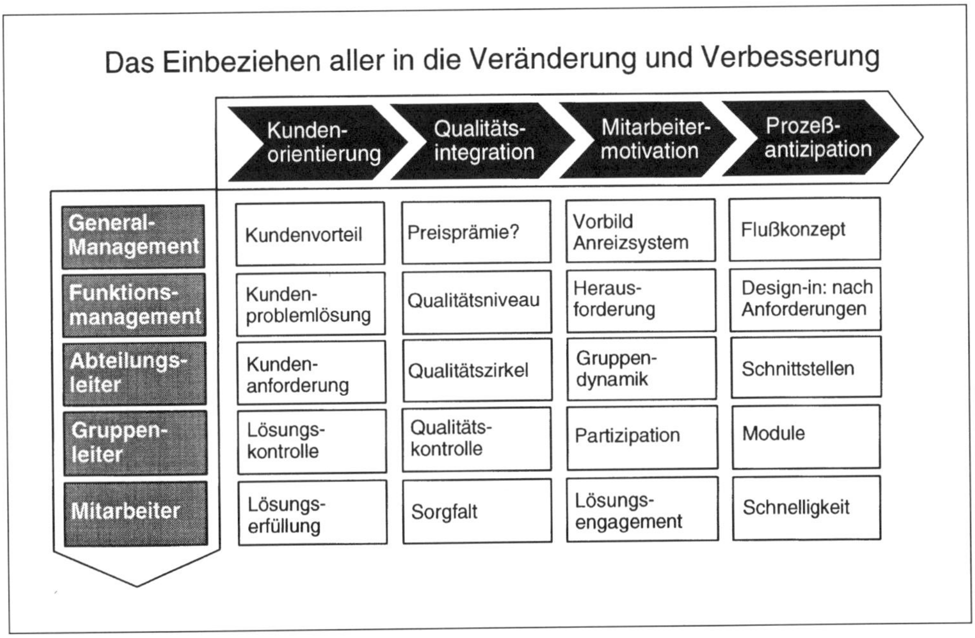

Abb. 25: Unternehmertum auf allen Ebenen

Hier steht die genaue Kundenproblemlösung im Vordergrund. Für die nächste Ebene ist eine spezifische Kundenanforderung im Produkt zu realisieren. Der Gruppenleiter kontrolliert schließlich die Erfüllung der Lösung.

In dieser *Operationalisierung der Ziele* sind wiederum die Japaner Vorbild. Sie sind in der Lage, die Vision des Unternehmens dem »Mann an der Maschine« durch eine einfache Formulierung der Vision bzw. der Strategie verständlich zu machen. Auch wir bringen heute die strategischen Konzepte bis in die Fabrik, so daß sie in den »Ecken einer Halle« für jeden einsichtig sind. Leider geschieht das noch nicht überall.

Der klassische Prozeßansatz ist *sequentiell* (Abb. 26). Erst wird aufgrund bestimmter Annahmen entwickelt, dann gefertigt, dann vertrieben. Das ist nicht effizient, denn die daraus resultierenden Änderungen treiben die Kosten. Heute kommt es darauf an, alles *simultan* zu machen, zumindest im gedanklichen Ansatz. Aus der gründlichen Analyse der Umfeldveränderungen werden klare strategische Ziele abgeleitet, die mit multifunktionalen Teams realisiert werden. Die Integration von Leistungs-, Entscheidungs- und Informationsprozessen ist dabei wesentlich.

Die Firma Benetton war in der Anfangszeit der Prozeßforschung ein Paradebeispiel. Die Vision war »united colours« – zeitlose und globale Mode, Farbtrendsetter und Begeisterung. Die Vorlaufzeiten der Einkäufer sollten drastisch gesenkt werden. Dazu wurde alles radikal geän-

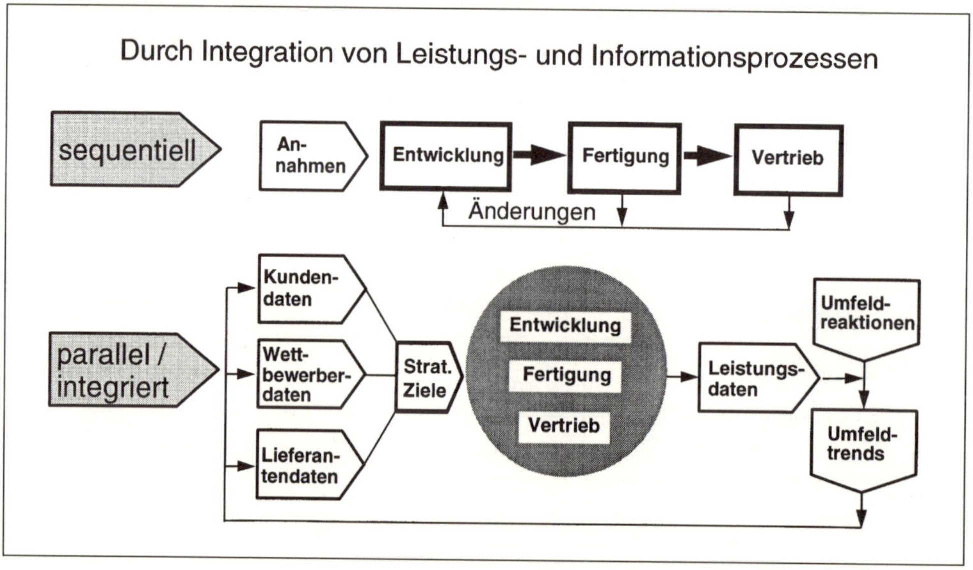

Abb. 26: Beschleunigung durch Prozeßintegration

dert. Alle Vertriebsstellen stehen im weltweiten Verbund und melden ihre Warenbewegungen in die Produktion in Oberitalien. Im CAD/CAM-Zentrum können die Schnitte real-time geändert werden. Der Färbeprozeß steht am Ende des Leistungsprozesses. Dies ist eine konsequente Ableitung von Umsetzungsmaßnahmen aus einer Vision. Warum wird hier innerhalb von Beispielen aus der Elektrobranche auch ein Beispiel aus der Modebranche angeführt? Es ist dies auch ein Ausdruck von *Benchmarking*, ein Ausdruck dafür, daß wir heute von den Weltbesten lernen, völlig unabhängig davon, ob sich der Beste für ein bestimmtes Konzept in der eigenen Branche befindet oder nicht. Dieses »radikale Lernen« ist auch deshalb notwendig, weil sich die Wertschöpfung unserer Geschäfte stark wandelt (Abb. 27). *Dienstleistungen* werden immer wichtiger. Einmal wird ihr Anteil an der Wertschöpfung immer größer, zum anderen werden die Produkte in ihrem technologischen Kern immer ähnlicher. Demzufolge wird die Vermittlung des Produkts an den Kunden wichtiger, weil man sich oft nur noch in dieser Vermittlung differenzieren kann. Und Differenzierung ist ein Kerngedanke jeder Strategie.

Dienstleistungen müssen aber anders geführt werden als *Produktleistungen*. Bei Produktleistungen stand bisher der sequentielle Ablauf im Vordergrund, auch wenn diese Ablaufform geändert werden soll. Aber gerade für diese Änderungen können wir von Dienstleistungen lernen. Im sequentiellen Prozeß der Erstellung einer Produktleistung fallen Zwischenprodukte an, die im Soll-Ist-Vergleich kontrolliert werden können und für die die Mitarbeiter im nachhinein belohnt werden.

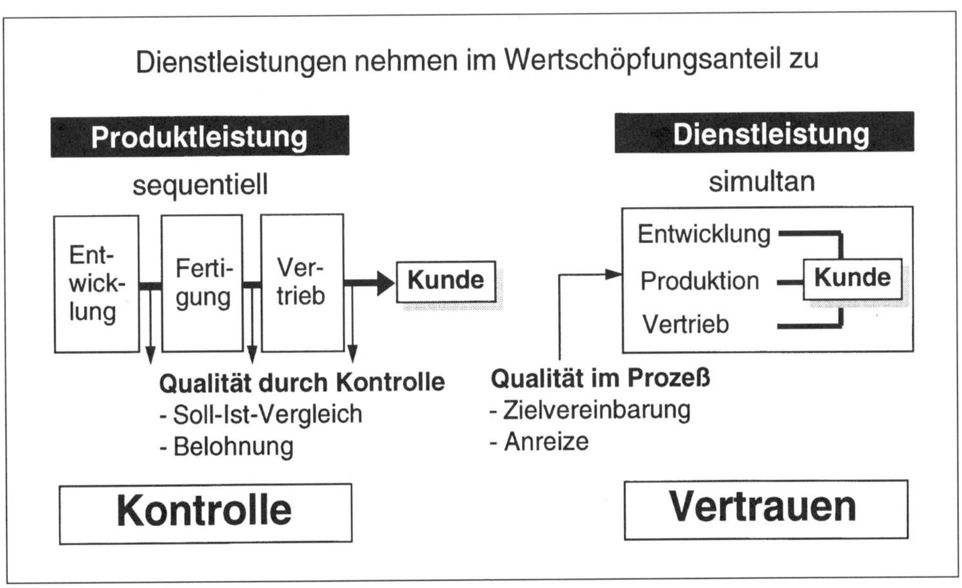

Abb. 27: Führung von Dienstleistungen

Anders ist es bei einer *Dienstleistung*. Nehmen wir als ein Extrembeispiel den Friseur. Bei seiner Leistung vollziehen sich Entwicklung, Produktion und Vertrieb simultan. Wenn der Haarschnitt versaut wurde, kommt der Kunde nicht mehr. Kontrolle nützt hier nichts. Die Qualität muß quasi von vornherein »eingebaut« werden, sie muß eine Prozeßeigenschaft sein. Zielvereinbarung und Anreize sind dazu adäquate Mittel.

Prozeßeffizienz ist ebenso wichtig wie die strategische Effektivität. Steigerung der Effizienz ist gegenwärtig das große Thema (Abb. 28). Es resultiert – vereinfachend formuliert – aus den großen Effizienznachteilen des Westens gegenüber dem Osten. Hierzu macht »der Westen« große Anstrengungen, um seine Nachteile aufzuholen: Eben Reengineering.

Nach der Effizienzsteigerung wird Kreativität die neue Herausforderung

- **Aufholen von Effizienznachteilen ...**
- **... ist noch kein Aufbau von Vorteilen**
- **Die Vorteile der Europäer:**
  - **Denken in Systemen**
  - **Kreativität**

Abb. 28: Zur Bedeutung des Reengineering

Aber das *Aufholen von Nachteilen* bedeutet noch nicht das *Schaffen von Vorteilen*. Effizienzvorteile sind kopierbar, sie sind langfristig kaum verteidigungsfähig. Strategien aber zielen auf den Aufbau von verteidigungsfähigen Vorteilen. Daraus ergibt sich ein *Ausblick* darauf, was nach dem Reengineering kommen wird. Etwas journalistisch formuliert wird auf die »Effizienzwelle« die »Kreativitätswelle« kommen. Kreativität könnte auch das Thema für den nächsten Betriebswirtschafter-Tag sein.

Aber mehr noch ist Kreativität auch eine wesentliche *Chance der Europäer*, denn unseres Erachtens haben die Europäer zwei bedeutende Stärken:

- das Denken in Systemen und
- die Kreativität.

Kreativität kann man nur begrenzt erzeugen (Abb. 29). Das scheint auch nicht die eigentliche Aufgabe zu sein. Kreativität ist in reichem Maße vorhanden. Entscheidend ist vielmehr, sie freizusetzen: Durch Abbau von Innovationsfeindlichkeit, durch eine Kanalisierung auf Kompetenzen, durch Gewährung von Freiraum bis hin zu flexibleren Arbeitsbedingungen, durch eine sichtbare Förderung der Kreativen und durch spezifische Anreizsysteme zur Innovation – um nur einige Gesichtspunkte zu nennen.

Nicht das Schaffen, sondern das Freisetzen von Kreativität ist wesentlich

- **Abbau von Innovationsfeindlichkeit**
- **Konzentration auf Kompetenzen**
- **Freiraum zu deren Entfaltung**
- **Flexibilität in Arbeitsbedingungen**
- **Sichtbare Förderung der Kreativen**
- **Anreizsysteme zur Innovation**

Abb. 29: Kreativität

Die eigentliche Aufgabe, *verteidigungsfähige Vorteile* aufzubauen, darf über das Reengineering, also den Abbau von Nachteilen, nicht vergessen werden. Es geht um die Umsetzung erfolgversprechender Visionen (Abb. 30).

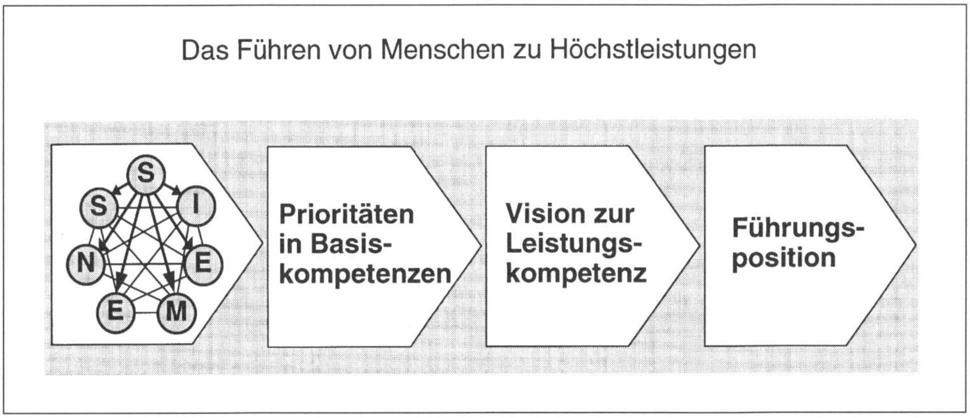

Abb. 30: Führungssystem und Vision

Eine *Vision* konzentriert sich auf den Aufbau von Vorteilen, auf das Schaffen von Höchstleistungen. Ein *Führungssystem* soll eine Vision umsetzen. Sie soll alle Elemente so ausrichten, daß die Prioritäten in den Basiskompetenzen den Leistungskompetenzen entsprechen.

Dann kann das erreicht werden, das wir alle – jeder auf seine spezifische Weise im Geschäftsfeld – anstreben sollten: *Führungspositionen*.

III. Kostentransparenz und Kostenmanagement

Der Beitrag des Rechnungswesens zum Reengineering

Prozeßmanagement und Prozeßkostenrechnung

Klaus-Peter Franz*

1. Einführung

2. Prozeßmanagement

3. Prozeßkostenrechnung

Literaturverzeichnis

* Prof. Dr. *Klaus-Peter Franz*, Wissenschaftlicher Direktor, Universitätsseminar der Wirtschaft, Erftstadt

1. Einführung

In jüngster Zeit hat sich in Theorie und Praxis der Blick verstärkt auf die in Unternehmungen ablaufenden Prozesse im Sinne abteilungsübergreifender Verknüpfungen sachlich zusammenhängender Aktivitäten gerichtet. Stichworte wie ›Prozeßorganisation‹, ›Prozeßoptimierung‹ und ›Prozeßmanagement‹ beherrschen eine immer breiter werdende Diskussion.

Damit ist kein völlig neues Phänomen angesprochen, denn seit Beginn der wissenschaftlichen Organisationslehre ist neben der Aufbauorganisation die Ablauforganisation bekannt, bei der es darum geht, »den Fluß von Gütern und Informationen ... zu strukturieren«[1]. So wird denn folgerichtig die Ablauforganisation als »raumzeitliche, zielgerichtete Strukturierung von Arbeitsprozessen (Unternehmensprozessen)«[2] bezeichnet. In neueren Beiträgen wird statt von Ablauforganisation auch von Prozeßstruktur bzw. Prozeßstrukturierung gesprochen[3]. Die ablauforientierte Sichtweise wurde jedoch seit jeher in der betriebswirtschaftlichen Forschung wie auch in der Praxis der Organisationsgestaltung weniger betont als Fragen der Aufbauorganisation[4]. Orientiert sich das betriebliche Handeln und vor allem die Instanzenbildung jedoch vorwiegend an der einen Ausdruck hoher Arbeitsteiligkeit darstellenden Aufbaustruktur der Unternehmung, sind Schnittstellen mit allen ihren Problemen die natürliche Folge.

Aber auch innerhalb der Diskussion um ablauforganisatorische Probleme hat sich der Schwerpunkt verlagert. Die traditionelle Ablauforganisation ist überwiegend auf den Fertigungsbereich ausgerichtet; so verweist Küpper[5] 1982 auf ca. 150 Literaturquellen zur Prozeßgestaltung und zum Prozeßablauf, die fast ausschließlich die Fertigung des Industriebetriebs zum Gegenstand haben. Dagegen bietet sich nach neuerer Sicht »der Ansatz prozeßorientierter Organisationsgestaltung vor allem für die Reorganisation geschlossener Wertschöpfungs- bzw. Leistungsketten im tertiären Sektor an«[6].

Als eine wesentliche theoretische Basis des Prozeßdenkens, wie es heute vor allem für die administrativen Bereiche empfohlen wird, kann wohl das Konzept der Wertkette[7] mit seiner Segmentierung einzelner Aktivitäten angesehen werden. Primäre Aktivitäten führen von der Beschaffung der betrieblichen Produktionsfaktoren über ihre Kombination zu fertigen Produkten zum Vertrieb und abschließendem Service; unterstützende Aktivitäten dienen der bestmöglichen Erfüllung der primären Aktivitäten (vgl. Abb. 1). Porters zentrale These lautet, daß sich Unternehmungen durch die geschickte Gestaltung der Prozesse auf allen Unternehmungsebenen Wettbewerbsvorteile gegenüber ihren Konkurrenten erwerben können.

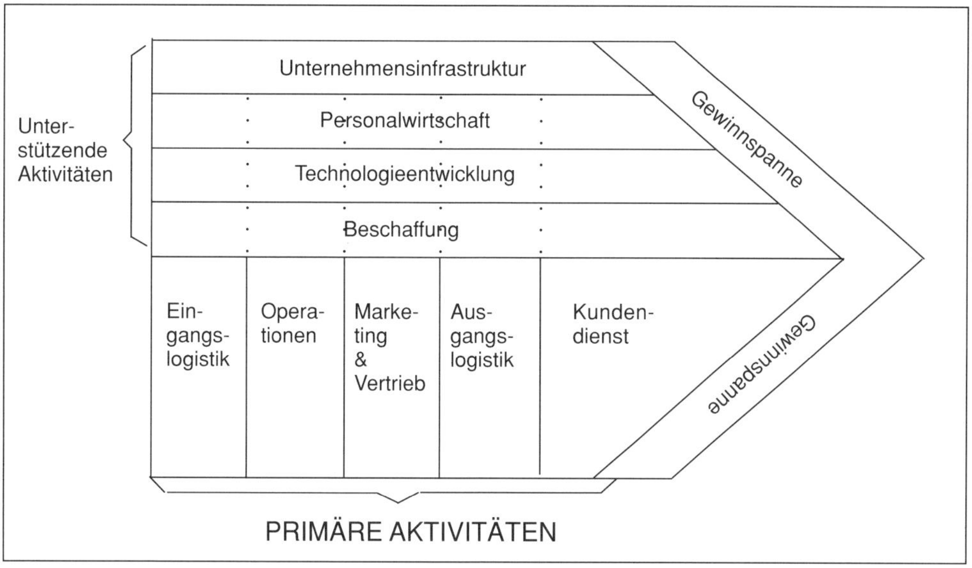

Abb. 1: Das Modell einer Wertkette
Quelle: Porter, S. 62

2. Prozeßmanagement

Eine systematische Auseinandersetzung mit dem Prozeßphänomen führt zum Prozeßmanagement. Dieser Begriff kann in zweierlei Ausprägungen verwendet werden:

- Im funktionalen Sinn ist unter Prozeßmanagement die zielgerichtete Gestaltung der Prozesse einer Unternehmung zu verstehen, wobei als Ziele ›Qualitätserhöhung‹, ›Zeitersparnis‹, ›Produktivitätssteigerung‹, ›Kostensenkung‹ oder ähnliches in Frage kommen.
- Im institutionellen Sinn kann das Prozeßmanagement als die Summe der Personen verstanden werden, die für einen Prozeß Verantwortung tragen. Mit der Etablierung von Prozeßverantwortlichen wird »von der üblichen abteilungs- oder funktionsorientierten Denkweise Abstand genommen«[8] und die Macht auf die Personen verlagert, die die Prozesse steuern. Diese auf die horizontale Strukturierung der Organisation gerichtete Sichtweise wird insbesondere in den Schriften Strienings betont[9]. Sie liegt im übrigen allen Formen der Projektorganisation zugrunde – im Gegensatz zum Prozeßmanagement allerdings zeitlich begrenzt.

Im folgenden wird das Prozeßmanagement im funktionalen Sinn betrachtet. Entsprechend der Vorgehensweise bei der ablauforganisatorischen (Neu-)Gestaltung der Prozesse sind zwei Formen des funktionalen Prozeßmanagement zu unterscheiden:

- Grundlage des Prozeßmanagement kann die Strategie kontinuierlicher, in kleinen Schritten erfolgender Verbesserungen sein. In diesem Fall soll von Geschäftsprozeßoptimierung gesprochen werden. Diese hat die allmähliche Umgestaltung von Prozessen zum Gegenstand, die durchaus auch auf Teilausschnitte der Unternehmung begrenzt sein können. Die Prozeßverantwortung ist in der Regel als »nebenamtliche« Aufgabe definiert[10].

- Das funktionale Prozeßmanagement kann auch in Form einer radikalen Umstrukturierung erfolgen und wird dann als Business Process Reengineering bezeichnet. Als bahnbrechend für diesen Ansatz kann sicherlich das Buch »Business Reengineering – Die Radikalkur für das Unternehmen« der Autoren Michael Hammer und James Champy bezeichnet werden[11]. Darin wird das primär auf die betrieblichen Prozesse ausgerichtete Konzept der Beratungsunternehmung CSC Index dargestellt und an praktischen Fällen ausführlich illustriert.

Inzwischen gehören die Verfahren des Prozeßmanagement zum Angebot nahezu aller bekannten Beratungsunternehmungen.

Die folgenden Ausführungen konzentrieren sich auf das Reengineering von Prozessen, d.h. ihre radikale Umgestaltung, da dieses Konzept zwar nicht völlig neu ist (auch mit dem Zero Base Budgeting wurde eine ähnliche Absicht verfolgt), aber aufgrund der angestrebten und versprochenen Zielausprägungen für großes Interesse sorgt. So werden Zielsprünge von 70% geringeren Durchlaufzeiten, 30% weniger Kosten oder 50% Qualitätserhöhungen angestrebt, was große Erwartungen weckt, aber auch Skepsis auslöst.

Als Auslöser von Reengineering-Anstrengungen wird recht einhellig in erster Linie das vom Markt erzwungene Bemühen um ein höheres Maß an Kundenorientierung genannt. Dabei wurde erkannt, daß die von Unternehmungen in der Regel zu bedienenden Marktsegmente und die darin abzuwickelnden Geschäfte jeweils spezifisch darauf zugeschnittene Prozesse verlangen. Die Prozeßorientierung wird unterstützt durch die aktuellen Entwicklungen auf dem Gebiet der Informationssysteme, ohne deren strikte Integration in die neuzugestaltenden Prozesse die angestrebten Ausmaße der Zeit- und Kostenziele gar nicht erreichbar wären. Der Prozeßorganisation entgegen kommt die bei vielen jüngeren Mitarbeitern verbreitete Tendenz, bereits frühzeitig Verantwortung für umfangreichere Gebiete – also z.B. auch bestimmte größere Abschnitte einer Prozeßkette oder die Prozeßkette als Ganzes – zu übernehmen.

Eine solche Tendenz ist auch dringend notwendig, wenn von berufener Stelle geklagt wird, »durch die zunehmende Arbeitsteilung im Management verflüchtige sich die tatsächliche Wahrnehmung von Eigenverantwortung«[12] und es sei angeraten, »über ein geeignetes *Prozeßmanagement* den erforderlichen Wandel herbeizuführen, bevor Markt und Wettbewerb von sich aus Verhaltensänderungen erzwingen«[13]. Beispiele für die Suboptimierung der Unternehmungssteuerung durch die bereichsweise Sichtweise finden sich bei Striening[14], der als in der Implementierung eines Prozeßmanagement erfahrener Experte allerdings auch darauf hinweist, daß die betriebliche Einbettung des Prozeßmanagement weniger ein Problem des dafür erforderlichen Instrumentariums als vielmehr des Führungskonzepts und des Führungsverhaltens sei[15].

Durch die Vergrößerung der Verantwortungsbereiche kommt das Reengineering den Bedürfnissen vieler Mitarbeiter und Führungskräfte – vor allem der unteren Ebenen der Managementhierarchie – entgegen. Da die Neu- und Umstrukturierung der Prozesse einen Einstieg in die Umgestaltung des gesamten Managementsystems bedeutet, löst das Vorhaben allerdings auch Besorgnis und Ängste aus. Dies betrifft vor allem die Folgeanpassungen im Managementsystem, die mit dem Abbau von Hierarchiestufen verbunden sind, da durch diesen Vorgang in aller Regel Führungskräfte im mittleren Management freigesetzt werden. Eine weitere Folge des Reengineering ist die Verstärkung der Teamarbeit, die zusammen mit der Verlagerung der Dispositionsgewalt auf untergeordnete Hierarchieebenen eine Wandlung in der Einstellung und dem Rollenverständnis der höhergeordneten Führungskräfte verlangt. Die Machtverhältnisse verschieben sich, und es wird von den Führungskräften erwartet, daß sie künftig weniger überwachen, als vielmehr ihre Mitarbeiter bei der Steigerung ihrer Fähigkeiten unterstützen und sie ermutigen und in die Lage versetzen, soweit wie möglich Eigenverantwortung zu übernehmen und ihre Bereiche selbständig zu steuern. Die Verbreiterung der einzelnen Verantwortungsbereiche bei Abflachung der Hierarchien wird zukünftig von jeder Führungskraft mehr Generalisten-Eigenschaften statt Spezialistentum erfordern.

Die Umstrukturierung der Prozesse erfolgt in Form eines Projektes, das von einem Team in mehreren Phasen in wohlorganisierter Form zu bewältigen ist. Im Mittelpunkt stehen die kreativen Anstrengungen des Prozeßteams, die ausgewählten Kernprozesse den zuvor festgelegten Projektzielen entsprechend zu strukturieren. Die Kern- bzw. Schlüsselprozesse sind für jede Unternehmung situativ festzulegen; in der Regel gehören dazu der Auftragsabwicklungsprozeß, der Logistikprozeß oder der Planungsprozeß. Als durchschnittliche Zahl der Kernprozesse, die wiederum in Teilprozesse zerfallen können, wird häufiger eine Spanne zwischen 12 und 15 genannt[16].

Als Voraussetzungen für den Erfolg von Prozeß-Reengineering-Projekten werden im allgemeinen die folgenden genannt[17]:

- Die Unternehmungsleitung sollte rückhaltlos hinter dem Projekt stehen. Dieses ist sicherlich die zentrale Bedingung für das Gelingen des Projektes, da in Anbetracht der oben bereits erwähnten Ängste, die das Projekt hervorruft, mit Widerständen zu rechnen ist, denen nur begegnet werden kann, wenn der unbedingte Wille des Top Management bekannt ist, das Prozeßmanagement zum erhofften Erfolg zu führen.

- Die Prozeß-Teams sollten in einem exzellenten Projektmanagement organisiert und funktionsübergreifend besetzt sein, was in Anbetracht des schnittstellenüberwindenden Charakters der Prozesse eine selbstverständliche Forderung ist.

- Um das Projekt erfolgreich zu gestalten, ist umfassende Information und Kommunikation über Ziele, Verfahrensweise und Auswirkungen eine wesentliche Bedingung, um keine gewollten und ungewollten Mißverständnisse aufkommen zu lassen und um den Ängsten, die jeder geplante Wandel mit sich bringt, weitestgehend zu begegnen[18].

- Schließlich ist eine unbedingte Voraussetzung ein gezieltes Training der Mitarbeiter im Hinblick auf die zu erwartende neue Situation nach der Reorganisation. Dies kann so weit gehen, daß die neuen Bedingungen vor der eigentlichen Umsetzung des Projekts im Testlabor ausprobiert werden.

Prozeßmanagement in der radikalen Form des Reengineering ist in den letzten Jahren in zahlreichen Unternehmungen in den USA und Europa durchgeführt worden, so daß mittlerweile Aussagen über den Erfolg oder Mißerfolg der Projekte vorliegen. Die Beratungsunternehmung CSC Index hat Studien in mehr als 600 Konzernen beiderseits des Atlantik durchgeführt und die Ergebnisse in der Schrift »Zum Stand des Reengineering« publiziert[19]. Danach konnten die angezielten durchschlagenden Verbesserungen in zwei Drittel der untersuchten Unternehmungen nicht festgestellt werden. Die im Rahmen des Reengineering anvisierten Spitzenergebnisse – wie Verkürzung der Durchlaufzeiten um mindestens 70% oder Kosteneinsparungen um mindestens 40% – erreichten 16% der Unternehmungen; weitere 17% konstatierten sehr gute Ergebnisse, was beispielsweise einer Kostenreduzierung zwischen 25% und 40% und einer Durchlaufzeitverkürzung zwischen 50% und 70% entsprach. Bei 25% der Unternehmungen gestaltete sich das radikale Prozeßmanagement als Mißerfolg, die restlichen 42% sprachen von lediglich durchschnittlichen oder minimalen Ergebnissen.

Bei den erfolglosen Unternehmungen standen zwei Ursachen im Vordergrund:

- Die Reorganisation wurde nicht visionär und mit voller Kraft angegangen, sondern die Unternehmungen verzettelten sich in Einzelaktionen und setzten sich eher bescheidene Ziele.
- Die Unternehmungsleitung stand nicht bedingungslos hinter dem Projekt.

3. Prozeßkostenrechnung

Mehrfach war in den bisherigen Ausführungen von der Reduzierung der Kosten als einer Folge des Prozeßmanagement die Rede. Um einerseits zu wissen, welche Prozesse unter Kostengesichtspunkten besonders restrukturierungsbedürftig sind und um die Kosteneinsparungen durch Prozeßveränderungen abzuschätzen bzw. zu erfahren, ist eine kostenmäßige Bewertung der Prozesse notwendig. Das Instrumentarium, um dieses zu ermöglichen, bietet die Prozeßkostenrechnung[20], eine auf dem activity based costing aufbauende Weiterentwicklung der Kostenrechnungssysteme.

Das Hauptanwendungsgebiet der Prozeßkostenrechnung bilden Dienstleistungsunternehmungen bzw. die Dienstleistungsbereiche von Industrieunternehmungen. Mit dem in den letzten Jahrzehnten zu beobachtenden Ansteigen des Dienstleistungsanteils in allen modernen Volkswirtschaften ging ein starkes Ansteigen der Gemeinkosten einher. Während für den Fertigungsbereich industrieller Betriebe umfangreiche und detaillierte Systeme der Kostenbestimmungsfaktoren bestehen[21], beginnen sich die in Dienstleitungs- und Verwaltungsbereichen gemeinkostentreibenden Faktoren erst allmählich herauszuschälen. Faßt man die bisherige Diskussion zusammen, kommt man zu den folgenden hauptsächlichen Bestimmungsfaktoren der Gemeinkosten:

- Komplexität. Diese kann sich in verschiedenen Bereichen zeigen; im Absatzbereich äußert sie sich in Form der Variantenvielfalt, im Produkt- und damit Beschaffungs- und Fertigungsbereich als Teilevielfalt.
- Inadäquates Qualitätsmanagement. Wird Qualität von Produkten und Prozessen nicht präventiv durch Fehlerverhütung erzeugt, sondern ex post durch Fehlerbehebung, führt dies zu Kosten durch Nacharbeit, Ausschuß, Kulanz, Garantie usw.
- Tayloristische Arbeitsweise. Stark vertikal gegliederte, hoch arbeitsteilige Führungs- und Arbeitsstrukturen bringen eine Vielzahl von Abstimmungs- und Koordinationsvorgängen mit sich, verzögern den zeitlichen Ablauf von Vorgängen und bergen aufgrund der zahlreichen Übertragungsnotwendigkeiten von einer Stelle zur nächsten Fehlermöglichkeiten in sich.

Alle genannten Gemeinkosten-Bestimmungsfaktoren führen durch die von ihnen verursachten Aktivitäten zu einem Wachstum der Kosten, insbesondere der Personalkosten. Es ist das erste Ziel der Prozeßkostenrechnung in Form einer Uraufschreibung, die Aktivitäten als die primären Kostentreiber und deren Kosten zu erfassen.

Stehen Aktivitäten in einem geordneten, sukzessiven Zusammenhang, so bilden sie einen Prozeß, der in der Regel Aktivitäten über mehrere Kostenstellen hinweg umfaßt. Das zweite Ziel der Prozeßkostenrechnung besteht darin, die Kosten der ermittelten Prozesse darzustellen, um Kostentransparenz zu schaffen, die Notwendigkeit von Prozeßmanagementmaßnahmen vor Augen zu führen und Vergleichsmöglichkeiten der Kosten von Prozessen vor und nach einer Reorganisation zu eröffnen.

Das dritte Ziel der Prozeßkostenrechnung besteht schließlich darin, bislang auf Produkteinheiten – bzw. allgemein Kalkulationsobjekte – lediglich pauschal zugeschlüsselte Gemeinkosten entsprechend der Beanspruchung der Kostengüter zuzurechnen. Zu diesem Zweck trennt die Prozeßkostenrechnung die entsprechend verrechneten Kosten in ihre Mengen- und ihre Wertkomponente. Am Beispiel der Beschaffungskosten (Einkauf, Wareneingang usw.) demonstriert, könnte dies bedeuten, daß einer Produkteinheit oder einem Auftrag umso mehr Kosten zugerechnet werden, je mehr Zukaufteile die Einheit bzw. der Auftrag beinhaltet. Zwischen dem Einsatz der an den Beschaffungsvorgängen beteiligten Ressourcen und der Anzahl der Teile in einer Produkteinheit mögen mehr oder minder proportionale Beziehungen derart vorliegen, daß pro Teil ein bestimmter zeitlicher Einsatz der Beschaffungsmitarbeiter erforderlich sein kann (insbesondere in Wareneingang, Qualitätskontrolle, Warenausgang), so daß die zeitliche Beanspruchung des Personals mit der Zahl der Teile steigt. Davon unabhängig bleibt das Entgelt, das vertragsgemäß für die im Beschaffungsbereich beschäftigten Mitarbeiter oder für die dort eingesetzten geleasten Personalcomputer pro Periode gezahlt werden muß. Letztes ist der Grund dafür, daß die Kosten des Beschaffungsbereichs z.B. in einer Grenzplankostenrechnung als Fixkosten und – bezogen auf eine einzelne Produkteinheit – Gemeinkosten verrechnet werden. Auch in einer Prozeßkostenrechnung ist deutlich zu machen, daß letztlich immer ein bestimmtes Quantum an Kalkulationsobjekten beeinflußt (eliminiert) werden muß, bevor das letztlich für das Betriebsergebnis maßgebende Entgelt von Kostengütern ebenfalls beeinflußt werden kann. Beim heutigen Stand stellt jede Prozeßkostenrechnung eine Vollkostenrechnung mit all ihren Mängeln im Kalkulationsbereich dar[22].

Eine Prozeßkostenrechnung baut in der Regel auf der in einer Unternehmung vorhandenen Kostenstellengliederung auf.

Im ersten Schritt werden in jeder Kostenstelle die dort verrichteten repetitiven Tätigkeiten durch ein Interview mit dem Kostenstellenleiter ermittelt. Es folgt die Formulierung einer meßbaren Maßgröße für jede Aktivität sowie die Zuordnung der Kosten, in der Regel im Verhältnis der für jede Aktivität im Ermittlungs- bzw. Planungszeitraum aufgewendeten Zeit.

Die sachlich zusammengehörigen Aktivitäten werden zu Prozessen verbunden, deren Kosten anschließend bestimmt werden. Sofern zwischen den zu kalkulierenden Kostenträgern und den Prozessen eine Beanspruchungsbeziehung feststellbar ist, werden die Prozeßkosten den Kostenträgern zugerechnet. Diese Zusammenhänge verdeutlicht die Abb. 2.

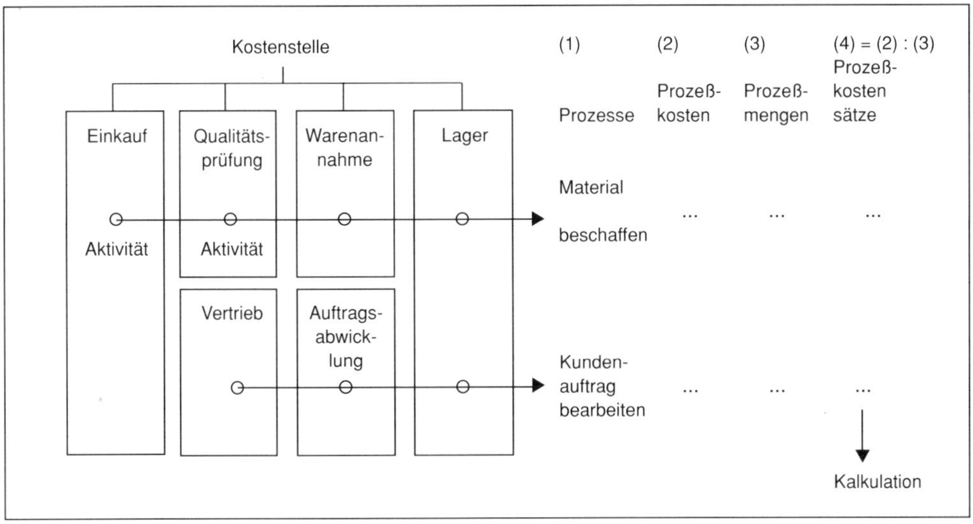

Abb. 2: Grundmodell der Prozeßkostenrechnung

Literaturverzeichnis

1 Kieser, A.: Artikel ›Organisation‹, in: Handwörterbuch der Betriebswirtschaft (HWB), hrsg. von W. Wittmann u.a, 5. Aufl., Stuttgart 1993, Sp. 300.

2 Schweitzer, M.: Artikel ›Ablauforganisation‹ in: Handwörterbuch der Betriebswirtschaft, hrsg. von E. Grochla und W. Wittmann, 4. Aufl., Stuttgart 1974, Sp. 1.

3 Vgl. Gaitanides, M.: Artikel ›Aufbau- und Ablauforganisation‹, in HWB, 5. Aufl. a.a.o., Sp. 192.

4 Vgl. ebenda, Sp. 200.

5 Vgl. Küpper, H.-U.: Ablauforganisation, Stuttgart et al. 1981.

6 Gaitanides, a.a.o., Sp. 201.

7 Vgl. Porter, M.: Wettbewerbsvorteile, Frankfurt/M. 1989, S. 63ff.

8 Striening, H.-D.: Prozeßmanagement, Frankfurt/M. 1986.

9 Vgl. ebenda

10 Vgl. Reiß, M.

11 Vgl. Hammer, M. und Champy, J. : Business Reengineering, Frankfurt/M. 1993.

12 Reuter, E.: Artikel ›Manager‹, in: HWB, 5. Aufl., a.a.o., Sp. 2867.

13 Ebenda

14 Vgl. Striening, a.a.o., S. 165.

15 Vgl. ebenda, S. 180.

16 Vgl. beispielsweise Sommerlatte, T. und Wedekind, E.: Leistungsprozesse und Organisa-

tionsstruktur, in: Little, A. D. (Hrsg.): Management der Hochleistungsorganisation, Wiesbaden 1989, S. 30.

17 Vgl. Gloger, A. und Groothuis, U.: Völlig umgedreht, in: WirtschaftsWoche 32/1994, S. 54.

18 Vgl. ebenda, S. 56.

19 Vgl. ebenda, wo die Ergebnisse der Studie ausführlich dargestellt sind.

20 Vgl. aus der inzwischen umfangreichen Literatur z.B. Horváth, 4/1989, S. 215ff.; Franz, K.-P.: Prozeßkostenrechnung – Darstellung und Vergleich mit der Plankosten- und Deckungsbeitragsrechnung, in: Festschrift für H. Vormbaum, hrsg. v. D. Ahlert, K.-P. Franz und H. Göppl, Wiesbaden 1990, S. 109–136; Küting, K.: Stand und offene Probleme der Prozeßkostenrechnung, in: Deutsches Steuerrecht 9/93 und 10/93.

21 Vgl. beispielsweise Hilger, W.: Flexible Plankostenrechnung und Deckungsbeitragsrechnung, 10. Aufl., bearb. durch K. Vikas, Wiesbaden 1993, S. 133ff.

22 Dies wird besonders deutlich gemacht von Glaser, H.: Prozeßkostenrechnung, in: ZfbF 1992, S. 275ff.

Flexibilisierung durch Optimierung der Wertschöpfungstiefe

Werner Student*

1. Das Unternehmen

2. Sony-Wega Produktions GmbH

3. Praktische Probleme mit der Erhöhung der Wertschöpfung

4. Umstrukturierung unseres Unternehmens

5. Handwerkszeug für die Veränderungen im Unternehmen
   - 5.1 Housekeeping
   - 5.2 Qualitätszirkel
   - 5.3 Cedac
   - 5.4 QMDEI

6. Kritische Würdigung

* *Werner Student*, Geschäftsführer Sony-Wega Produktions GmbH, Fellbach

1. Das Unternehmen

1924 wurde die Württembergische Radiogesellschaft in Stuttgart von Hugo Metzger gegründet. Unter dem Namen WEGA produzierte und verkaufte das Unternehmen Radios. Innovative Produkte machten dem Unternehmen einen guten Namen. Die Produktbreite war groß und entsprach immer dem Stand der Technik oder war ihm ein wenig voraus. Export machte den Namen international bekannt. 1948, in dem Jahr der Währungsreform wurden etwa 100 Radios pro Tag produziert. Kurz nach dem Krieg verlor das kleine Unternehmen an Profil durch den Managementwechsel an Dr. Motte, den Schwiegersohn. Nicht Innovation, sondern Massenproduktion war die Zielsetzung. Im Jahr 1955 wurde die Produktpalette ergänzt um die Fernsehgeräte. 1960 wurden etwa 65.000 Radios und 22.000 Fernsehgeräte produziert. 350 Mitarbeiter arbeiteten für das Unternehmen.

Wieder erfolgte Anfang der 60er Jahre ein Wechsel in der Unternehmensstrategie durch den Eintritt eines neuen Managers, dem Sohn von Dr. Motte – Dieter Motte. Jetzt spezialisierte sich Wega mehr und mehr auf Produkte mit hoher Technik und modernstem Design. Wega exportierte in alle europäischen Ländern. Als echte Sensation wurde die Wega-Vision 2000 auf der Funkausstellung in Berlin 1963 bewertet. Dies war kein traditionell gebautes Fernsehgerät, die Bildröhre war drehbar auf dem Empfänger befestigt. Intern wurde das Gerät der Rasierspiegel genannt. Die futuristische Design-Idee des Fernsehers wurde auch auf die Radio-Geräte übertragen. Motte jun. zeigte nicht nur den Mut bei der Innovation im Fernsehbereich. Schon 1964 wurden bedruckte Leiterplatten in der Entwicklung und Produktion benutzt. Anfang der 70er Jahre beschäftigte das Unternehmen bereits 750 Mitarbeiter, fiel jedoch im Marktanteil für Radio-Geräte im Vergleich von 1961 von 1,8 auf 1% zurück. Der Marktanteil für Fernsehgeräte hielt sich bei 2%. Anfang der 70er Jahre nach permanenten Neueinführungen von innovativen Geräten, neuer Produktionstechnik und steigendem Umsatz erreichten 780 Mitarbeiter einen Umsatz von knapp 100 Mio. DM. Die Neuanschaffung eines 2. Werkes mit weiteren 250 Mitarbeitern erbrachte weitere Produktionskapazität und Erfolge. Jetzt zeigte sich jedoch, daß die Unternehmen, die bisher immer erfolgreich im neuen Geschäft waren, ihre Grenzen erreichten. Motte jun. fehlte ein Management, das hinter ihm stand, um seine Ideen fachgerecht zu vermarkten. Das Unternehmen, das kein systematisches Marketingkonzept hatte, verlor mehr und mehr den Grund unter den Füßen. Überkapazitäten in der gesamten Unterhaltungsindustrie in den frühen 70er Jahren machten den Markt extrem hart und Motte jun. entschied sich, das Unternehmen an die Sony Corporation zu verkaufen. Durch den Ankauf von Wega hatte Sony eine Produktionsbasis in Deutschland – ein Schritt, um die relativ niedrige Präsenz in Europa zu verbessern. Gleichzeitig wurden weitere Werke in England und Spanien gegründet.

Der Versuch, die Marke Wega neben Sony im Konzern zu halten, schlug fehl. Ein Re-Engineering-Prozeß in den Jahren 1976 bis 1979 wuchs zur finanziellen Katastrophe aus. Die Gründe waren vielfältig und ein Managementwechsel blieb nicht aus.

Die Wega-Radio GmbH wurde 1980 in eine reine Produktionsgesellschaft umgestaltet, der Vertrieb der noch bestehenden Wega-Produktion über die Sony Deutschland abgewickelt. Eine Namensänderung in Sony-Wega Produktions GmbH verdeutlicht diesen Schritt.

2. Sony-Wega Produktions GmbH

1979/80 wurde die Personalstärke auf die Hälfte zurückgeführt. Dies geschah durch die Schließung des 2. Werkes in der Pfalz und die Ausgliederung der Vertriebs- und Marketingfunktion sowie zero-based budgeting in den Engineering-, Produktions- und Administrationsbereichen. Der Prozeß der Verringerung der Produktionstiefe, der bereits unter dem vorherigen Management eingeleitet worden war, führte zu dem Verlust der Stanzerei, der Galvanik, der Spulenfertigung und letztlich auch der Bestückung der Leiterplatten: Dieser Produktionsprozeß war sehr personalintensiv, da keinerlei Bestückungsautomaten vorhanden waren. Die Einführung von Automaten wurde geprüft und verworfen, da die Bestückungsrate in der automatischen Bestückung nur 50% betrug. Die weiteren 50% waren als Handbestückung notwendig und in Deutschland zu teuer. Der Bezug dieser Teile wurde nach Asien verlagert.

Während in Europa der Audio-Absatz der Sony Corporation boomte, dümpelte das Geschäft mit den Fernsehern vor sich her. In den Jahren 1980 bis 1986 produzierten die 3 Werke (Deutschland, U.K., Spanien) in jeweils gleicher Größenordnung zusammen etwa 500.000–600.000 Geräte pro Jahr, eine absolut vernachlässigbare Größe für den europäischen Markt. Erst die Änderung der Währungsparität gegenüber dem japanischen Yen und Managementveränderungen in der Sony Corporation brachten Leben auch in dieses Geschäft. Die erneut verstärkt globale Geschäftsstrategie führte bei Sony zur Bildung von 4 Zonen, Japan Domestic, Asien, Amerika und Europa. Klare Zielsetzungen für die europäische Expansion im Fernsehgeschäft wurden erarbeitet und Kostenanalysen als Basis für die Standorterweiterungen durchgeführt. Die Tatsache, daß bei den 3 bestehenden Fernsehwerken Investitionen in Millionenhöhe in Spanien und in England durchgeführt wurden, belegt das Ergebnis der Kostenanalysen. Deutschland war als expansiver Produktionsstandort uninteressant. Speziell die Engländer arbeiten mit halben Personalkosten. Eine Tatsache, die sich nicht nur in den reinen Fertigungskosten niederschlägt, sondern sich in allen anderen Kostenkategorien von der Abschreibungshöhe bis zu den Energiekosten widerspiegelt. In der Zwischenzeit wurden die Kapazitäten in den beiden Werken vervierfacht bzw. verachtfacht, der deutsche Standort hat seine alte Kapazität von ca. 300.000 Farbfernsehern beibehalten.

Rationalisierungsfortschritte der Ingenieure führten zur Verringerung der Wertschöpfung in unserem Unternehmen. Die Arbeitszeit am Gerät reduzierte sich von 8 Std. 1977 auf weniger als 1 Std. 1988. Trotz steigender Produktionszahlen entwickelte sich die Contribution negativ und erreichte 1988 einen Punkt, der bei der derzeitigen Konzeption das Topmanagement in Tokyo zu dem Auftrag veranlaßte, den Standort entweder zu schließen oder ein neues Konzept zu finden, um zu überleben. Mittlerweile hatte das Management wieder gewechselt. Der Versuch, das Unternehmen durch Individualität und Bindung an die Wega-Vergangenheit im Konzern zu profilieren, war fehlgeschlagen. Das Image des Unternehmens war auf ein Minimum gesunken. Dies geschah trotz verschiedener Verbesserungsprojekte über die Einführung von Qualitätszirkeln, permanenten Verbesserungsaktivitäten, Ausbau des Controlling-Handwerkzeuges und Entwicklung eines standardisierten Chassis zur Verbesserung der Produktivität.

Grund für diese Entwicklung war eine in der Historie verwurzelte Managementphilosophie. Sony hat nun einmal 1976 ein schwäbisches Unternehmen gekauft, das patriarchalisch und konservativ geführt war. Die vorsichtige Führung durch Sony ließ radikale Schritte nicht zu, das alte Wega-Mittelmanagement dominierte und konnte sich nicht an den japanischen Management-Stil gewöhnen. Die Japaner spürten den Abstand und engagierten sich nicht voll für das Unternehmen. Hierbei sind Unterschiede zu machen zwischen dem Topmanagement und dem alles entscheidenden Mittelmanagement in der Sony Corporation in Tokyo. Das Topmanagement war eigentlich überzeugt von dem lokalen Management, das Mittelmanagement auf beiden Seiten trug die Konzeption nicht.

1988 erhielten wir unsere Leiterplatten und damit das gesamte elektrische Chassis des Gerätes bereits aus England, das Schwesterwerk in Bridgend war ausgerüstet mit modernsten Bestükkungsautomaten.

Detaillierte Kostenanalysen zeigten, daß für Deutschland die Wiedereinführung der Bestükkung unter Nutzung der hoch entwickelten Bestückungsautomaten sinnvoll sein kann. Entscheidende Größe war hier unter anderem der automatische Bestückungsgrad, der zu der Zeit in Bridgend etwa bei 85% lag. Durch die erhöhte Wertschöpfung durch Direktbezug von Basismaterial und Einführung des Bestückungsprozesses in unserem Unternehmen konnten wir einen Deckungsbeitrag erwirtschaften, der unsere relativ hohen Fixkosten besser abdecken würde.

Letztendlich schlugen wir ein simples und einsichtiges Konzept vor, um den Standort zu erhalten. Wir wünschten auf der einen Seite die Produktionstiefe durch Einführung des Bestükkungsprozesses zu vertiefen, auf der anderen Seite die Deckungsbeiträge durch die Übernahme von High-End-Geräten für diesen Standort zu erhöhen. Die Arbeitsteilung der drei Produktionsstandorte wurde neu organisiert und der notwendige Anteil an High-End-Geräten zu Sony-Wega alloziiert. Die Einführung der Bestückung wurde akzeptiert (vgl. Abb. 1).

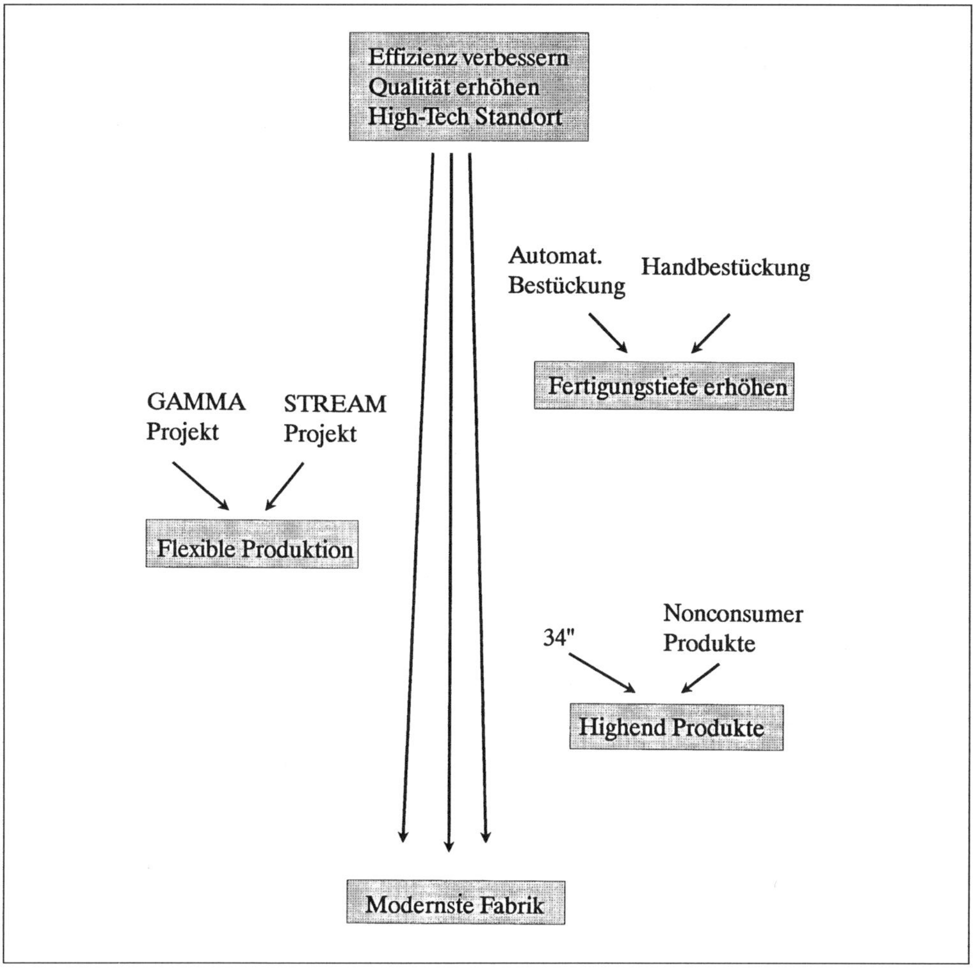

Abb. 1: SWP Midrange Plan

Ab 1990 wurde hier schrittweise investiert mit der Zielrichtung, daß das Unternehmen 100% der Leiterplatten produziert, die für die eigene Fernsehproduktion notwendig sind. Im Moment liegen wir bei einer automatischen Bestückungsrate von 92% und beschäftigen die Mitarbeiter in der Handbestückung, die durch die vereinfachte Endmontage frei geworden sind (s. Abb. 2).

Zielrichtung ist, den Personalstand von ca. 600–700 Leuten am Standort zu erhalten, technisch hochwertige und qualitativ einwandfreie Fernsehgeräte zu bauen sowie den Ausstoß in den nächsten 3 Jahren zu verdoppeln.

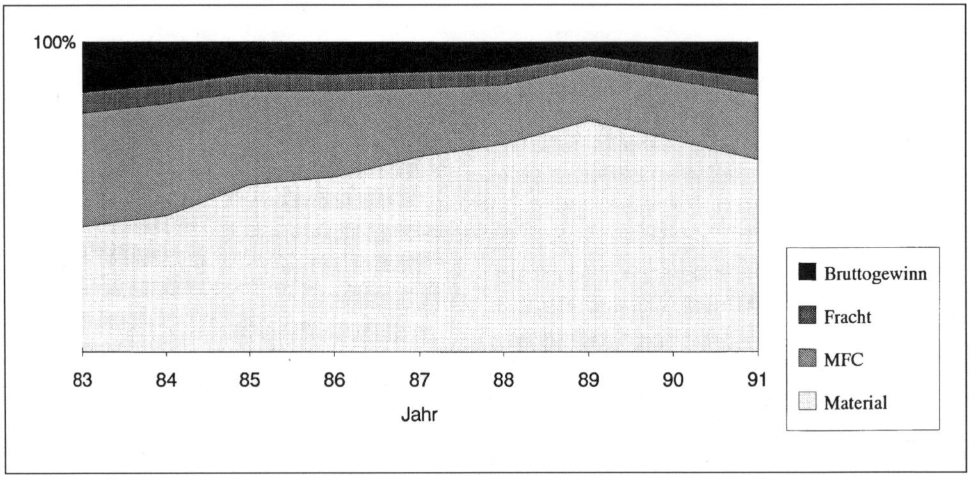

Abb. 2: Umsatz/Herstellkosten der Produktion

Neue Technologien und neue Features bei den Fernsehsystemen ermöglichen den Wandel, in der Endmontage die Richtung auf mehr integrierte Bausteine mit weniger Montageaufwand durch erhöhte Arbeitsprozeßzahlen in der Vorfertigung auszugleichen. Die Innovationen auf dem Fernsehsektor sind so groß, daß sich bei fairer Arbeitsteilung im Konzern der Standort erhalten läßt. Dabei ist der Gedanke nicht aus den Augen zu verlieren, daß Wertschöpfung in Deutschland Kaufkraft erhält und auch als volkswirtschaftliches Ziel wichtig bleibt. Unabdingbar bleibt auch das Ziel, Fertigungstechnologie und Ingenieurswissen in Deutschland up to date zu halten und für den Konzern zu nutzen. Dazu sind Fertigungsstätten in unserem Land ebenso notwendig wie die Entwicklung. Kontraproduktive Entwicklungen, die diese Richtung gefährden, liegen im sozialpolitischen und arbeitsrechtlichen Bereich. Unsere Anspruchsgesellschaft ist immer weniger bereit, sich zu engagieren und Leistung zu bringen. Die konsequente Nutzung des sozialen Netzes, wie es bei uns existiert, führt zu Kostenbelastungen im Rahmen der Personalnebenkosten, die tödlich für den Produktionsstandort sein werden, wenn keine Änderungen eintreten. Eigenbeteiligungen in allen Bereichen sind notwendig. Der zaghafte Ansatz der Eigenbeteiligung bei der medizinischen Versorgung muß sich fortsetzen durch Lohnkürzungen im Krankheitsfall, die verhaltensändernd sein müssen. In einem Land mit den kürzesten Arbeitszeiten, den längsten Urlaubszeiten, die höchste Abwesenheitsrate aufgrund von Krankheit zu haben, ist unlogisch und deutet auf einen Mißbrauch bzw. falsches Verständnis und mangelndes Verantwortungsbewußtsein der Mitarbeiter hin.

3. Praktische Probleme mit der Erhöhung der Wertschöpfung

Ein Konzernunternehmen wie wir ist immer abhängig von der Meinung des Konzernmanagements. Seit Jahren führen wir einen verzweifelten Disput mit den Betriebsräten, um eine höhere Arbeitsflexibilität zu erreichen und um Kundenaufträge termingerecht und unbürokratisch erledigen zu können. Die Mitbestimmung in vielen Einzelfragen der betrieblichen Entscheidungsfindung erschwert den Entscheidungsprozeß (manchmal verbessert er allerdings auch die Qualität der Entscheidung), häufiger führt dieser Entscheidungsprozeß zu Verzögerungen der Entscheidungen, die letztendlich in Einigungsstellen getroffen werden müssen. Die IG-Metall-beeinflußten Betriebsräte verfolgen eine klare Politik der Verhinderung von Überstunden sowie der Arbeitszeitverkürzung mit der Zielrichtung, Neueinstellungen zu erreichen. Die Realisierung der 35 Std.-Woche trat jedoch eine Rationalisierungswelle los und führte nicht zu Neueinstellungen. Sie begreifen nicht, daß ihre Macht an der deutschen Grenze endet und führen uns durch ihre einseitige Politik ins Produktionsabseits. Die Engländer und Spanier produzieren flexibel und ohne Einschränkung die notwendigen Mengen, die in Deutschland nicht produziert werden können. Die Folge: Ein 1990 beschlossenes Konzept der Erhöhung der Produktionstiefe durch die Neuaufnahme von hochwertigen EDV-Monitoren platzte aufgrund der mangelnden Fähigkeit der Arbeitszeitanpassungen an die aktuelle Produktionssituation. Dieses Geschäft, teilweise OEM-Geschäft, mit Just-in-Time-Charakter, traute das japanische Topmanagement der Sony-Wega Produktions GmbH nicht zu, nachdem sich der Betriebsrat selbst in der Zeit der Installation der Produktionslinie für diese Produkte weiterhin extrem unbeweglich zeigte und mit permanenten Sitzungen der Einigungsstelle die japanischen Nerven und Geduld strapazierte. Ergebnis: Die bereits installierte Fertigungslinie wurde, ohne einen einzigen Monitor produziert zu haben, nach England verlagert, wo die entsprechende Produktion Anfang 1994 aufgenommen wurde.

4. Umstrukturierung unseres Unternehmens

Für die Umstrukturierung unseres Unternehmens ab 1988 wurde der im Chart gezeigte Management-Prozeß realisiert (vgl. Abb. 3 + 4). Dieser Prozeß war in den Ansätzen in den Jahren zuvor bereits genutzt worden. Der Unterschied zu den früheren Jahren lag darin, daß die Geschäftsleitung disziplinierter die einzelnen Schritte einführte und ihre Realisierung in Verbindung mit einem ausgefeilten Controlling und Benchmarking verfolgte. Vierteljährliche Progess-Control-Meetings wurden eingeführt und die verstärkte Kommunikation zwischen Geschäftsleitung und Abteilungen machten die Zielsetzungen transparent und durch entsprechendes Feedback realisierbar. Die Abteilungsleiter identifizierten sich mit den Zielsetzungen und steuerten rechtzeitig gegen, wenn die Realisierung sich verlangsamte.

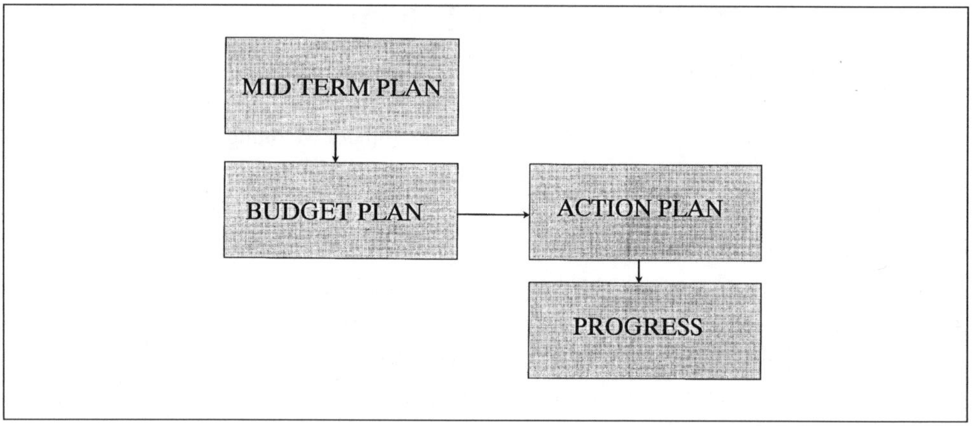

Abb. 3: SWP Management Control Schedule

Neben der konsequenten Durchführung der Midrange-Planung der rollenden Budgetierung und dem Progress-Control, getragen von der Zielsetzung über die X-Matrix, wurde ein regelmäßiges Kommunikationssystem über abgestufte Management-Meetings eingeführt und regelmäßig eingehalten. Die Entwicklung in den letzten 5 Jahren ging von einem halb- und vierteljährlichen Controlling bis zum zur Zeit wöchentlichen Controlling, das auf täglichen Datenerfassungen beruht.

Roter Faden für die Änderungen der Struktur sind 2 Faktoren:

(1) Reduzierung der Leadtime,
(2) Reduzierung der Fehlermenge.

Die Reduzierung der Leadtime oder Durchlaufzeit als durchgängiges Prinzip der Verbesserungen der letzten Jahre hat zu dramatischen Verbesserungen des Arbeitsprozesses geführt. Ziel ist die gleichmäßige Auslastung der Produktion unter Vermeidung sämtlicher Puffer und Zwischenläger. Kurze Bestellzyklen für die Vertriebsgesellschaften reduzieren Läger im Vertriebsbereich, abgestimmte Produktionskapazitäten reduzieren den sogenannten Work-In-Progress (WIP) und die Just-in-Time-Philosophie reduziert das Vormateriallager. Die Reorganisierung der Produktionslinien von separaten Bestückungs-, Chassis- und Endmontagelinien hin zu integrierten Produktionsprozessen von automatischer Bestückung über Handbestückung, Chassismontage und Endmontage ergibt einen optimalen Materialfluß und hat enorme Auswirkungen auf die Finanzstrukturen des Unternehmens durch Reduzierung der Materialbestände. Anforderungen an Lieferanten wie 100%ige Liefertreue bezüglich Zeitpunkt und Qualität sowie Anforderungen an uns selbst über 100%ige Fertigstellung nach Plan – ebenfalls in der geforderten Qualität – machten durchgreifende Änderungen in der Beobachtung des Arbeitsprozesses notwendig. Tägliche Aufschreibungen in allen Bereichen garantierten die Erkennung der

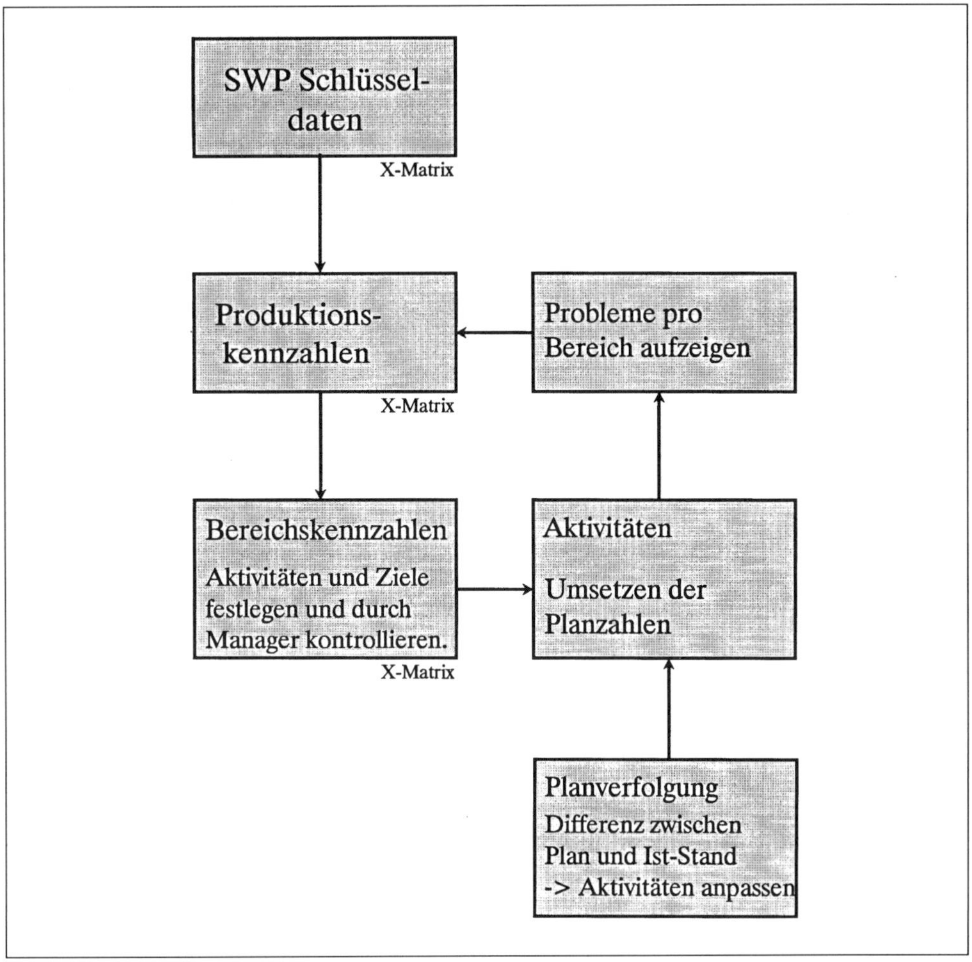

Abb. 4: Budgetplanung und -Kontrolle

Schwachstellen und deren systematische Eliminierung. Das bearbeitete Datenvolumen stieg von 1988 bis 1993 um ein Vielfaches und nur die Umstellung von EDV auf Online in den verschiedensten Anwendungsbereichen ermöglichte die Einhaltung dieser Tendenz. Preisverfall in der Hardware machten den Aufwand maschinenmäßig erträglich. Sofortige Datenerfassung an der Ursprungsstelle, selbst in manueller Form, machten nachträgliche Untersuchungen überflüssig und führten zur Verbesserung der Arbeitsergebnisse.

Im Rahmen der Ergebnisplanung werden diese Arbeiten begleitet von permanenten Cost Down und Value Analysis Targets und Plänen. Diese Targets werden ebenfalls monatlich auf Abweichungen kontrolliert und besondere Maßnahmen zur Sicherung der Target-Erfüllung ergriffen.

5. Handwerkszeug für die Veränderungen im Unternehmen

Das Handwerkszeug für die Verbesserungen in unserem Unternehmen wurde uns praktisch durch die Sony Corporation angeliefert. Was bei Sony in Japan mit Erfolg als Verbesserungsstrategie angewendet worden war, transferierten die Japaner zeitversetzt ins Ausland. Dabei war es durchaus so, daß ein Teil der in Japan angewendeten Ideen zuvor aus dem Ausland importiert worden war. Vorzugsweise wurden westliche Managementideen auf die japanische Mentalität abgestimmt verändert und reexportiert. Dies war nicht immer erfolgreich, da die Management-Exportware für die westlichen Arbeitnehmer manchmal schwer verdaulich war.

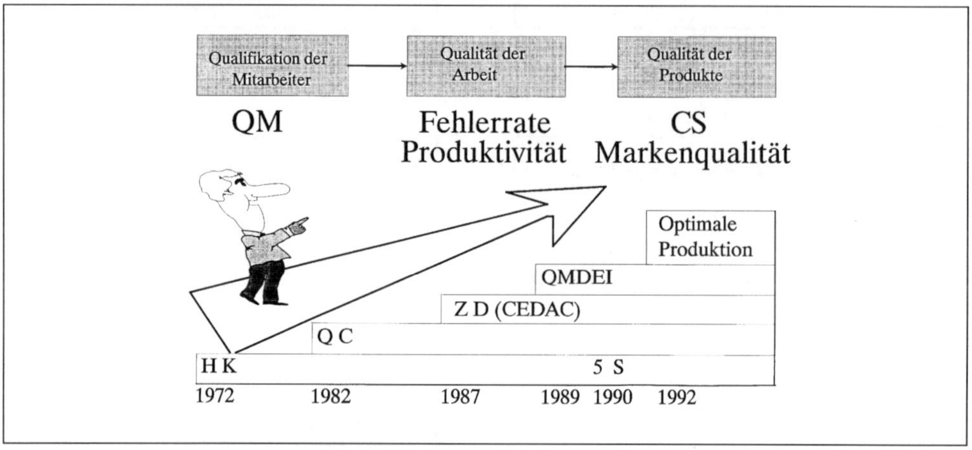

Abb. 5: Stärkung des Qualitätsbewußtseins

5.1 Housekeeping

Grundlage für jegliche Verbesserung im Unternehmen war Ordnung und Sauberkeit. Nur in einem aufgeräumten Unternehmen kann man erkennen, wenn gegen die Regel an einzelnen Stellen Konfusion und Unordnung herrschen. Unfallgefahren werden sichtbar und können eliminiert werden. Diese Grundaussagen wurden später verfeinert durch eine Politik der Verringerung und Vermeidung von z.B. verschwendetem Material, verschwendeter Arbeitskraft in allen Bereichen.

5.2 Qualitätszirkel

Erst zu Beginn der 80er Jahre wurden Qualitätszirkel eingeführt. Die Qualitätszirkel hatten 2 Zielsetzungen. Die Mitarbeiter sollten in Problemlösungsmethoden ausgebildet werden. Sie sollten sich in ihren eigenen Arbeitsbereichen motiviert um Verbesserungen kümmern und sie realisieren. Gleichzeitig wurde Gruppenarbeit geübt. Wir starteten etwa 1984 mit den Qualitätszirkeln, bildeten die Mitarbeiter sorgfältig aus und hatten erste gute Erfolge. Danach verlief die Aktion im Sande, da diese Zirkel trotz Motivation durch propagierte Freiwilligkeit, internationale Wettbewerbe und Reisen nach Japan, nicht so attraktiv blieben. Der Druck durch die unter Erfolgszwang stehenden Mittelmanager führte das Argument der Freiwilligkeit ad absurdum.

5.3 Cedac

Cedac ist eine Methode der Problemanalyse und Realisierung von entsprechenden Verbesserungsvorschlägen nach dem Top-Down-Prinzip. Die Geschäftsleitung startete das Projekt mit klaren Zielvorsetzungen, brach sie herunter auf die einzelnen Fachabteilungsebenen. Die einzelnen Projekte wurden systematisch geplant, organisiert, realisiert und kontrolliert. Cedac heißt: Cause and Effect Diagram with Addition of Cards. Dieses System wurde im Sony-Konzern weltweit verbreitet. Nach dieser Methode arbeiten wir auch jetzt noch; Geschäftsleitung, Abteilungsleiter und Mitarbeiter sind an dieser Methode ausgebildet worden und man kann sie als standardisierte Arbeitsmethoden im Unternehmen bezeichnen. Wann immer Projekte bei uns gestartet werden, ihre Problemlösungen erarbeiten wir nach dieser Methode. Sie ist vergleichbar mit der Kepner-Tregoe-Methode – nur einfacher und öffentlich. Die Charts werden ausgehängt. Alle sind zur Mitarbeit aufgefordert.

5.4 QMDEI

Qualitätsmanagement – Determination, Education, Implementation – dies ist ein selbst entwickelter Ansatz, der die Zufriedenheit des Kunden herausstellt und als das Unternehmensziel deklariert. Zur Ausweitung des Grundgedankens wird als Kunde nicht nur der Endverbraucher betrachtet, sondern jede benachbarte Abteilung, die Leistungen innerbetrieblich abnimmt. Für die Produktion bedeutet dies, daß der folgende Arbeiter vom Vorgänger als Kunde betrachtet werden soll. Entsprechend ist einwandfreie Qualität abzuliefern. Auch diese Grundgedanken wurden unternehmensweit geschult. Als Handwerkszeug benutzen wir weiterhin die Grundgedanken des Housekeeping, der Qualitätszirkel und des Zero-Defect-Ansatzes.

Die Stufen der Managementtechniken bei Sony sind aufwärts kompatibel. Mit großer Geduld sind Grundlagen geschult worden, neue darauf aufbauende Techniken entwickelt und angewendet worden.

Man erkennt einen langfristigen Prozeß, der gefördert wird durch permanente Kommunikation, um den Willen zu erzeugen, Arbeitsvorgänge zu verbessern, zu erleichtern und zu eliminieren, um mit einfachen Methoden effektiv das Ziel zu erreichen. Eine Menge Mitarbeiter, die sich dieser Richtung nicht anpassen konnten oder wollten, haben das Unternehmen verlassen, junge Menschen konnten in verantwortliche Positionen wachsen, die diese Arbeitsmethoden voll aufgenommen haben. Der regelmäßige Gang durch die Produktion, wie es im übrigen schon Herr Metzger vor 50 Jahren machte, ein abgestimmtes System von Abteilungsmeetings sowie Job Rotation, wenn immer möglich, brachten Erfolg.

Midrange-Pläne und Budget-Pläne stellten den Rahmen für die Zielsetzungen im Laufe der Geschäftsjahre. Die Zielsetzungen sind in der Regel quantifiziert. Die Datenerfassung im Unternehmen ist detailliert und permanent.

Gehen wir z.B. von einem geplanten Fernsehgerät mit einem geschätzten Marktpreis von DM 2.000,– aus, dann werden von dieser Zielsetzung in der Entwicklung bereits die Kosten für die einzelnen Komponenten des Fernsehgerätes heruntergebrochen und geplant. Ist das Gerät produktionsreif, werden diese Kosten budgetiert. Das Budget, abhängig von der gefertigten Menge, sieht die einzelnen Kostenarten detailliert vor. Produktionspläne münden in Materialbestellungs- und Personalpläne. Finanzierungs- und Cash-flow-Berechnungen erfolgen genauso professionell wie die Kalkulation der Vorgabezeit am Band. Diese Routinearbeiten der Unternehmensorganisation werden begleitet durch Verbesserungszielsetzungen für das laufende Geschäftsjahr, wie z.B. die Verbesserung der Produktivität um 15% oder die Materialkostenreduzierung um 5% oder die Verringerung des Lagerbestandes auf einen halben Monatsbestand oder die 100%ige Erreichung des Produktionsplanes oder die Reduzierung der Defekt-Rate auf 1/2% usw. usw.

Für diese Objectives benutzen wir in der Regel die X-Matrix (vgl. Abb. 6 + 7). Es gibt eine Unternehmens-X-Matrix sowie Abteilungs- bzw. Gruppen-X-Matrizen. Nach einem Prozeß der Zielsetzung und des gegenseitigen Austausches über Machbarkeit der Ziele gelten die Vorgaben als vereinbart und alle Abteilungen arbeiten an den ihnen zugeteilten Aufgaben. Die X-Matrix macht die Verbindung zu parallel betroffenen Abteilungen transparent. Es bilden sich Projektgruppen mit einem Projektleiter, der die Ziele als Projekt in Gruppenarbeit versucht zu realisieren. Das Projektmanagement bleibt ihm überlassen. Das Projektergebnis wird periodisch vom Topmanagement abgefragt und kritisch gewürdigt, d.h. gelobt bzw. Hilfe für die noch ausstehenden Verbesserungen angeboten (vgl. Abb. 8, 9, 10, 11).

Der regelmäßige Progress Control Report beruht auf Daten. Die greifbaren Ergebnisse und die Transparenz motivieren die Führungskräfte.

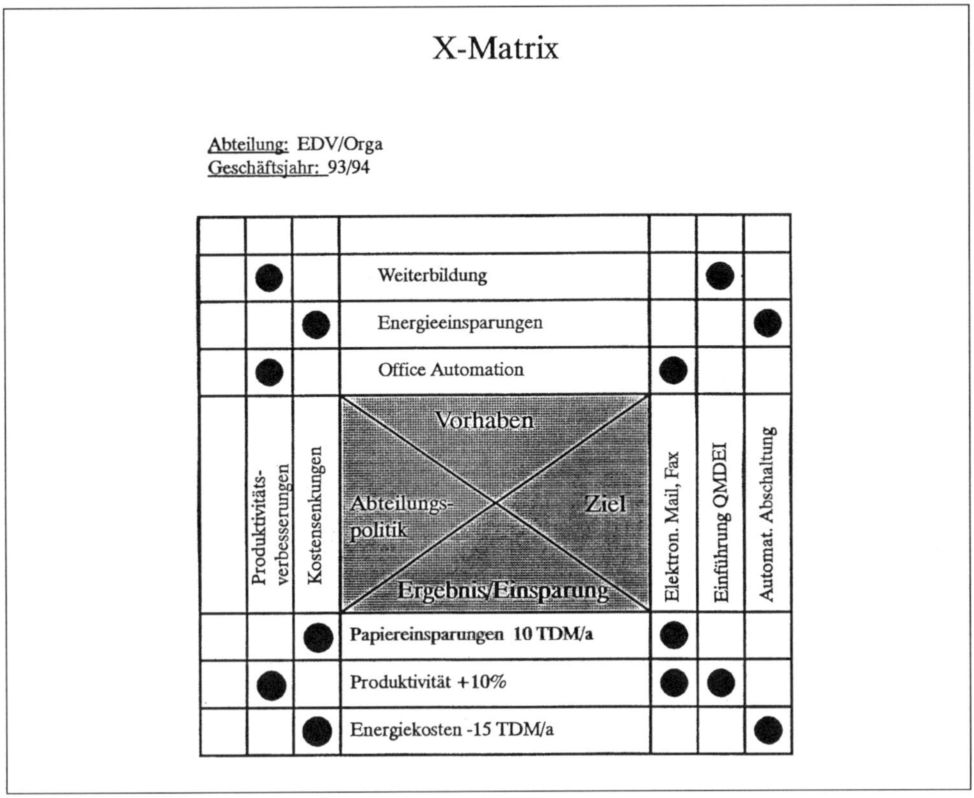

Abb. 6: Budgetplanung und Abteilungspolitik

6. Kritische Würdigung

Die europaweite Arbeitsteilung in der Fernsehproduktion ermöglicht die Fortsetzung der Produktion in Deutschland. High-End-Geräte hier und Massenproduktion in England und Spanien ermöglichen gute wirtschaftliche Ergebnisse. Die Entwicklung in Deutschland am Produktionsstandort garantiert den Anschluß an fortschrittliche technische Entwicklungen in Deutschland.

Die Eliminierung aller nicht wertsteigernden Prozesse führt zu der notwendigen Produktivität und Wirtschaftlichkeit. Da wir die Ergebnisse dieser Schritte permanent untereinander austauschen, ist dies jedoch kein Wettbewerbsvorteil, sondern Wettbewerbsbedingung. Unsere Schwesterwerke sind genauso schnell wie wir, manchmal schneller.

Der Vergleich von Kennziffern hilft Schwachstellen zu erkennen und auszumerzen. Datenerfassungen in allen Bereichen sind notwendig.

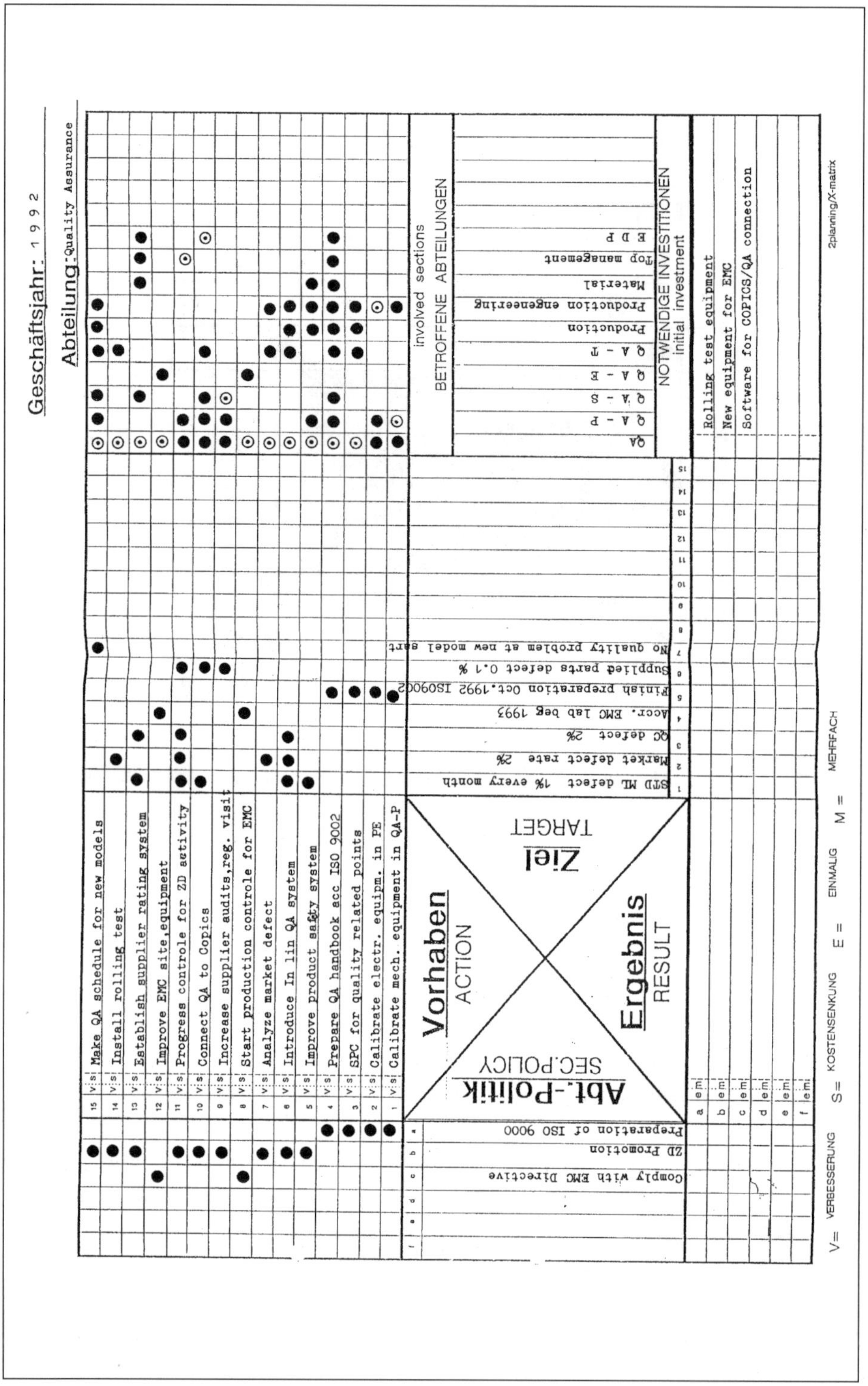

Abb. 7: Budget und Business Planning

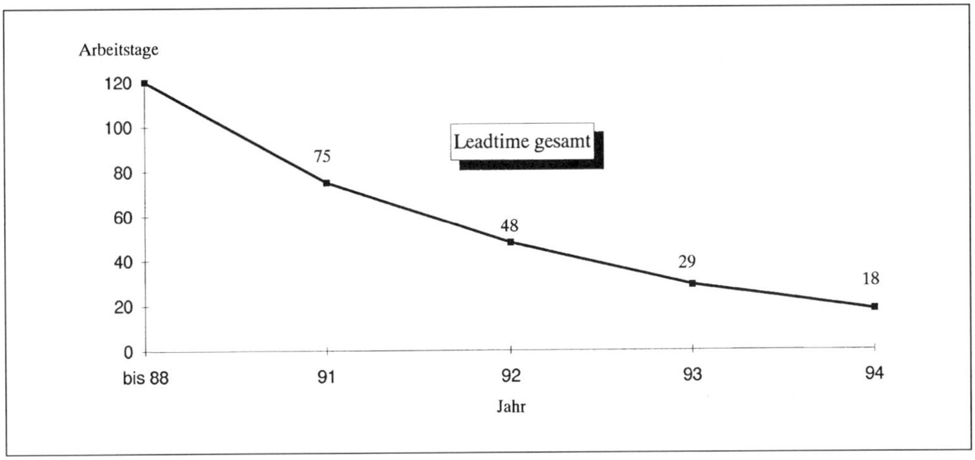

Abb. 8: Leadtime – Verkürzung der Durchlaufzeiten

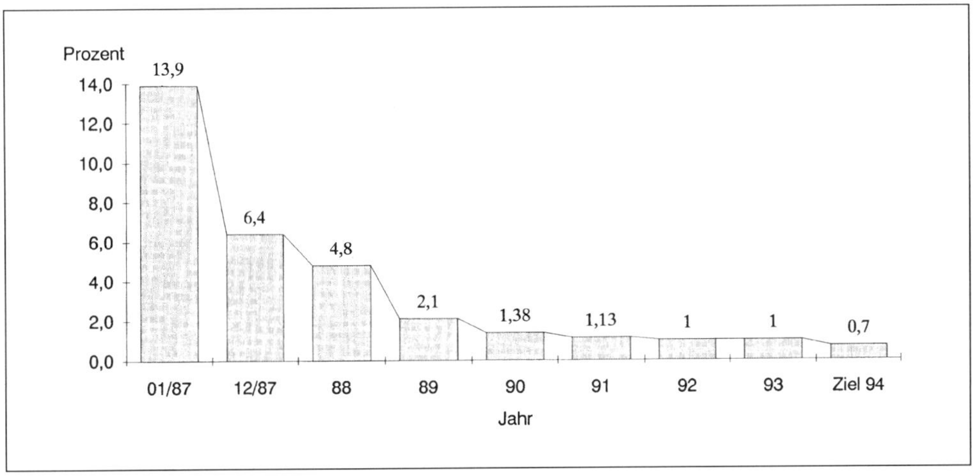

Abb. 9: Defektrate Standard-Mainline

Die Anwendung moderner Managementwerkzeuge ist selbstverständlich. Intensive Kommunikation und klare Zielsetzungen sind unabdingbar.

All dies kann nicht verstanden werden als einmalige Verbesserung. Es ist ein permanenter Prozeß der Erziehung und geduldiger, harter Arbeit, bei der die Führungskräfte des Unternehmens Vorbild für alle anderen sein müssen.

Höhere Flexibilität in der Arbeitsgestaltung einschließlich Zeitwirtschaft ist wünschenswert. Übertriebene Schutzverordnungen und Mitbestimmungsgesetze und ihre vehemente Verteidi-

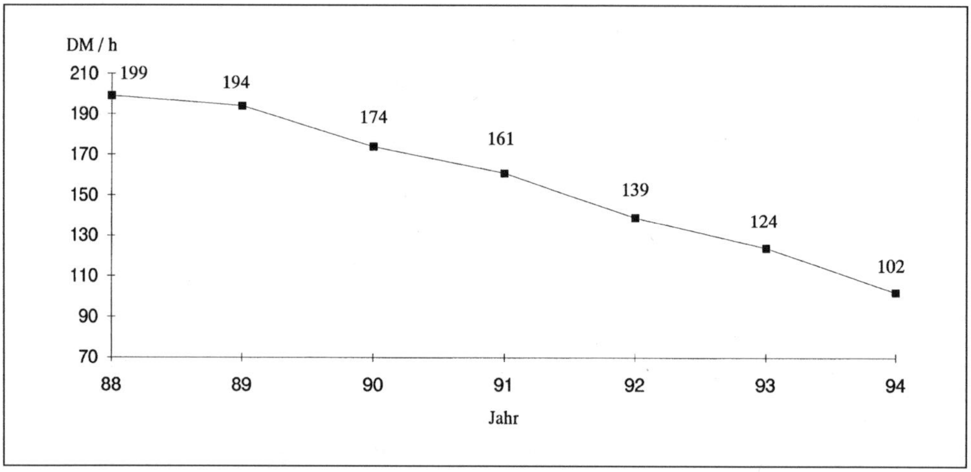

Abb. 10: Fixkosten per Fertigungsstunde

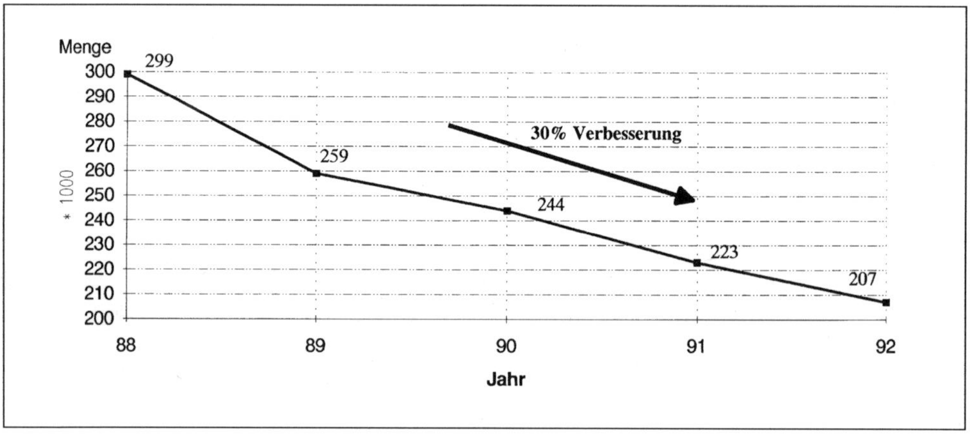

Abb. 11: Break-even Stückzahlen (CTV)

gung durch Betriebsräte und Gewerkschaften führen zum Arbeitsplatzexport, da es sich in anderen auch europäischen Ländern leichter, flexibler und natürlich billiger produzieren läßt.

Die richtige Mischung zwischen Erhöhung der Wertschöpfungstiefe sowie der ins Ausland verlagerten Fertigung ermöglichen ein wirtschaftliches Überleben, wobei Sony den Grundsatz der Global Localization verfolgt. Die Produktion in Deutschland muß man sich leisten können (Balance zwischen in- und ausländischer Fertigung) und leisten wollen (d.h. nicht vertrieben werden durch Steuer-, Mitbestimmungs- und Schutzgesetze sowie deren gründliche *Aus*-Nutzung).

Total Quality Management – markt- und potentialkonforme Unternehmensprofile

Hans Dieter Seghezzi*

1. Totale oder ganzheitliche Qualität

2. TQM-Konzepte

3. Modelle für TQM

4. Bewertung des TQM-Systems

5. Zusammenfassung

Anmerkungen/Literaturverzeichnis

* Prof. Dr. *Hans Dieter Seghezzi*, Hochschule St. Gallen, Institut für Technologiemanagement, (ITEM-HSG), St. Gallen

In den letzten Jahren haben Qualitätsmanagementkonzepte und -systeme in der Wirtschaft ein riesiges Interesse erfahren. Die eingeschlagene Entwicklung findet jedoch keineswegs uneingeschränkte Zustimmung. Unter den Aktivitäten überwiegt in hohem Maße die Einführung von Qualitätssicherungssystemen nach der ISO-Normenreihe 9000. In zunehmendem Maße suchen aber auch Unternehmungen nach anspruchsvolleren Konzepten, die über die Anforderungen der ISO-Normen hinausgehen und stoßen dabei im allgemeinen auf Total Quality Management.

Reengineering, das Thema dieser Tagung, und Total Quality Management können wirkungsvolle Symbiosen eingehen, müssen dies aber nicht. Dabei lassen sich mindestens zwei Ausprägungen dieser Symbiosen unterscheiden. Zum einen gibt es Unternehmungen, die Total Quality Management als allgemeines Unternehmensführungskonzept oder als dessen wesentlichen Bestandteil anwenden und in diesem Rahmen Reengineering neben »Continuous Improvement« als Methodik für die grundsätzliche Neugestaltung von Prozessen, Strukturen und Systemen einsetzen. IBM, ABB und Hilti sind Beispiele für diese Vorgehensweise. Andere Unternehmen verwenden beide, Total Quality Management und Reengineering als Vehikel zur Veränderung, zum Management of Change. Dies trifft beispielsweise für die Ciba Geigy zu.

TQM macht eine umfassende Auslegung und Anwendung des Begriffes »Qualität« notwendig. Total bzw. ganzheitlich muß nicht nur das Management sondern auch der verwendete Qualitätsbegriff sein. Diese Tatsache muß immer wieder herausgestellt werden, weil vielerorts noch ein sehr enger Qualitätsbegriff verwendet wird, der sich primär auf das Leistungsangebot der Unternehmung bezieht. Mit einem engen Begriff läßt sich aber Total Quality Management nicht verwirklichen.

1. Totale oder ganzheitliche Qualität

Ein ganzheitlicher Qualitätsbegriff berücksichtigt die Hierarchie der Qualität (Abb. 1). Gegenüber dem Kunden steht zwar die Qualität der Leistungen im Vordergrund. Diese läßt sich jedoch permanent auf gleichbleibendem Niveau nur anbieten, wenn Prozesse beherrscht werden, und dafür sind funktionierende Strukturen, Einrichtungen, geschulte, motivierte Mitarbeiter, eine qualitativ hochstehende Führung und eine zielgerichtete Politik erforderlich. Das Umfeld der Unternehmung, das die notwendige Infrastruktur und ausgebildete Mitarbeiter bietet, ist ein wesentlicher Einflußfaktor auf die Qualität der Unternehmung.

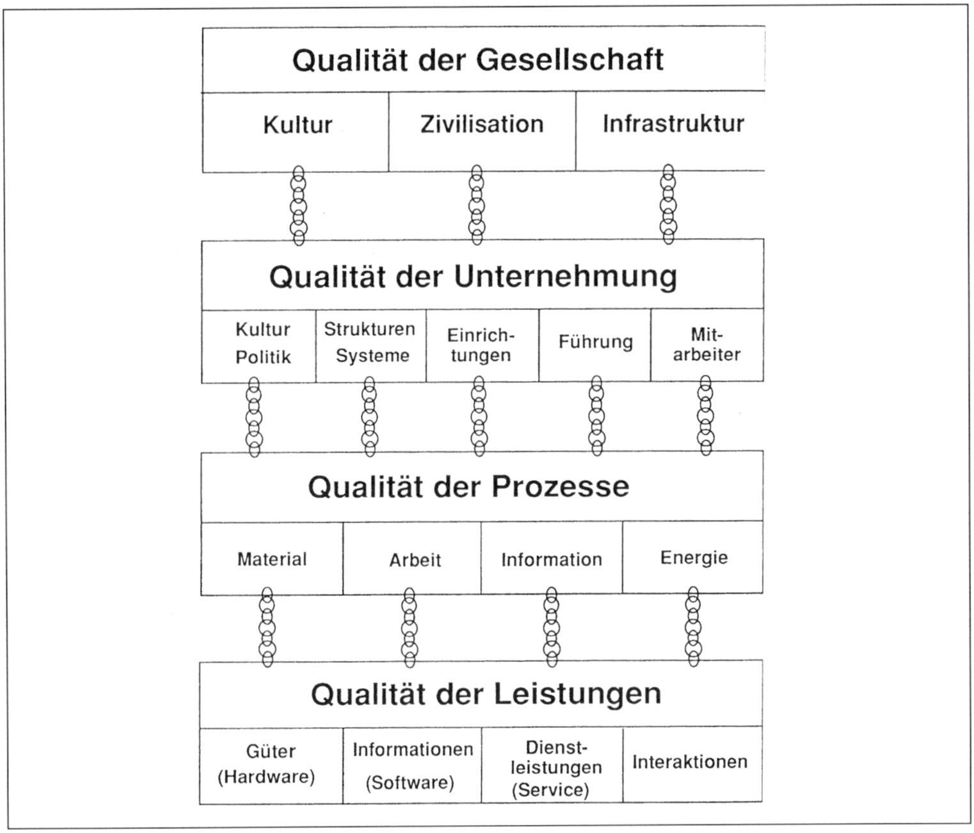

Abb. 1: Hierarchie der Qualität

Zur begrifflichen Bestimmung der Qualität gibt es eine umfangreiche Literatur. Die Begriffe reichen von populären Ausdrücken wie »Qualität ist, wenn der Kunde wiederkommt und nicht das Produkt« bis hin zur international genormten Definition: »*Qualität ist die Gesamtheit von Merkmalen (und Merkmalswerten) einer Einheit bezüglich ihrer Eignung, festgelegte und vorausgesetzte Erfordernisse zu erfüllen*«.[1]

In der praktischen Handhabung des Begriffs wie auch in seiner genormten Fassung bleibt der ursprüngliche Bezug zum lateinischen Wort »Qualitas« erhalten. Die Qualität eines Produktes, einer Dienstleistung, eines Prozesses oder einer Unternehmung kommt durch deren Beschaffenheit zum Ausdruck. Qualität ist jedoch nicht mit Beschaffenheit gleichzusetzen. Um Qualität zu bestimmen, muß die Beschaffenheit mit einem Maßstab oder einer Meßlatte versehen werden. Dabei wechselt der Maßstab je nach Betrachter und Betrachtungsgegenstand, was die Sache kompliziert macht.

Im Mittelpunkt der Betrachtung steht in der Regel das Leistungsangebot der Unternehmung, weil von ihm die Wettbewerbsfähigkeit direkt abhängt. Für das Leistungsangebot sind die Bedürfnisse der Kunden wichtigster Maßstab zur Bestimmung der Qualität. Daneben müssen jedoch, wenn auch in geringerem Umfang, Bedürfnisse anderer Anspruchsgruppen, nämlich der Öffentlichkeit und des Unternehmens selbst Berücksichtigung finden. Die Aufgabe des Qualitätsmanagements besteht nur darin, für alle diese Anspruchsgruppen Nutzen zu schaffen.

An dieser Stelle ist der Hinweis angebracht, daß der Kunde selbst seine Erwartungen und nicht seine Bedürfnisse als Maßstab zur Beurteilung der Qualität heranzieht. An seinen Erwartungen mißt er die von ihm wahrgenommenen Eigenschaften des Produktes oder der Dienstleistung. Es lohnt sich deshalb zwischen Bedürfnissen und Erwartungen zu differenzieren.[2]

Im Rahmen der Entwicklung von Leistungsangeboten und der Gestaltung der zur Herstellung und zum Anbieten eingesetzten Prozesse werden die Anforderungen, die in der Fachsprache Qualitätsforderungen genannt werden, in den Spezifikationen niedergelegt. Im Innenverhältnis einer Unternehmung sind diese Qualitätsforderungen der Maßstab zur Beurteilung der Qualität. Nach Festlegung der Spezifikationen reduziert sich somit die Aufgabe des Qualitätsmanagements auf die Erzielung von Konformität mit Spezifikationen. Diese reduzierte Aufgabe wird in der Fachsprache unter dem Begriff der Qualitätslenkung zusammengefaßt.

Auch hier ist ein Hinweis angebracht. Viele Anforderungen an Leistungen und Prozesse werden nicht explizit niedergelegt und zu formulierten Qualitätsforderungen erhoben. Vielmehr gehen sie in die Routinen einer Unternehmung ein, was insbesondere bei kleinen und mittleren Unternehmen der Fall ist.

2. TQM – Konzepte

Mit zunehmender Verbreitung der ISO-Normenreihe 9000 erhöhte sich der Zwang zur Transparenz von Qualitätssystemen. Dies brachte die Existenz von Qualitätskonzepten, -modellen und -systemen ins Bewußtsein der Unternehmungen. In der Praxis waren jedoch solche Konzepte, Modelle und Systeme schon immer existent. Die wichtigsten heute anzutreffenden Konzepte sind in Abbildung 2 zusammengefaßt. Sie reichen vom einfachen Konzept der Inspektion, das in kleinen Zulieferbetrieben anzutreffen ist, bis hin zum derzeit anspruchsvollsten Konzept des TQM. Die größte Verbreitung haben nach wie vor im mitteleuropäischen Raum die beiden Konzepte, die ich »Elektrizitätstypus« und »Kulturtypus« nenne. Sie sind wenig transparent und sollen, da sie nicht Gegenstand meines Themas sind, hier nicht weiterbehandelt werden.

Benennung und Charakterisierung nach ...		
Urheber	**Inhalt**	**Modell**
	- Qualitätsprüfung/ Inspektion	- ISO 9003 / EN 29003
- Crosby	- Qualitätslenkung	- ISO 9002 / EN 29002
	- Qualitätssicherung	- ISO 9001 / EN 29001
- Imai (Kaizen)	- Qualitätsverbesserung	
	- "Elektrizitätstypus"	
	- "Kulturtypus"	
- Deming	- CWQC (Company-wide Quality Control)	- Deming Prize
- Juran	- TQM (Total Quality Management)	- Malcolm Baldrige Award
		- European Quality Award (EQA)

Abb. 2: Qualitätskonzepte

Analysiert man die Praxis und die Literatur, um Total Quality Management zu charakterisieren, so findet man zwar unterschiedliche Gliederungen, jedoch inhaltlich weitgehend Übereinstimmung:

(1) Die Firmenorientierung geht auf die Erfüllung der Kundenbedürfnisse (intern und extern) aus.
(2) Fehler werden als Lernquelle angesehen. Die Anstrengungen laufen auf eine Reduktion der Fehler hinaus. Die Firma wird zur lernenden Organisation.
(3) Ständige Verbesserungsprogramme bewirken eine Verhaltensänderung.
(4) Die Qualitätsanstrengungen sind umfassend und betreffen alle Beschäftigten. D.h. umfassendes Prozeßmanagement und Messung der Produkt- und Prozeßqualität.
(5) Die traditionellen Stärken des einzelnen Unternehmens und ihre Erfolgspositionen werden in das Konzept einbezogen.
(6) Man verfolgt einen Top-Down Approach. Geeignete Strukturen, Systeme und Methoden werden intensiv angewendet. Als Teilsystem wird häufig ein Modell der ISO-Normenreihe 9000 herangezogen.

TQM ist ein sehr anspruchsvolles Führungskonzept, obwohl es in seinen Grundzügen einfach ist. Seine Schwierigkeit liegt in seinem umfassenden Charakter. In der Regel muß eine Änderung der Firmenkultur herbeigeführt werden, um TQM wirkungsvoll zu machen.

An dieser Stelle sei ein weiterer Hinweis angebracht. In St. Gallen arbeiten wir an der Integration des Qualitätsmanagementwissens inklusive des TQM in das St. Galler Management Konzept. Damit wollen wir das separate Dasein von Qualitätsmanagement reduzieren und seine Integration in die Betriebswirtschaftslehre fördern.[3]

3. Modelle für TQM

Wegen des erwähnten Schwierigkeitsgrades in der Implementation und Durchsetzung von TQM ist zu empfehlen, ein bewährtes Modell als Basis für ein zu schaffendes TQM-System heranzuziehen. Das älteste Modell liegt dem japanischen Deming-Prize zugrunde. Es hat in Japan große Verbreitung gefunden, wird jedoch außerhalb Japans wegen seiner schlechten Dokumentation wenig angewendet.

In den USA wurde 1988 ein Modell publiziert, das dem nationalen Quality Award benannt nach Malcolm Baldrige[4] zugrundeliegt (Abb. 3). Dieses Modell enthält sieben Kategorien und ca. 100 »Areas to address«. Es hat in den USA und in anderen Teilen der Welt große Verbrei-

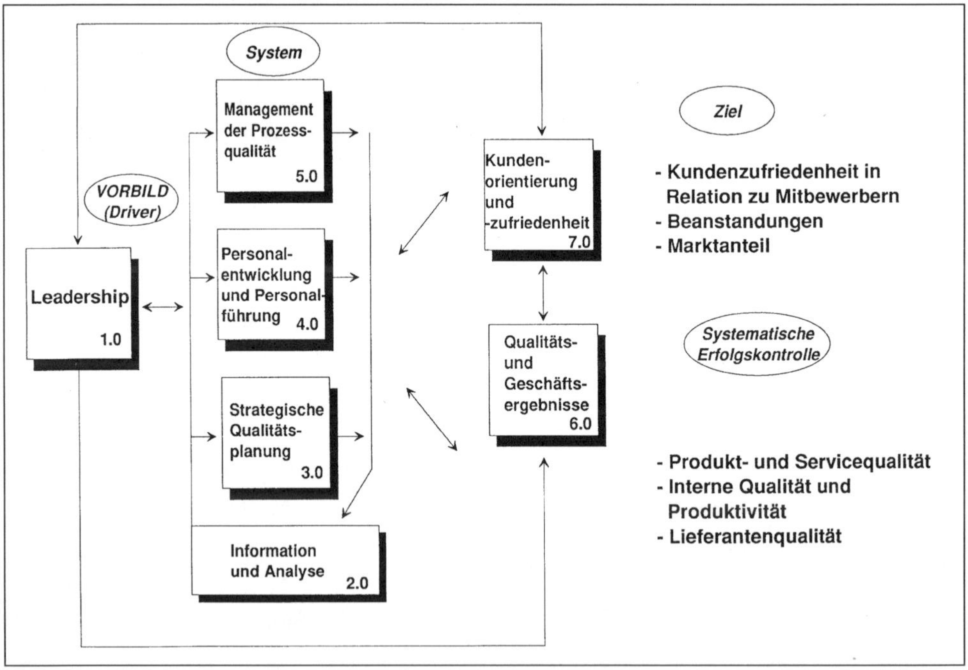

Abb. 3: Modell »Malcolm Baldrige National Quality Award«

tung gefunden und wurde verschiedentlich verfeinert und angepaßt. Beispielsweise liegt es dem nationalen schwedischen Qualitätspreis zugrunde.

1992 wurde erstmals ein European Quality Award vergeben, welcher auf einem weiterentwickelten Modell gründet.[5] Die Weiterentwicklung (Abb. 4) betrifft die klare Trennung zwischen Potentialen (Enablers) und Ergebnissen sowie die explizite Einbeziehung der Ausstrahlung der Unternehmung auf ihr Umfeld.

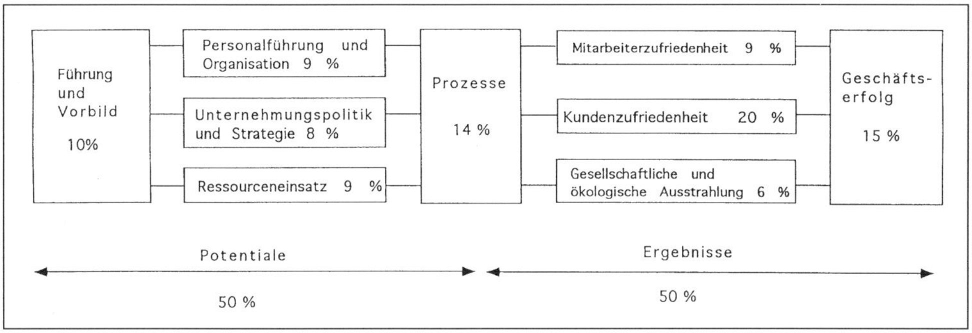

Abb. 4: The European Quality Award; Bewertungskriterien

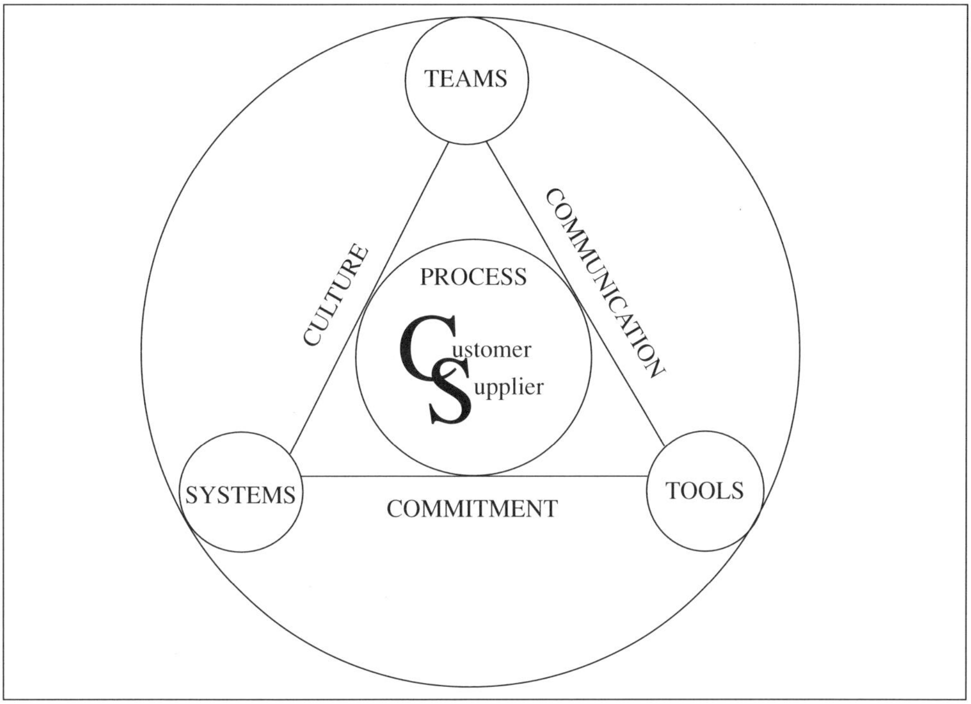

Abb. 5: Total Quality Management Modell von J. S. Oakland

		Subsystem							
		Kultur und Organisation	Aktivitäten	Anweisungen	Produkt-entwicklung	Resultate	Kunden-beziehungen	Lieferanten-beziehungen	Rolle der Geschäftsleitung
Reifestufe	Technischer Ansatz								
	Verbesserungs-programme								
	Prozess-management								
	Prozess-verbesserung								
	Operativer Durchbruch								
	Strategischer Durchbruch								
	Exzellenz durch Qualität								

Abb. 6: Self-Assessment Tool von Galgano

Auch dieses europäische Modell war verschiedentlich Gegenstand von Anpassungen, so geschehen im holländischen Qualitätspreis.[6] In Holland wurde bei der Anpassung eine Skala mit fünf Reifestufen eingeführt in Analogie zu dem bekannten »Maturity Grid« von Crosby.

Neben diesen weltweit beachteten regionalen und nationalen Preisen und Modellen sind eine Vielzahl eigenständiger Modelle von Forschungsstätten, Firmen und Beratern ins Leben gerufen worden. Drei Beispiele seien stellvertretend genannt. J. S. Oakland, Professor am European Center for TQM der University of Bradford hat das in Abbildung 5 dargestellte Modell entwickelt und umgesetzt.[7] Die Beratungsfirma Galgano in Italien hat in ihrem Modell[8] eine Unterteilung in Subsysteme und in Reifestufen vorgenommen. Abbildung 6 zeigt beispielhaft acht Subsysteme und sieben Reifestufen.

Wir haben im Institut für Technologiemanagement für kleine und mittlere Unternehmen ein Modell entwickelt (Abb. 7), bei dem wir die Qualitätsfähigkeit der Unternehmung ins Zentrum der Betrachtung stellen. Die Auswirkung der Qualitätsfähigkeit auf die Ergebnisse wird als gegeben angenommen, während die Wirkung der Managementinstrumente der Befähiger auf die Qualitätsfähigkeit im einzelnen analysiert und gestaltet wird (Abb. 7).

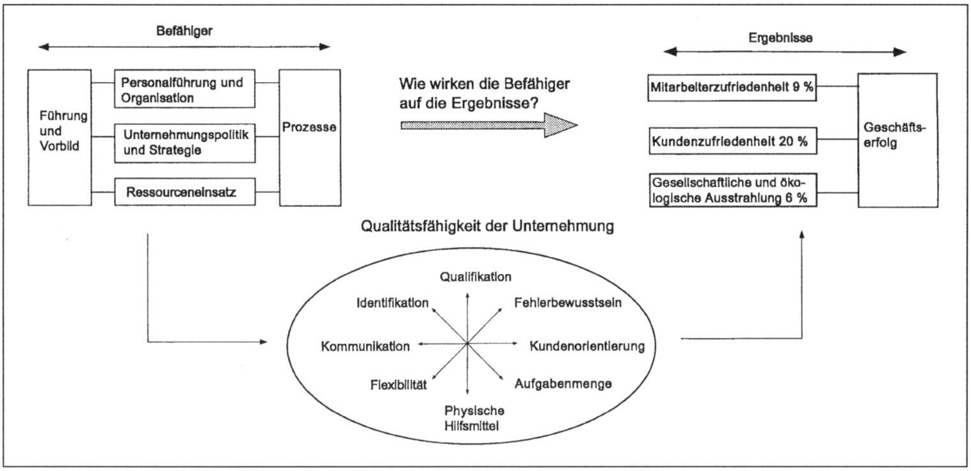

Abb. 7: Die Wirkung der Befähiger auf die Ergebnisse

4. Bewertung des TQM-Systems

Nach unseren Beobachtungen ist die Ausgestaltung und die Art der Implementierung eines Systems fast wichtiger als die Wahl des Modells. Nach der Implementierung spielt die Messung des Erfolges bzw. Mißerfolges eine wichtige Rolle.

Es ist naheliegend, die Bewertung des Q-Systems mittels der traditionellen Qualitätskostenrechnung, wie sie seit über 30 Jahren gebräuchlich ist, zu versuchen. Ihre Gliederung (Abb. 8) und Einsatz sind allerdings in letzter Zeit heftiger Kritik unterzogen worden, beispielsweise durch den Pionier des Qualitätsmanagements, Walter Masing. Auch sind verschiedene neuere Ansätze vorgestellt worden, z.B. von H. Wildemann.[9] Er unterteilt in Kosten der Übereinstimmung und in Kosten der Abweichungen. Die Kosten der Übereinstimmungen werden als Beitrag zum Unternehmenserfolg eingestuft. Die Kosten der Abweichungen sind als Verschwendung von Ressourcen anzusehen. Aufgrund unserer eigenen Untersuchungen[10,11] empfehlen wir die Qualitätssicherungskosten der normalen Kostenstellen- und Kostenträgerrechnung zuzuweisen und sich auf die Erfassung und Auswertung der Fehlerkosten zu konzentrieren.

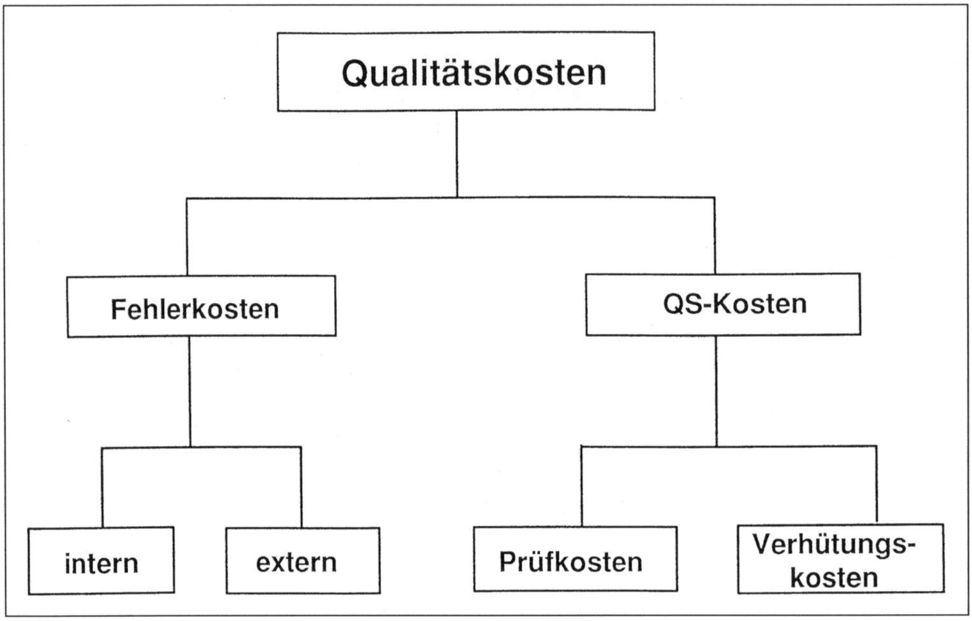

Abb. 8: Qualitätskostenrechnung

Unsere Analysen haben ergeben, daß die Qualitätskostenrechnung keine Möglichkeit zur Bewertung und Begründung von Unternehmensführungskonzepten und -systemen bietet. Nur in Ausnahmefällen, wenn beispielsweise die indirekten Fehlerkosten, insbesondere die »Opportunitätskosten« sehr hoch sind, kann mit der Qualitätskostenrechnung der Nutzen eines Qualitätssystems nachgewiesen werden. In allen anderen Fällen ist vom Einsatz der Qualitätskostenrechnung zur Bewertung von Systemen abzuraten.

Aus diesem Grunde haben andere Bewertungsmethoden Platz gefunden, insbesondere solche, die unter dem Begriff »Assessment« zusammengefaßt werden. Zwei Ergebnisse von »Assessments« sollen den Charakter solcher Bewertungen erläutern.

Abbildung 9 gibt eine Bewertung nach dem Modell des European Quality Awards wieder. In diesem Beispiel sind die Punktzahlen der Kategorien 1 bis 4, welche die Potentiale charakterisieren, deutlich niedriger als die Punktzahlen bei den Ergebnissen (Kategorie 6 bis 9). Dieses Verhältnis muß eine Alarmglocke zum Läuten bringen. Auf Dauer ist nämlich mit schlechten Potentialen kein gutes Resultat erzielbar.

Abbildung 10 zeigt die Bewertung der Qualitätsfähigkeit des Unternehmens nach dem von uns entwickelten Modell von Abbildung 7. Neben dem Istprofil ist vom Management ein

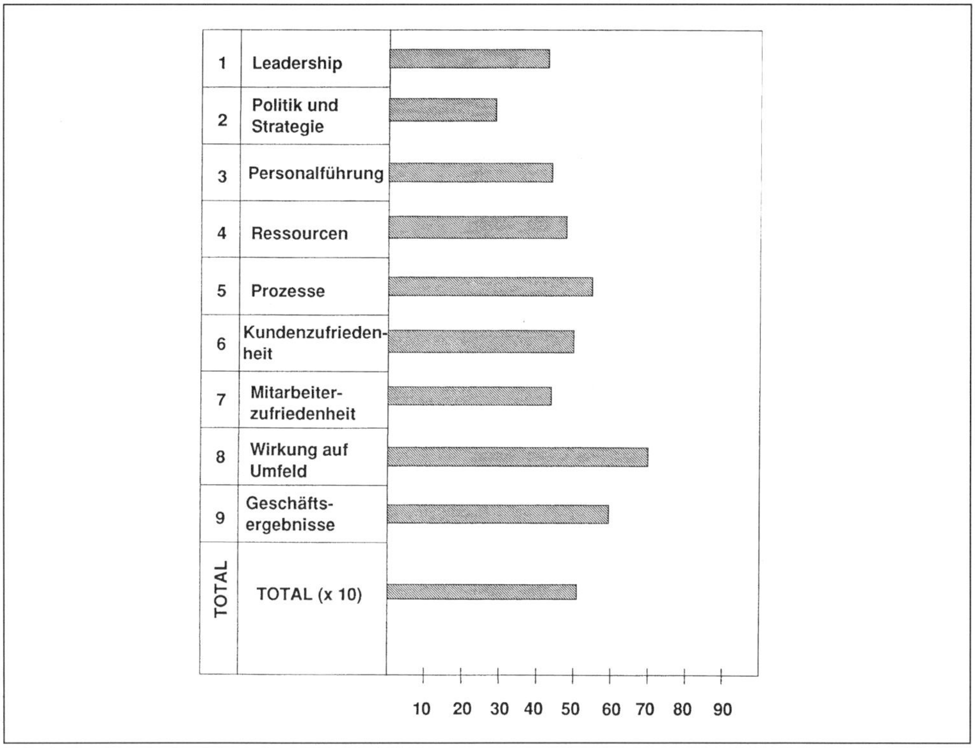

Abb. 9: »Assessment« nach dem EQA-Modell

Sollprofil erarbeitet worden. Unmittelbar ablesbar ist ein besonders großer Handlungsbedarf bei den Kriterien Fehlerbewußtsein und Kommunikation.

Die Erfassung des Istprofils und die Erarbeitung eines Sollprofils dient generell der Ermittlung des Handlungsbedarfes zur Ausbildung eines geeigneten Profils. Geschieht die Profilierung im Hinblick auf eine optimale Nutzung heutiger und künftiger Potentiale, so entsteht ein potentialkonformes Profil. In diesem Fall ist anzuraten, im Ablauf der Bewertung von den Potentialen und Prozessen auszugehen und die ermittelten Istergebnisse mit den zu erwartenden Sollergebnissen zu vergleichen. In Abbildung 11 ist dieser Ablauf von links nach rechts als potentialorientierte Bewertung bezeichnet. Conti[12] hat sich mit diesen Fragen intensiv auseinandergesetzt und dieses Vorgehen Konformitätsbeurteilung genannt, was meines Erachtens den Kern der Sache nicht richtig trifft.

Beim umgekehrten Vorgehen von rechts nach links analysiert man die vorliegenden Ergebnisse, legt die anzustrebenden Verbesserungen fest und ermittelt dann notwendige und mögliche Änderungen bei Prozessen und Potentialen, welche zum angestrebten Ziel führen könnten.

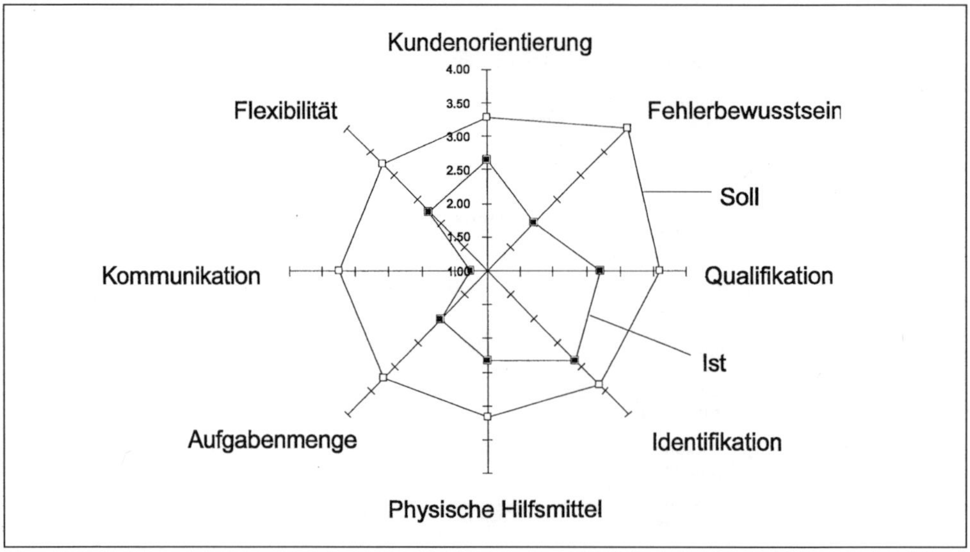

Abb. 10: Qualitätsfähigkeit einer Unternehmung

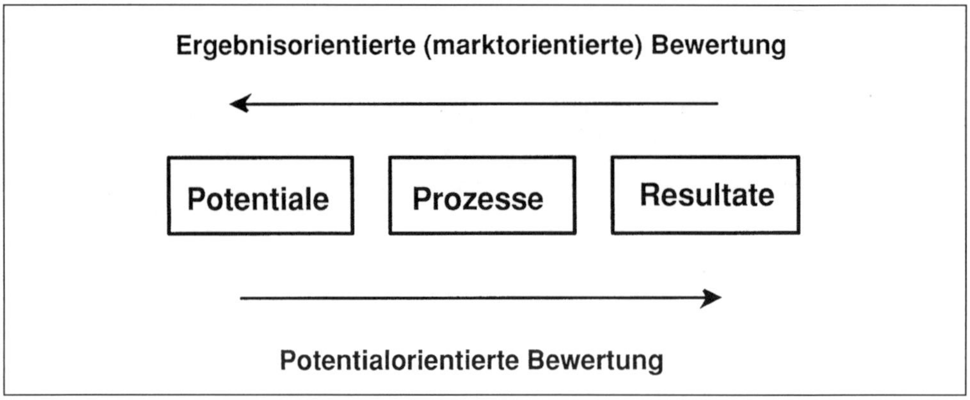

Abb. 11: »Assessments« unterschiedlicher Zielsetzung

Conti nennt dies »verbesserungsorientierte« Vorgehensweise. Ich möchte sie als ergebnisorientierte Profilfestlegung oder marktkonforme Profilfestlegung bezeichnen.

Bei internen und externen Wettbewerben wird angestrebt, die Punktzahl generell zu erhöhen, wobei es nicht darauf ankommt, in welchen Kategorien die zusätzlichen Punkte gewonnen werden. Aus diesem Grunde wird auch keine Rücksicht auf ein anzustrebendes Profil genommen. Vielmehr soll durch den sportlichen Wettbewerb zwischen unternehmenseigenen Bereichen die Bereitschaft zur Veränderung gefördert werden. IBM[13] und AT & T[14] haben unternehmensinterne Wettbewerbe eingeführt. Bei AT & T werden den teilnehmenden Unternehmensbereichen Awards in Aussicht gestellt, beginnend mit dem Crystal-Award beim Erreichen einer Gesamtpunktzahl von 501 und endend mit der höchsten Stufe des Diamond-Award bei über 900 Punkten.

Schon nach kurzer Zeit haben sich solche Assessments als wertvolles Instrument zur Planung und Zielsetzung und zur Bewertung von Systemen und Maßnahmen erwiesen. Dagegen sind nur wenige Berichte über den wirtschaftlichen Erfolg von TQM-Systemen veröffentlicht worden.

Das United States General Accounting Office hat 1991 eine Untersuchung von 20 Firmen veröffentlicht[15], wobei Firmen untersucht wurden, die in den Jahren 1988 und 1989 im Rahmen des nationalen Malcolm Baldrige Awards die höchsten Bewertungen erreicht haben. Der finanzielle Erfolg wurde von 15 der 20 Firmen mit insgesamt 40 Indikatoren ausgewiesen, welche sich auf den Marktanteil, den Umsatz pro Mitarbeiter, den Return on assets und den Return on sales bezogen. In 34 der 40 Fälle ergaben sich positive, in 6 Fällen negative Veränderungen. Die jährlichen Verbesserungsraten sind aus Abbildung 12 ersichtlich. Insgesamt stellt diese Untersuchung einen deutlichen Hinweis auf die positive Wirkung eines TQM-Konzeptes dar, obwohl nicht auszumachen ist, wie sich dieselben Firmen ohne ein solches Konzept verändert hätten. Über die finanziellen Resultate hinaus werden Wirkungen des TQMs in positiver Weise berichtet, beispielsweise verbesserte Mitarbeiterbeziehungen, höhere Produktequalität, niedrigere Kosten, bessere Einhaltung von Terminen, weniger Fehler, schnellerer Marktzutritt, höhere Kundenzufriedenheit, weniger Reklamationen und weniger Rücksendungen.

Eine neuere Untersuchung von Mitarbeitern der Firma Mc Kinsey[16] bezieht sich auf Zulieferanten der Automobilindustrie in Europa und Japan. Die 1994 publizierte Studie betrifft 141 Firmen. Davon sind 121 in Europa und 20 in Japan ansässig. Die untersuchten Firmen werden in vier Reifestufen (Kontrolle, Sicherung, Prävention, Perfektion) eingeteilt. Die Reifestufe Perfektion entspricht einem TQM-System.

Bezüglich der finanziellen Auswirkung werden Umsatzrendite und Umsatzwachstum beurteilt. Abbildung 13 zeigt, daß die in der Reifestufe 4 (Perfektion/TQM) angesiedelten Unternehmungen ein weitaus höheres Umsatzwachstum und eine wesentlich bessere Umsatzrendite aufweisen als die in den niedrigeren Reifestufen befindlichen Firmen.

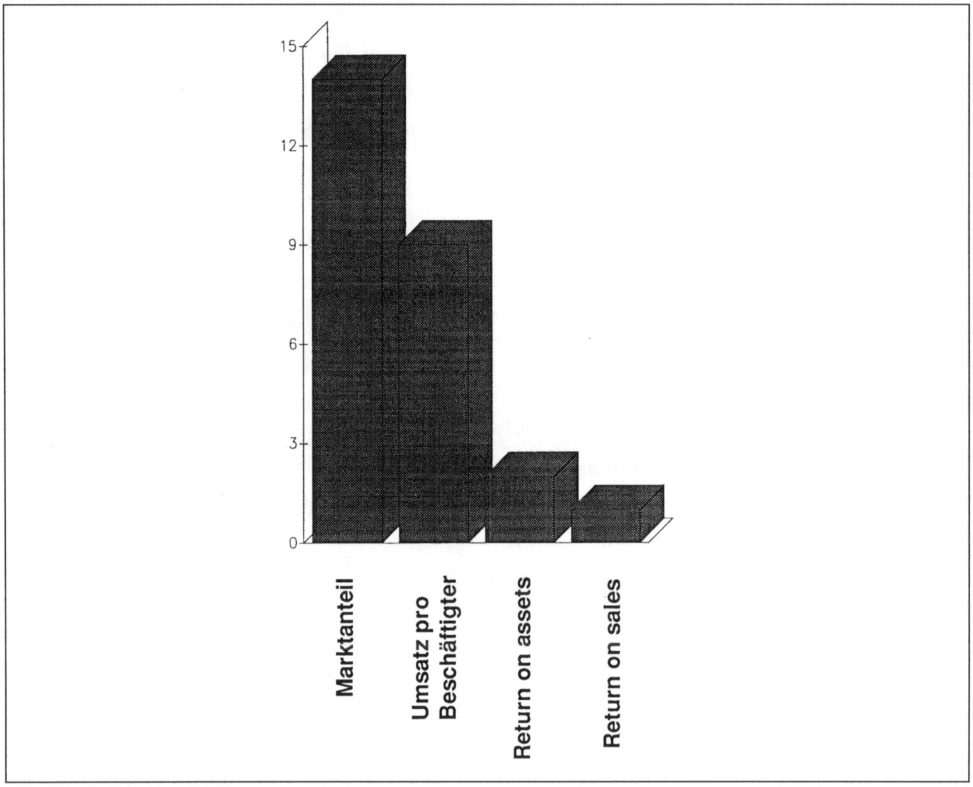

Abb. 12: Durchschnittliche prozentuale Verbesserung der Finanzindikatoren pro Jahr

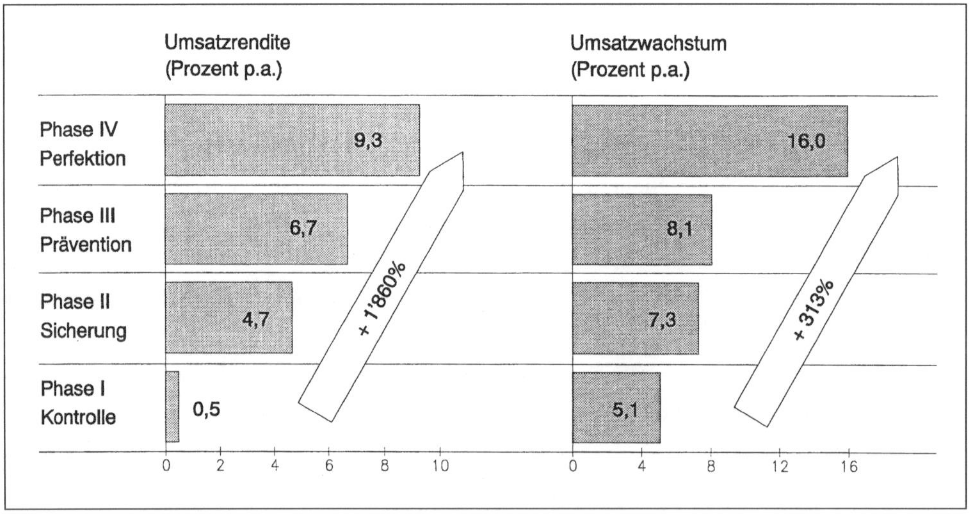

Abb. 13: Unternehmenserfolg nach Entwicklungsphasen, 1987–91

5. Zusammenfassung

TQM findet als Unternehmungsführungskonzept und als Vehikel für Veränderungen eine zunehmende Verbreitung. Voraussetzung für seine Anwendung ist ein umfassender Qualitätsbegriff, der sich nicht auf das Produkt beschränkt, sondern die gesamte Leistung, die Prozesse und die Potentiale der Unternehmung einbezieht.

Vom theoretischen Aufbau her ist TQM einfach, in seiner Umsetzung jedoch sehr anspruchsvoll. Es betrifft alle Funktionen, alle Führungsstufen und alle Mitarbeiter. Fast immer führt es zu einer Kulturänderung der Firma in Richtung ständigen Lernens und Verbesserns. Wegen der großen Schwierigkeiten in der Umsetzung scheitern Firmen in der Anwendung des Konzepts. Es ist deshalb empfehlenswert, beim Aufbau des Systems ein bewährtes Modell anzuwenden, beispielsweise die Modelle des Malcolm Baldrige National Quality Awards oder des European Quality Awards.

Der Wert eines Qualitätssystems kann durch die Qualitätskostenrechnung nicht nachgewiesen werden. Für die Bewertung werden daher »Assessments« durchgeführt. Indirekte Nachweise der finanziellen Erfolge sind zwar spärlich vorhanden, zeigen jedoch deutlich, daß Unternehmungen mit TQM-Systemen wirtschaftlich erfolgreicher sind als ihre Wettbewerber, die sich einfacherer Qualitätsführungskonzepte und -modelle bedienen.

Anmerkungen/Literaturverzeichnis

1 DIN ISO 8402, Qualitätsmanagement Begriffe, DIN Berlin 1994.

2 Seghezzi, H. D.: Konzepte, Strategien und Systeme qualitätsorientierter Unternehmen, in: Seghezzi, H. D./Hansen, J. R. (Hrsg.): Qualitätsstrategien. München/Wien 1993, S. 12.

3 Seghezzi, H. D.: Qualitätsmanagement, Bd. 10 ifb-Schriften. Stuttgart/Zürich, 1994, S. 65ff.

4 United States Department of Commerce, NIST; Malcolm Baldrige National Quality Award, Award Criteria 1994, 1994.

5 European Foundation for Quality Management: TQM – The European Model for Self-Appraisal 1994, EFQM Brüssel, 1993.

6 Nederlandse kwaliteit, Handleiding, Nederlandse kwaliteitsprijs 1993 en kwaliteitsonderscheiding. Haarlem 1993.

7 Oakland, J. S.: Total Quality Management. Butterworth-Heinemann Oxford, 2nd edition 1993.

8 Merli, G.: A Total Quality Self-Assessment Tool to plan the Development of a Company, in: EOQ-AICQ, The First European Forum on Quality Self-Assessment. Milano 1994, S. 141–158.

9 Wildemann, H.: Kosten- und Leistungsbeurteilung von Qualitätssicherungssystemen, in: ZfB 62 (1992), S. 761–782.

10 Fries, S.: Neuorientierung der Qualitätskostenrechnung in prozeßorientierten TQM-Unternehmen. Diss. Hochschule St. Gallen, 1994.

11 Seghezzi, H. D./Fries, S.: Zweckmäßige Fehlerkostenrechnung anstatt traditioneller Qualitätskostenrechnung, in: krp Kostenrechnungspraxis, im Druck.

12 Conti, T.: Time for a Critical Review on Quality Self-Assessment, in: EOQ-AICQ, The First European Forum on Quality Self-Assessment. Milano 1994, S. 169–180.

13 Benedetti G./Bertorelli G.: The IBM Market Driven Quality Assessment, in: EOQ-AICQ, The First European Forum on Quality Self-Assessment. Milano 1994, S. 99–108.

14 Fuchs, E./v. Hake Stutebeck, S.: The Use of Baldrige-Based Self-Assessment in AT & T, in: EOQ-ACQ, The First European Forum on Quality Self-Assessment. Milano 1994, S. 15–25.

15 US General Accounting Office, Management Practices – U.S. Companies Improve Performance Through Quality Efforts, GAO/NSIAD-91-190 Washington 1991.

16 Rommel, G./Kempis, R. D./Kaas, H. W.: Does quality pay?, in: Mc Kinsey Quarterly, No. 1, 1994, p. 51–63.

Produkt-/Preisstrategie und Target Costing

Michael Laker*

1. Bedeutung einer zielorientierten Produktpolitik

2. Charakteristika einer marktorientierten Produkt-, Preis- und Kostengestaltung

3. Die Zielgrößen
   3.1 Festlegung der Zielsegmente
   3.2 Bestimmung der Zielpositionierung in den Zielsegmenten
   3.3 Ermittlung der Kundenanforderungen, des Produktnutzens und der Preisbereitschaft
   3.4 Ermittlung der erzielbaren Absatzmengen, des Umsatzes und Gewinns

4. Enhanced Conjoint Measurement als Instrument zur Zielermittlung

5. Fazit und Zusammenfassung

Literaturverzeichnis

* Dr. *Michael Laker*, UNIC Strategy & Marketing Consultants GmbH, Bonn

1. Bedeutung einer zielorientierten Produktpolitik

In immer enger werdenden Märkten können sich immer weniger Unternehmen die traditionelle und manchmal liebgewonnene Vorgehensweise bei der Produkt- und Preisgestaltung erlauben. Diese war bisher vielfach gekennzeichnet durch

- die Konzeption von technologisch machbaren Produkten,
- eine Kostenpolitik, die erst zum Zeitpunkt der Produkteinführung die Produktkosten ausweisen konnte, und
- einer Preisbildung auf Kosten-Plus-Basis.

Die Folgen dieser Inside-out-Sicht haben manche Unternehmen schmerzlich zu spüren bekommen. So sprechen deutsche Maschinenbauunternehmen seit längerem vom technologischen Overkill und dadurch von Overcosts. So hat Porsche die Entwicklung des Porsche 989 eingestellt, als erkannt wurde, daß die Kosten 30% oberhalb des erzielbaren Marktpreises liegen würden. So sind die Ursachen für die anfänglichen Absatzschwierigkeiten der S-Klasse von Mercedes-Benz wesentlich darauf zurückzuführen, daß zwischen Umsetzung der Kundenanforderungen und dem geforderten Preis eine große Lücke klafft[6, 7].

Der Fokus in der künftigen Produkt-, Preis- und Kostenpolitik muß somit in einem radikalen und ganzheitlichen Outside-in-Vorgehen liegen. D.h. auf Basis der Kundenanforderungen und Preisbereitschaften sind funktionsübergreifend marktgerechte Produkte/Leistungen abzuleiten, die innerhalb des vom Markt akzeptierten Preis-/Kostenrahmens liegen. Dies ist der Grundgedanke des Target Costing.

Demzufolge wird der Erfolg in der künftigen Produkt-, Preis- und Kostenpolitik ganz entscheidend davon beeinflußt werden, wie zuverlässig die Vorgaben aus dem Markt ermittelt werden können. Da dieser zentrale Aspekt in bisherigen Ausführungen zum Target Costing jedoch nur am Rande dargestellt wird[2, 8, 9, 11, 12, 13], soll in diesem Beitrag der Schwerpunkt in der Darstellung auf einer in der Praxis vielfach bewährten Vorgehensweise zur zuverlässigen Ermittlung der Zielvorgaben liegen.

Der Aufbau des Beitrages ist wie folgt: Zunächst werden die wesentlichen Charakteristika einer marktorientierten Produkt-, Preis- und Kostengestaltung diskutiert, anschließend die Zielgrößen vorgestellt, um dann intensiver die Methode des Enhanced Conjoint Measurement als das zur Zeit beste Instrument zur Zielermittlung zu erläutern.

2. Charakteristika einer marktorientierten Produkt-, Preis- und Kostengestaltung

Die Charakteristika einer marktorientierten Produkt-, Preis- und Kostengestaltung werden treffend beschrieben durch[7]:

»Konzeption eines konsequent auf den Kunden ausgerichteten Produkt-/Leistungsangebotes innerhalb des vom Markt/Kunden akzeptierten Preisrahmens«.

Das traditionelle Vorgehen »Was wird ein Produkt kosten?« wird abgelöst durch die Fragestellung »Was darf ein Produkt kosten?«[12].

Dieser augenscheinlich kleine Unterschied ist jedoch von gravierender Bedeutung für die Umsetzung. Im Mittelpunkt stehen nicht mehr das technologisch Machbare – ohne Rücksicht auf die Kosten – sondern die gezielten Vorgaben aus dem Markt, d.h. die Anforderungen der Kunden, ihre Preisbereitschaften und daraus abgeleitet die Kostenvorgaben. Sowohl in der Produktplanung als auch in dem Kostenmanagement ist damit ein radikales Umdenken erforderlich: die Produktplanung und das Kostenmanagement bekommen klare Ziele gesetzt, innerhalb derer sie sich bewegen dürfen. Insofern haben wir es hier auch nicht mehr mit der traditionellen Kosten-Plus-Kalkulation, sondern mit einer Gewinn-Minus-Kalkulation zu tun. Ausgehend von dem von den Kunden gewünschten Produktkonzept wird der von ihm akzeptierte Preis ermittelt. Anschließend wird die angestrebte und vom Management vorgegebene Gewinnmarge abgezogen. Diese vom Markt erlaubten Kosten sind somit Vorgaben für die Produktplanung und nicht mehr ungewisses Resultat teurer Konstruktionsspielereien.

Der Erfolgshebel eines solchen Vorgehens ist dabei um so größer, je früher innerhalb der Produktplanung zuverlässige Zielvorgaben gemacht werden können. In den ersten Produktplanungsphasen bestehen auf der einen Seite sehr große Produktgestaltungs- und Produktänderungsmöglichkeiten, die nur mit geringen Kosten verbunden sind. Mit zunehmender Konkretisierung des Produktkonzeptes sind auf der anderen Seite Produktmodifikationen nur eingeschränkt und zu relativ hohen Kosten möglich. Deshalb sollten im Laufe der einzelnen Produktplanungsphasen die Zielvorgaben jeweils überprüft und das Produktkonzept adjustiert werden. Die Einsatznotwendigkeit einer marktorientierten Produkt-, Preis- und Kostengestaltung ist dabei nicht auf grundsätzliche Produktneukonzeptionen beschränkt, sondern sollte gleichermaßen auch bei Produktmodifikationen angewendet werden.

Die Realisierung einer derart umfassenden marktorientierten Produkt-, Preis- und Kostenstrategie erfordert einen funktionsübergreifenden ganzheitlichen Ansatz. Deshalb müssen sämtliche relevanten Unternehmensfunktionen (Vertrieb, Marketing, F & E, Produktion, Einkauf etc.) in einem Produktmanagementteam – neben den Kunden und Lieferanten – einbezogen werden. Die klassische Arbeitsteilung

- F & E gestaltet die Produkte,
- Vertrieb/Marketing legt den Preis fest,
- Controlling/Kostenrechnung ist für das buchhalterische Kostenrechnungssystem verantwortlich

hat bei der modernen Produktgestaltung ausgedient. Nur ein integratives und kompetentes Produktmanagementteam kann den gordischen Knoten »Erfüllung der Kundenanforderungen mit geringstmöglichen Kosten über innovative Problemlösungen entsprechend der Preisbereitschaft der Kunden« zerschlagen. Integration von Markt, Technik und Kosten heißt die künftige Devise und nicht »Intrigration« zwischen diesen Funktionen (vgl. Abbildung 1).

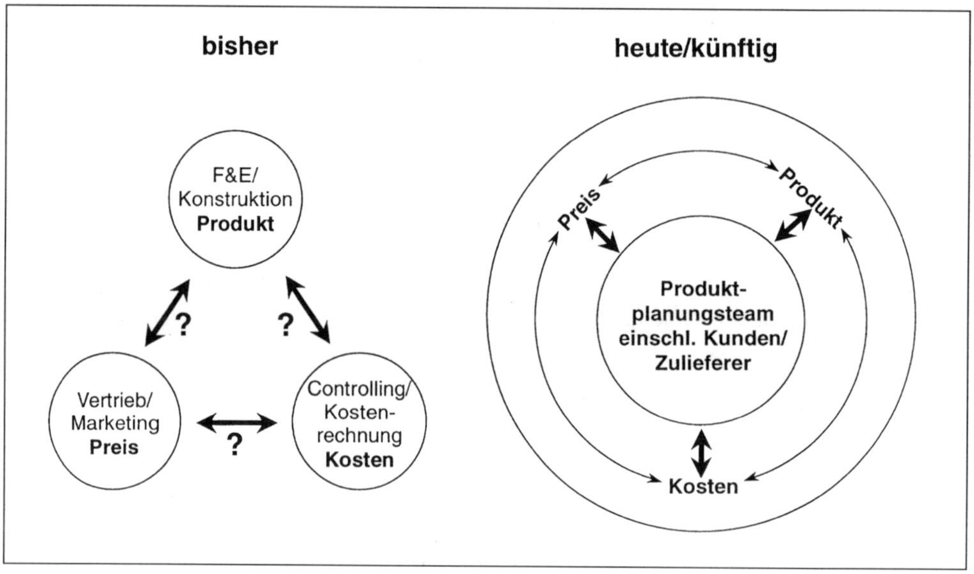

Abb. 1: Integrative Produkt-, Preis- und Kostengestaltung

Die Charakteristika einer marktorientierten Produkt-, Preis- und Kostengestaltung können somit wie folgt zusammengefaßt werden:

- markt-/kunden- und wettbewerbsorientiert,
- funktionsübergreifend,
- zeitlich umfassend im Produktlebenszyklus.

3. Die Zielgrößen

Zur conditio sine qua non für den Erfolg einer marktorientierten Produkt-, Preis- und Kostengestaltung wird die zuverlässige Bestimmung/Festlegung der Zielgrößen. Unzuverlässige Ziele münden in einem über mehrere Jahre hinweg nur schwer und kostenintensiv oder überhaupt nicht mehr zu korrigierenden Weg. Mit größter Sorgfalt muß deshalb ein strategisches Pflichtenheft erstellt werden, das sämtliche Elemente des im folgenden dargestellten »Zielkranzes« enthält[7].

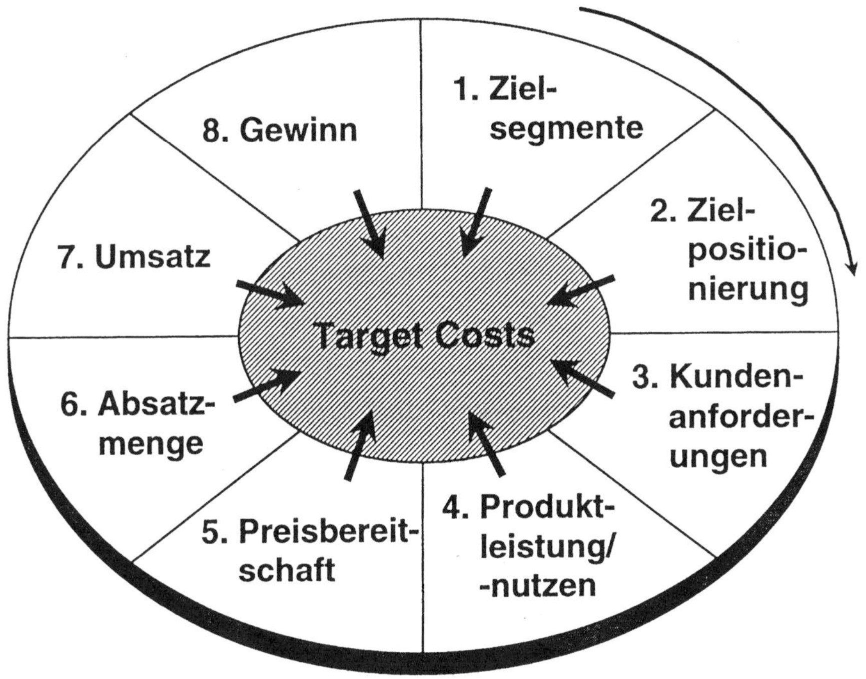

Abb. 2: Der »Zielkranz«

3.1 Festlegung der Zielsegmente

In einem ersten Schritt müssen die Zielsegmente für das neue Produkt klar abgegrenzt werden. Diese Abgrenzung umfaßt dabei sowohl Kundengruppen wie auch Einsatzgebiete und Regionen. Die Kunden in diesen verschiedenen Segmenten haben unterschiedliche Anforderungen und werden demzufolge nur bei der Erfüllung ihrer spezifischen Anforderungen bereit sein, etwas zu zahlen. Die Preisbereitschaften werden somit von Segment zu Segment auch bei dem

Angebot gleicher Leistungen variieren. Die spezifische und konzentrierte Ausrichtung auf Zielsegmente wird damit zu einer der entscheidenden Erfolgsdeterminanten überhaupt.

3.2 Bestimmung der Zielpositionierung in den Zielsegmenten

Die Positionierung eines Produktes bzw. einer Produktbaureihe muß im Gesamtkontext mit der generellen Strategie stehen: ein Unternehmen, das z.B. generell im hochqualitativen Bereich positioniert ist, wird ein einzelnes Produkt nicht im Low-end-Bereich plazieren, denn ansonsten wäre die klare Unternehmenspositionierung stark gefährdet. Darüber hinaus akzeptieren die Kunden vielfach nicht eine Produktpositionierung, die stark von der Unternehmensposition abweicht. Ein solches Auseinanderdriften von Produkt- und Unternehmenspositionierung dürfte die wesentliche Ursache für die Mißerfolge des Opel Senators oder des Audi V8 sein. Die technisch hervorragenden Autos sollten jeweils im High-end-Bereich positioniert werden, allerdings waren die Unternehmen nicht entsprechend positioniert. In die Bestimmung der jeweiligen Zielpositionierung müssen die Attraktivität der Zielsegmente, das Konkurrenzumfeld, die Anforderungen der tatsächlichen und potentiellen Kunden, die Preisbereitschaften und die eigenen Kompetenzen im Teilsegment berücksichtigt werden.

3.3 Ermittlung der Kundenanforderungen, des Produktnutzens und der Preisbereitschaft

Die dezidierte Ermittlung der Kundenanforderungen an das Produkt, den Service und den Preis nimmt innerhalb einer marktorientierten Produkt-, Preis- und Kostengestaltung die Schlüsselfunktion schlechthin ein. Deshalb müssen die Kunden an dieser Stelle intensiv in den Prozeß eingebunden werden. Die Kunden – aber auch die potentiellen Kunden – eines jeden Teilsegmentes sind nach ihren Prioritätensetzungen zu befragen. Konkret ist hier zu ermitteln, welchen Nutzen einzelne Produkteigenschaften aus Kundensicht liefern und welchen Preis sie dafür bereit sind zu zahlen. Wichtig in diesem Zusammenhang ist, daß der Kunde letztlich nicht an technischen Produktkomponenten interessiert ist, sondern an Eigenschaften, die ihm Nutzen stiften. Gerade im Bereich technischer Produkte beobachten wir sehr oft auf Herstellerseite ein Denken und Handeln in der Kategorie Produktkomponenten und technischer Detailausführungen statt in der Dimension kundennutzenrelevanter Produkteigenschaften. So hat z.B. ein Kunde eines Maschinenherstellers kein originäres Interesse an einer bestimmten elektronischen Steuerung, sondern allenfalls an den damit verbundenen Änderungen bei der Produktqualität, an geringerem Ausschuß etc.

Die direkte Befragung der Kunden nach ihrem Nutzen einzelner Produkteigenschaften und ihrer Preisbereitschaften würde allerdings zu wenig validen Ergebnissen führen. In dem nächsten Kapitel wird deshalb mit dem Enhanced Conjoint Measurement ein Verfahren vorgestellt, das es erlaubt, den Kunden auf intelligente und indirekte Weise in diesen Prozeß einzubeziehen.

3.4 Ermittlung der erzielbaren Absatzmengen, des Umsatzes und Gewinns

Neben den Vorgaben zu einzelnen Produktbestandteilen und zum Preis sind quantitative Ziele zur Absatzmenge, zum Umsatz und zum Gewinn erforderlich, um letztlich zu konkreten quantitativen Stückvorgaben zu gelangen.

Auch hier liefert die Methode des Enhanced Conjoint Measurement zuverlässig und aus dem Markt abgeleitete quantitative Zielvorgaben.

4. Enhanced Conjoint Measurement als Instrument zur Zielermittlung

Aus den bisherigen Ausführungen wird deutlich, daß in dem *strategischen Pflichtenheft* dezidierte und zuverlässige Antworten auf folgende Fragen enthalten sein müssen:

- Wie wichtig sind bestimmte Produkteigenschaften und der Preis aus Kundensicht? Welcher Nutzen ist mit einer bestimmten Produkteigenschaft und dem Preis verbunden?
- Durch welche Veränderungen kann das Produkt am stärksten verbessert werden?
- Wie wird unser heutiges Produkt/das Referenzprodukt aus Kundensicht bewertet, d.h. welchen Nutzen liefert es bei den einzelnen Produkteigenschaften?
- Welche Änderungen in der Preisbereitschaft korrespondieren mit Leistungsänderungen bei einzelnen Produkteigenschaften?
- Was sind zusätzliche Produkteigenschaften in Geldeinheiten wert?
- Welche Konfiguration liefert ein kundennutzen- und deckungsbeitragsoptimales Produkt?
- Wo liegt der Optimalpreis für das Gesamtprodukt?
- Welcher Absatz, Marktanteil, Umsatz und damit auch welcher Gewinn lassen sich bei dem optimalen Preis realisieren?

Die Antworten auf diese strategisch wichtigen Fragestellungen gibt das Enhanced Conjoint Measurement. Beim Conjoint Measurement handelt es sich um eine indirekte Befragungstechnik, die schon in der Befragung Notebook-gestützt eingesetzt werden kann. Diese sogenannte Computer-Interviewing-Methode hat den Vorteil, daß individuelle Befragungsdesigns konzipiert werden können, da in die Fragestellungen bereits gegebene Antworten einfließen können.

Die *Grundkonzeption der Conjoint Measurement-Technik* ist relativ einfach:

Dem Kunden werden auf dem Bildschirm zwei verschiedene tatsächliche oder noch nicht existierende Gesamtproduktprofile präsentiert, zwischen denen er sich entsprechend seiner Präferenz entscheiden muß. Dabei gibt es jedesmal einen Trade-off, z.B. hohe Qualität zu relativ hohem Preis versus mittlere Qualität zu relativ geringem Preis (vergleiche Abbildung 3 als stark vereinfachtes Beispiel aus dem Druckmaschinenbereich). Durch Variation der Einzelmerkmale und ihrer Ausprägungen sowie des Preises ist es möglich, auf indirektem Wege die Einzelbedeutungen der Merkmale mit hoher Validität zu bestimmen. Der Vorteil dieser indirekten Befragungstechnik liegt auf der Hand, denn auf direkte Fragen wie »Was sind Sie bereit für dieses Produkt zu zahlen?« wird man nur höchst unzuverlässige Antworten bekommen.

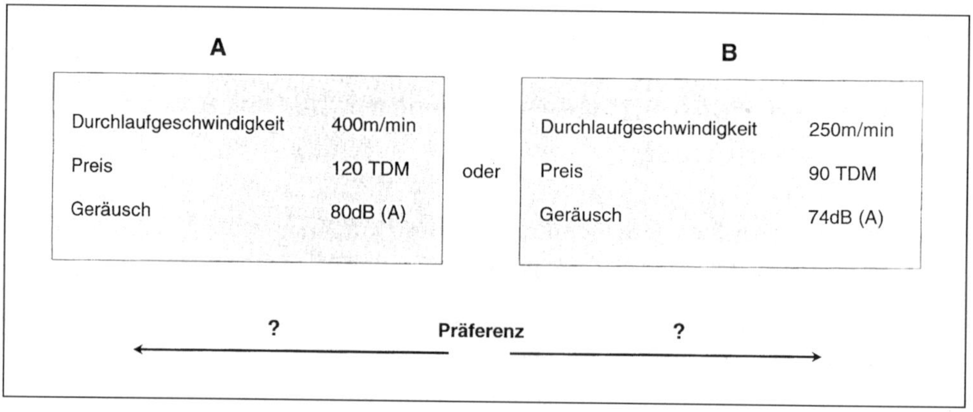

Abb. 3: Der Conjoint-Measurement-Paarvergleich

Unmittelbares Ergebnis einer solchen Conjoint-Measurement-Befragung sind die sogenannten Nutzenfunktionen. In Abbildung 4 ist beispielhaft eine Nutzenfunktion aus dem Bereich des Maschinenbaus für das Merkmal »Verfügbarkeit in der Produktion« wiedergegeben.

Anhand des Beispiels wird folgendes deutlich:

- Mit zunehmender Leistungssteigerung nimmt der Nutzen nur unterproportional zu.
- Somit sind nichtlineare Zusammenhänge zwischen Leistungssteigerung und Nutzenzunahme erfaßbar.
- Objektiv harte Daten können subjektiven Kundenwahrnehmungen zugeordnet werden. So entspricht im Beispiel eine Verfügbarkeit in der Produktion von 93% einem mittleren Wert

- Zoordnung von
  - objektiven/harten Daten
  - subjektiven Kundenwahrnehmungen
- Leistungszuordnung von Referenzprodukten (sowohl für eigene wie auch Konkurrenzprodukte möglich) bei jedem Merkmal.
- Beispiel: Verfügbarkeit in der Produktion

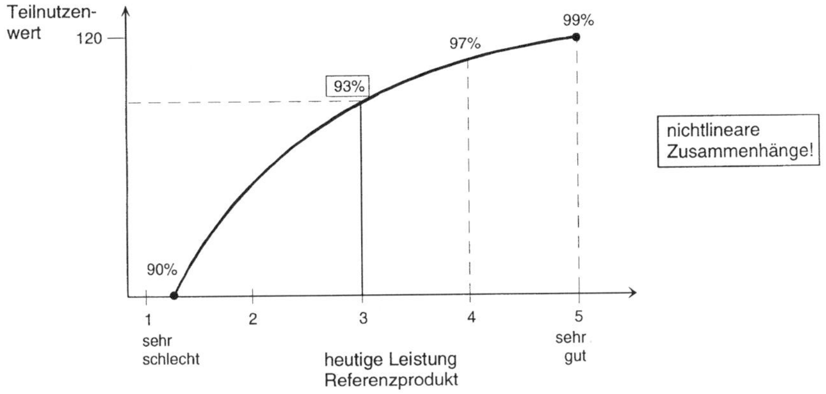

Abb. 4: Die Nutzenfunktion

auf der Wahrnehmungsskala und eine Verfügbarkeit von 97% einer guten wahrgenommenen Leistung.

Analog können Nutzenwerte für sämtliche im Markt befindlichen Produkte – d.h. eigene und Konkurrenzprodukte – ermittelt werden. Damit ist es möglich, die Stärken und Schwächen der einzelnen Produkte aus Kundensicht zu ermitteln (kunden- und konkurrenzbezogenes Benchmarking).

Unmittelbar erlauben die angegebenen Nutzenwerte nur relative Aussagen und darüber hinaus noch keine Aussagen zum Preis. Da aber der Preis Bestandteil einer solchen Conjoint-Measurement-Analyse sein muß, kann auch das Merkmal Preis auf der gleichen Nutzenskala dargestellt werden. Durch Gegenüberstellung der Leistungsmerkmale mit dem Merkmal Preis liefert das Enhanced Conjoint Measurement somit auch Aussagen zu Preisänderungen, die mit Leistungsänderungen verbunden sind. In der Abbildung 5 ist dies wiederum exemplarisch für das Merkmal Verfügbarkeit in der Produktion wiedergegeben.

In dem Beispiel wurde das heutige Produkt mit einer mittleren Leistung bzw. mit 93% bei Verfügbarkeit in der Produktion von den Kunden bewertet. Der zusätzliche Mehrpreis, der mit

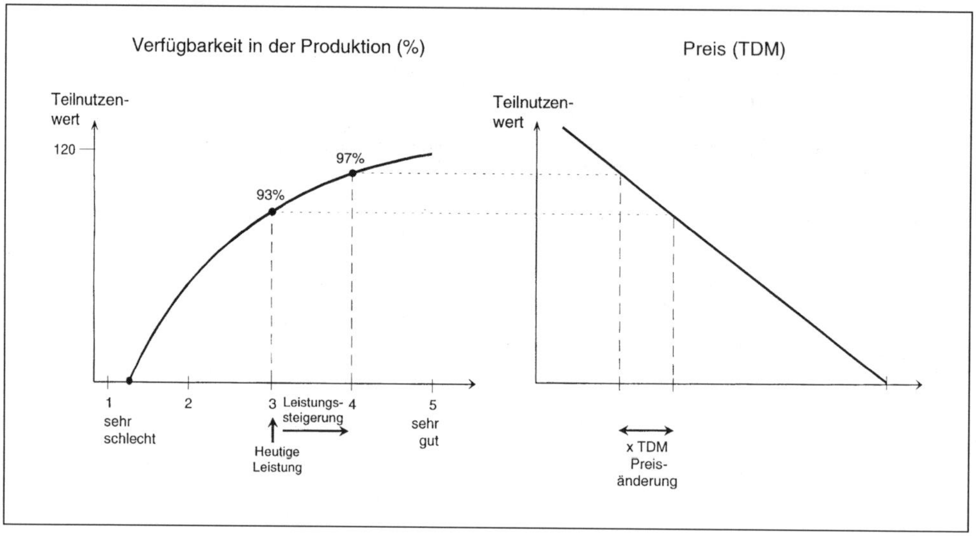

Abb. 5: Preisbereitschaften für Leistungsänderungen

einer Leistungssteigerung von 93 auf 97% verbunden wäre, kann direkt durch Ablesen auf der Nutzenfunktion für den Preis ermittelt werden. Analog lassen sich für sämtliche andere Merkmale die Preisbereitschaften für Leistungsänderungen ermitteln.

Die Abbildung 6 zeigt für den Automobilbereich, welche Mehrpreise für 5%-ige Leistungssteigerungen bei den kundennutzenrelevanten Eigenschaften – differenziert nach verschiedenen Autotypen/Segmenten – erzielt werden können.

	Typ 1	**Typ 2**	**Typ 3**	**Typ 4**
Betriebskosten	282,-	524,-	576,-	657,-
Umweltverträglichkeit	312,-	623,-	656,-	1230,-
Laufruhe	154,-	487,-	597,-	1154,-
Innengeräusche	178,-	546,-	643,-	1315,-
Beschleunigung	134,-	382,-	467,-	1179,-
Elastizität	163,-	433,-	518,-	1153,-
Höchstgeschwindigkeit	90,-	256,-	307,-	571,-

Abb. 6: Mehrpreise bei 5%igen Leistungssteigerungen (Automobilmotoren)

Damit stellen sich in der Folge zwei ganz entscheidende Fragen:

(1) Bei welchen Merkmalen soll gegenüber der heutigen Konzeption geändert werden?
(2) In welchem Ausmaß (Verbesserung oder sogar Verschlechterung) soll das Referenzprodukt modifiziert werden?

Die Empfehlung lautet hier, gezielte Leistungssteigerungen bei den überdurchschnittlich wichtigen Merkmalen auf einem Niveau durchzuführen, daß um ca. 20–30% (abhängig von der Branche und der Wettbewerbsintensität) über dem des heutigen Leistungsführers liegt und gleichzeitig Leistungsänderungen bei den unterdurchschnittlich wichtigen Merkmalen auf ein konkurrenzdurchschnittliches Niveau.

Die Umsetzung dieser Empfehlung erfolgt über die sogenannte Wettbewerbsvorteilsmatrix In der Wettbewerbsvorteilsmatrix sind die Wichtigkeit der einzelnen Merkmale aus Kundensicht und die relative Leistung pro Merkmal, gemessen am jeweils stärksten Wettbewerber, wiedergegeben. Die Abbildung 7 verdeutlicht dies für das Beispiel aus dem Druckmaschinenbereich.

So sollte z.B. die Verfügbarkeit in der Produktion von heute 93% auf 98% gesteigert werden. Damit würde ceteris paribus ein Mehrpreis aufgrund der Gegenüberstellung von Leistungsänderungen und Preisbereitschaftsänderungen entsprechend Abbildung 5 von ca. 10.000,— DM korrespondieren. Auf der anderen Seite sollte die maximale Durchlaufgeschwindigkeit von

Wettbewerbsvorteilsmatrix

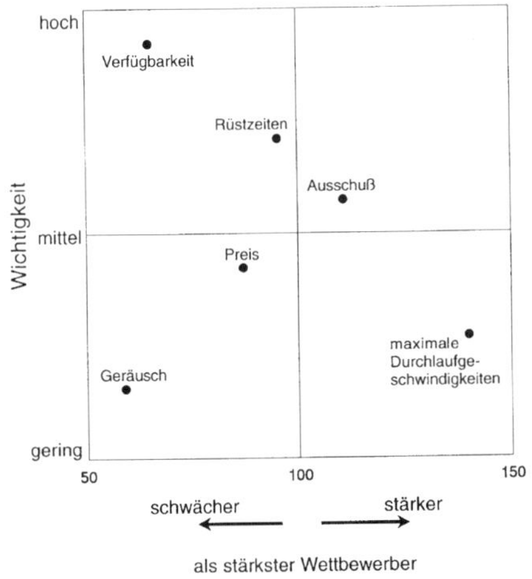

- Gezielte Verbesserungen bei der Verfügbarkeit von heute 93% auf 98% (korrespondierender Mehrpreis ca. 10.000,- DM).
- Gezielte Verbesserung bei Rüstzeiten von heute 1h auf 0,5h (korrespondierender Mehrpreis ca. 2.000,- DM).
- Reduktion der maximalen Durchlaufgeschwindigkeiten von 350m/min auf 300m/min (korrespondierender **Minder**preis ca. 4.000,- DM).
- Keine Leistungsänderungen bei den anderen Merkmalen.

Abb. 7: Art und Ausmaß der Leistungsänderungen

derzeit 350 Meter pro Minute auf 300 Meter pro Minute gesenkt werden. Damit wäre ein *Minder*preis von ca. 4.000,— DM verbunden. In ähnlicher Weise wird bei den anderen kundennutzenrelevanten Eigenschaften verfahren.

Da die Summe dieser ceteris-paribus-Preisbereitschaftsänderungen insbesondere bei konkaven Nutzenfunktionen nicht mit der Preisbereitschaftsänderung für das gesamte Produkt übereinstimmen wird, schließen sich Simulationen an, in denen sowohl der umsatzoptimale – und damit auch deckungsbeitragsoptimale – Gesamtpreis wie auch die in sich konsistenten Preisbereitschaftsänderungen für einzelne Leistungsmerkmale ermittelt werden.

Die grundsätzlichen Stufen dieser Simulationsrechnungen sind wie folgt:

(1) Über ein Simulationsmodell werden die Teilnutzenfunktionen für das Referenzprodukt überführt in eine Preis-Absatz-Funktion. Die Preis-Absatz-Funktion beschreibt, welche Absatzmengen bei alternativen Preisen am Markt realisiert werden können.

(2) Für die über die Wettbewerbsvorteilsmatrix gewonnene neue Produktkonfiguration wird der umsatz – und damit gewinn- sowie nutzenoptimale Preis auf Basis der ermittelten Preis-Absatz-Funktion und Renditevorgabe vom Management bestimmt. Umsatz- und Gewinnoptimum fallen zusammen, da durch die Renditevorgabe Umsatz und Gewinn in einem linearen Verhältnis stehen.

(3) Die Preisunterschiede, die sich einmal aus dem optimalen Gesamtpreis und zum anderen durch die Addition der Preisbereitschaftsänderungen ergeben, werden entsprechend des Ausmaßes der Leistungsänderungen auf die einzelnen Merkmale verteilt.

Im Ergebnis führen diese Simulationsrechnungen damit sowohl zu einer nutzen- und dekkungsbeitragsoptimalen Produktkonfiguration wie auch zu einem in sich konsistenten System von Einzelpreisbereitschaftsänderungen und optimalem Gesamtpreis. In der folgenden Abbildung 8 sind für das Beispiel die Preis-Absatz-Funktion sowie auch die Gewinn-Umsatz-Funktion wiedergegeben. Bei dem Optimalpreis von 113.000,— DM werden insgesamt 160 Maschinen pro Jahr abgesetzt und Umsatzerlöse in Höhe von 18,1 Mio. DM erzielt. Bei einem angenommenen Zielgewinn von 15% pro Stück erhalten wir damit Target Costs in Höhe von 96.000,— DM für das Gesamtprodukt. Analog können für jedes einzelne Merkmal auf diesem Wege die Zielkosten ermittelt werden.

Im Gesamtergebnis führt dieses Procedere zu einem aus dem Markt abgeleiteten Pflichtenheft für das Produktkonzept wie auch zu nicht zu überschreitenden Kostenvorgaben für jedes Produktmerkmal. Dieses Enhanced-Conjoint-Measurement-Verfahren integriert damit auf sehr intelligente Weise den Kundennutzen, die Wettbewerbssituation und die bestehenden Marktstrukturen. Die Anwendung dieses Verfahrens setzt allerdings ein hohes Erfahrungspotential sowohl hinsichtlich der Methodik als auch der Unternehmens-/Branchenkenntnis voraus. Die-

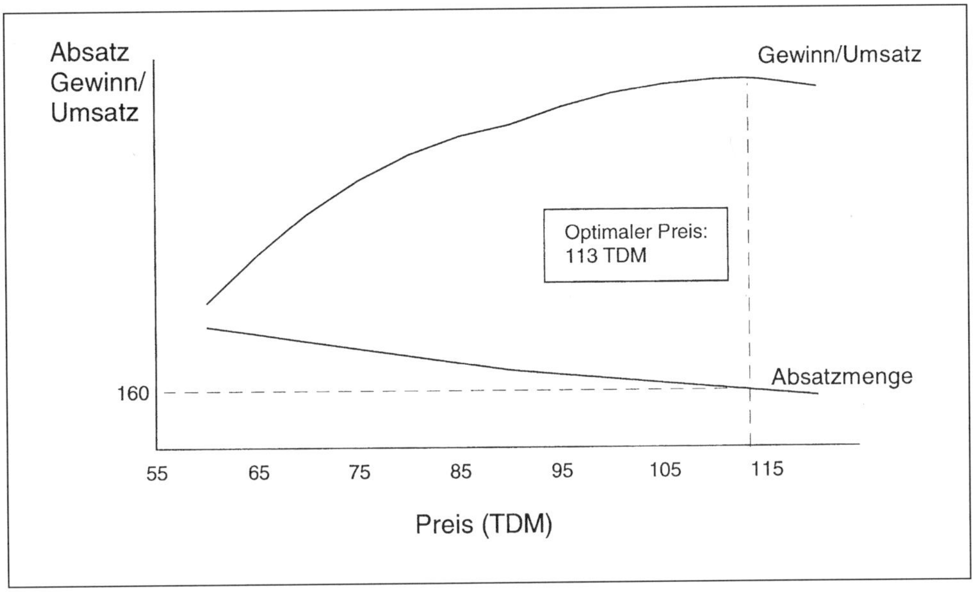

Abb. 8: Preis, Absatzmenge und Gewinn-/Umsatzoptimum

se Kenntnisse müssen intensiv in das Befragungsdesign wie auch in die Analyse der Befragungsergebnisse einfließen. Vor einer standardmäßigen Anwendung des Verfahrens kann nur gewarnt werden.

5. Fazit und Zusammenfassung

Eine marktorientierte Produkt-, Preis- und Kostengestaltung erfordert die Abkehr vom traditionellen Inside-out hin zum massiven Outside-in. Dabei muß die klassische Arbeitsteilung zwischen den verschiedenen Unternehmensfunktionen überwunden werden. Nur ein integratives, funktionsübergreifend zusammengesetztes Produktmanagementteam kann diese Aufgabe bewältigen. Die Ablösung des traditionellen Vorgehens »Was wird ein Produkt kosten?« durch »Was darf ein Produkt kosten?« erfordert ein Höchstmaß an Zuverlässigkeit bei der Ermittlung der Ziele. In diesen Zielfindungsprozeß müssen die Kunden explizit einbezogen werden, und zwar in einem sehr frühen Stadium und auf intelligente Weise. Das zur Zeit beste Verfahren zur zuverlässigen Zielermittlung ist ein weiterentwickeltes Conjoint-Measurement-Verfahren, das sogenannte Enhanced Conjoint Measurement. Das in diesem Beitrag vorgestellte und vielfach erprobte Verfahren basiert sowohl auf einer kundennutzenoptimalen wie auch deckungsbeitrags-/bzw. umsatzoptimalen Produkt- und Preisgestaltung vor dem Hintergrund der bestehenden Wettbewerbs- und Marktstrukturen.

Literaturverzeichnis

1 Horváth, P. (Hrsg.): Target Costing, Stuttgart (1993).
2 Horváth, P./Seidenschwarz W.: Die Methodik des Zielkostenmanagements, Forschungsbericht Nr. 33 des Lehrstuhls für Controlling der Universität Stuttgart (1992).
3 IFUA, Horváth & Partner (Hrsg.): Prozeßkostenmanagement, München (1991).
4 Kucher, E./Simon, H.: Conjoint Measurement – Durchbruch bei der Preisentscheidung, in: Harvardmanager 3 (1987).
5 Laker, M.: Integriertes Management – homogen denken und handeln –, in: Harvardmanager 3 (1992), S. 59–66.
6 Laker, M.: Pricing im Maschinen-/Anlagenbau, in: Thexis 1 (1992).
7 Laker, M.: Target Pricing als zentrale Erfolgsdeterminante für das Target Costing, in: Scheer, A. W. (Hrsg.): Rechnungswesen und EDV, 14. Saarbrücker Arbeitstagung, Heidelberg (1993).
8 Pfeffer, W./Weiß, E.: Lean Management – Grundlagen der Führung und Organisation industrieller Unternehmen, Berlin (1992).
9 Sakurai, M.: Target Costing and How to Use it, in: Journal of Cost Management, 3 (1989), S. 39–50.
10 Sakurai, M.: The Influence of Factory Automation on Management Accounting Practices: A Study of Japanese Companies, in: Kaplan, R. S. (Hrsg.): Measures for Manufactoring Excellence, Boston (1990).
11 Seidenschwarz, W.: Target Costing – Marktorientiertes Zielkostenmanagement, München (1993).
12 Seidenschwarz, W.: Target Costing – Ein japanischer Ansatz für das Kostenmanagement, in: Controlling, 4 (1991), S. 198–203.
13 Seidenschwarz, W.: Target Costing und Prozeßkostenmanagement, in: IFUA Horváth & Partner , (Hrsg.): Prozeßkostenmanagement, München (1991).
14 Simon, H.: Preismanagement-Theorie, Strategie, Umsetzung, Wiesbaden (1992).
15 Worthy, F. S.: Japan's Smart Secret Weapon, in: Fortune 8 (1991).

Marktorientiertes Kostenmanagement – Erfahrungen im Hause Siemens

Hannes Sill*

1. Ziele marktorientierten Kostenmanagements bei Siemens

2. Organisatorische Vorarbeiten

3. Installation eines funktionalen Controlling

4. Target Costing im marktorientierten Kostenmanagement

5. Prozeß(-kosten)-management im marktorientierten Kostenmanagement

6. Ausblick

Literaturverzeichnis

* Dipl.-Kfm. *Hannes Sill*, Siemens AG, München

1. Ziele marktorientierten Kostenmanagements bei Siemens

Unser Ziel ist es, im Rahmen des Projekts »Marktorientiertes Kostenmanagement«,

- das Management am Markt auszurichten,
- Kosten so frühzeitig wie möglich zu beeinflussen,
- die im Unternehmen ablaufenden Prozesse hinsichtlich ihrer Performance permanent zu verbessern und
- das Kostenmanagement wieder möglichst einfach und verständlich für die Anwender vor Ort zu gestalten (vgl. Seeberg/Seidenschwarz 1993, S. 156).

Die Schrittfolge für den Umsetzungsprozeß eines marktorientierten Kostenmanagements im Hause Siemens verdeutlicht dabei Abbildung 1. Die Anwendung und Verbreitung marktorientierten Kostenmanagements bedurfte

1. organisatorischer Vorarbeiten und wurde
2. durch die Installation eines funktionalen Controlling begleitet und unterstützt.

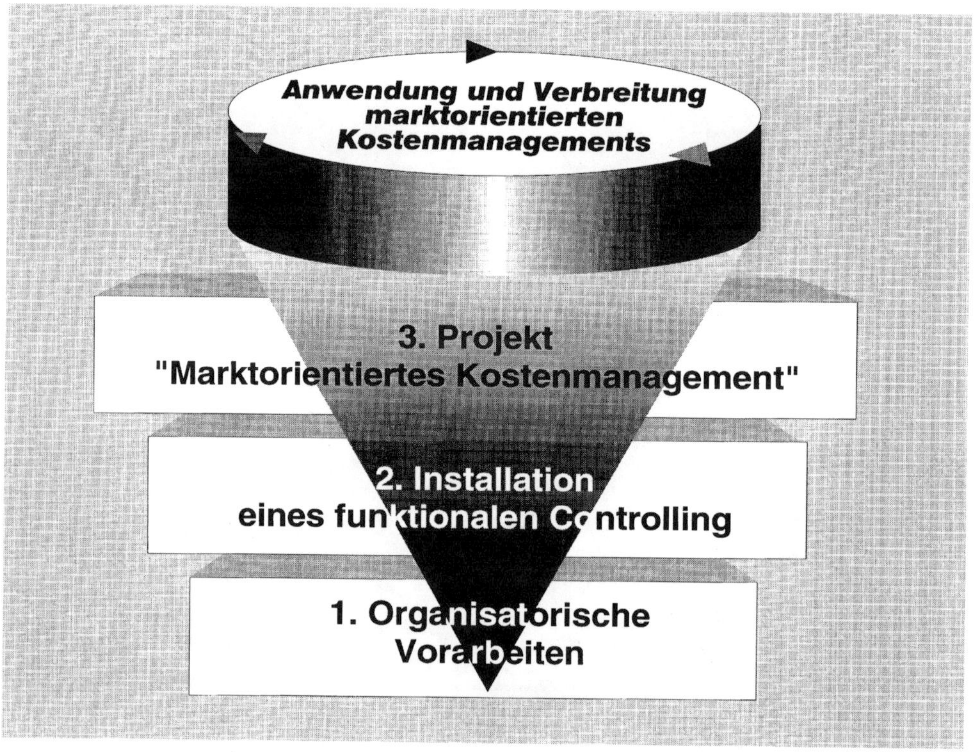

Abb. 1: Der Weg zum marktorientierten Kostenmanagement bei Siemens

Nach diesen Vorarbeiten dient

3. das Projekt »Marktorientiertes Kostenmanagement« der unternehmensweiten Verbreitung der noch anzusprechenden Ansätze.

Diese 3 Punkte entsprechen gleichzeitig der Gliederung der nachfolgenden Darstellung.

2. Organisatorische Vorarbeiten

Ein marktnahes Management erfordert eine marktnahe Organisation. In einer umfassenden Reorganisation wurde unser Haus deshalb 1989 stark vertikalisiert und in kleinere, marktnahe Einheiten untergliedert. Vertikalisierte Geschäftseinheiten sind dabei solche, die von der Entwicklung bis zum Vertrieb für ihr Geschäft eigenverantwortlich sind. Die wesentlichen Prinzipien der Reorganisation waren und sind:

1. das Grundprinzip der Entscheidungskompetenz, des one man/one business-Gedankens,
2. das Grundprinzip des Ressourcenzugriffs, d.h. die Durchsetzbarkeit der Geschäftspolitik in den Funktionen und
3. das Grundprinzip flacher Hierarchien zur Sicherstellung schneller Prozesse.

Das Ergebnis der Reorganisation ist unsere heutige Unternehmensstruktur, wie sie aus Abbildung 2 ersichtlich ist. Die Bereichsebene kann weiter in ca. 80 Geschäftsgebiete und in ca. 300 Geschäftsfelder untergliedert werden. Die einzelnen Geschäftsfelder sorgen für die notwendige Marktnähe und die unmittelbare Marktausrichtung. Die Reorganisation hat bewirkt, daß unser Fokus heute auf vertikalisierten, verkleinerten Einheiten mit eigenständiger Marktverantwortung liegt.

Zusätzlich werden diese Einheiten über sogenannte TOP-Projekte, d.h. permanente Restrukturierungsprojekte mit der Betonung auf der Zeit- und Qualitätsoptimierung von Prozessen, permanent in bezug auf ihre Wettbewerbsfähigkeit hin unterstützt. Derartige »Schlankheitskuren« dienen der Erhaltung oder dem Wiedergewinn wettbewerbsfähiger Strukturen und sollen den noch nicht flächendeckend eingetretenen Wandel beschleunigen.

Die noch anzusprechenden Kostenmanagementansätze sollen zukünftig derartige Restrukturierungsaktivitäten selbst initiieren und steuern.

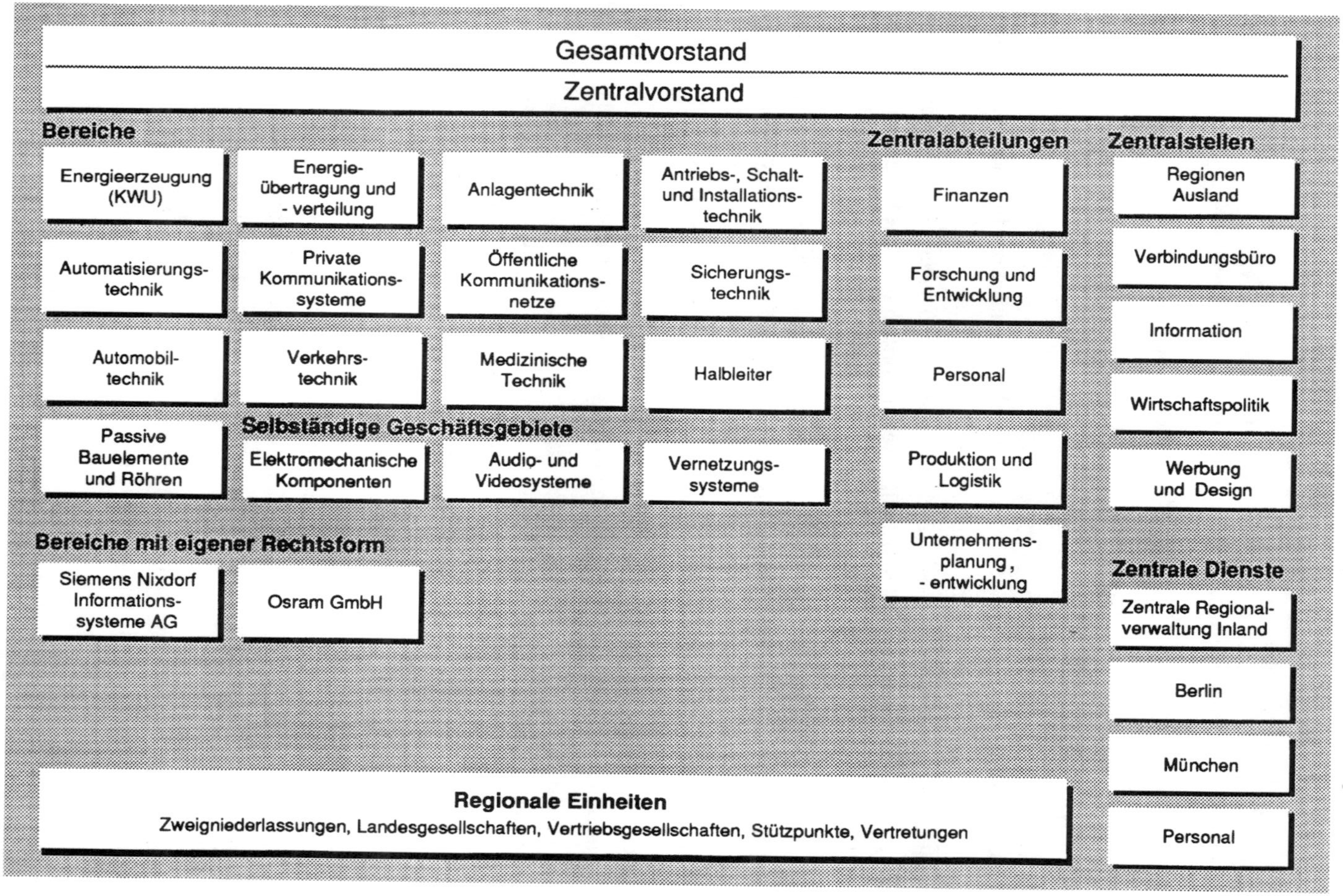

Abb. 2: Organisationsstruktur Siemens

3. Installation eines funktionalen Controlling

Mit Beginn des Geschäftsjahres 1992/93 haben wir auch unser Rechnungswesen in einigen wesentlichen Punkten reformiert. Hierüber hat bereits Dr. Ziegler aus unserem Hause im Rahmen der Schmalenbach-Tagung am 27. April 1993 in Neuss ausführlich referiert (siehe dazu auch in ausführlicher Form Ziegler 1994, S. 175ff.). Ziel war es, ein integriertes führungsorientiertes Rechnungswesen zu schaffen, das auf eine weitgehende Übereinstimmung zwischen externer Gewinn- und Verlustrechnung und interner Ergebnisrechnung abzielt.

So ist Siemens vom produktionsorientierten Gesamtkostenverfahren auf das mehr marktorientierte Umsatzkostenverfahren übergegangen und übernimmt die GuV im Umsatzkostenverfahren auch für die interne Berichterstattung. Hierüber werden eine verstärkte Markt- und Produktorientierung erreicht und über die Ermittlung des Ressourcenverbrauchs hinaus auch Aussagen gewonnen, für was Ressourcen in Anspruch genommen werden. Des weiteren ergibt sich eine größere internationale Vergleichbarkeit.

Die GuV im Umsatzkostenverfahren ist das zentrale Informations- und Steuerungsinstrument und hat damit die über 20 Jahre »betriebswirtschaftlich angereicherte« Wirtschaftsrechnung als interne Ergebnisrechnung abgelöst. Sie gliedert die Aufwendungen nach den großen betrieblichen Funktionen, wie Abbildung 3 verdeutlicht. Dies sind die Herstellung als Hauptbestandteil der Umsatzkosten, die F&E, der Vertrieb und die allgemeine Verwaltung, die jeweils absolut und im Verhältnis zum Umsatz dargestellt werden. In einer internen Fassung enthält die GuV zusätzlich als Zwischensumme das operative Ergebnis als Aussage über den wirtschaftlichen Erfolg der im Berichtszeitraum realisierten Geschäfte. Das operative Ergebnis unterscheidet sich vom Handelsbilanzergebnis dadurch, daß kein Finanzergebnis enthalten ist und kalkulatorische Zinsen für das gebundene Vermögen belastet werden. Außerdem werden Ergebniswirkungen aus dem Imparitätsprinzip eliminiert, die zu einem gewissen Grad immer subjektiv und situationsabhängig sind und beobachtbar zu einem Ergebnisglättungseffekt führen.

Die Einführung des Umsatzkostenverfahrens und das hierüber ermöglichte funktionale Controlling ist nach unserem Verständnis der erste Schritt zu einem verstärkten Marktbezug, dem die Einführung eines marktorientierten Kostenmanagements folgen muß. Der Ausgangspunkt ist hier der Umsatz, also das, was vom Kunden zu bekommen ist. Wenn das gewünschte Ergebnis abgezogen wird, zeigt sich unmittelbar, was für die betrieblichen Funktionen aufgewendet werden darf. Die Abbildung 3 illustriert, daß jede Änderung im Anteil einer betrieblichen Funktion nur zu Lasten oder zu Gunsten einer anderen betrieblichen Funktion oder des Ergebnisses möglich ist. Insofern sind zur Zielerreichung stets Abstimmungsprozesse zwischen den Funktionsverantwortlichen erforderlich. Das funktionale Controlling läßt sich nach funktionalen Verantwortlichkeiten aufspalten und schafft klare Verantwortungsbereiche. Es eignet sich außerdem besonders für die neue Organisationsstruktur mit den vertikalisierten Geschäftseinheiten.

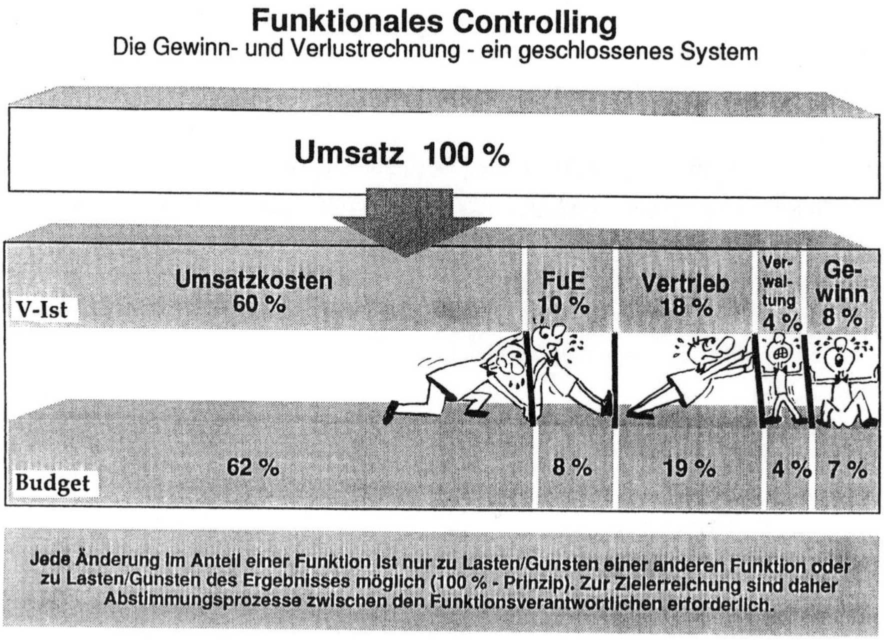

Abb. 3: Funktionales Controlling

Abbildung 4 zeigt die Integration von funktionalem Controlling und Target Costing (vgl. Seeberg/Seidenschwarz 1993, S. 160ff.). So dürfte bereits angeklungen sein, daß das funktionale Controlling mit dem 100%-Prinzip durchaus gedankliche Ansätze des Target Costing – sprich der Markt bestimmt den Preis – in den Budgetierungs- und Berichterstattungsprozeß transformiert.

Das funktionale Controlling ist eine periodenbezogene Ergebnisrechnung für Geschäftseinheiten. Dagegen steht das Target Costing für ein zukunftsbezogenes proaktives Kostenmanagement auf Produktebene. Die vertikalisierten und verkleinerten Organisationseinheiten und die Definition von Geschäftsprozessen in den Geschäftsgebieten und -zweigen legen die Basis für ein Prozeßkostenmanagement. Dessen Steuerung übernimmt das Target Costing. Nach unserer Sicht kann ein Prozeßkostenmanagement die Schnittstelle zwischen den Funktionskosten, d.h. Ist-Kosten oder Budget, und den Zielkosten ausfüllen. Prozeßkosten sorgen hier für

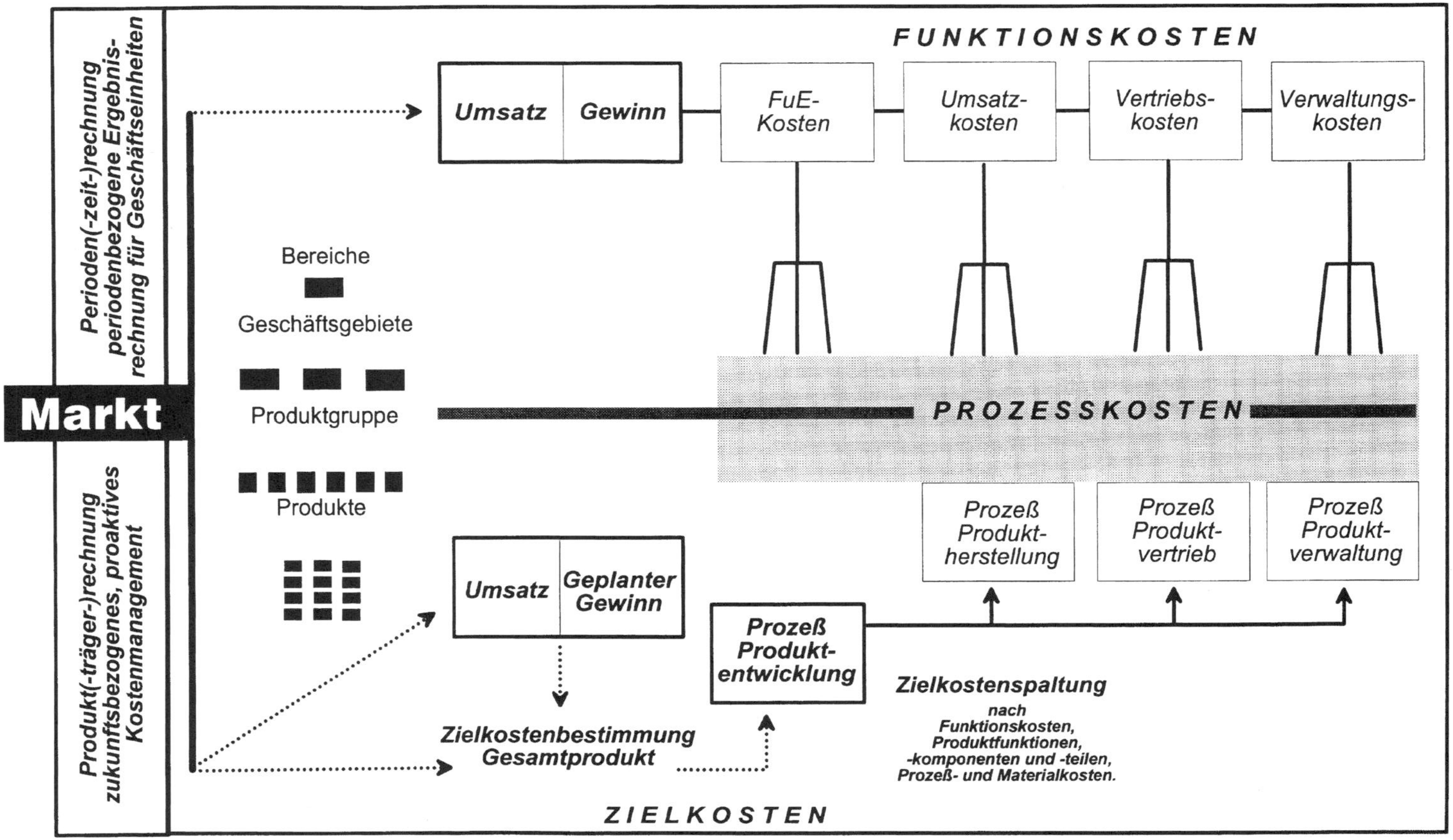

Abb. 4: Integration von funktionalem Controlling und marktorientiertem Kostenmanagement
(Quelle: Seeberg/Seidenschwarz 1993, S. 160)

die notwendige Transparenz der Ist-Strukturen und ermöglichen hierüber die notwendige Prozeßgestaltung, insbesondere auch in indirekten Bereichen.

Mit diesem integrierten System entsteht die Möglichkeit, bereits aus dem externen Rechnungswesen heraus die Voraussetzungen für eine durchgängige Marktorientierung im Rechnungswesen und im Kostenmanagement zu schaffen.

4. Target Costing im marktorientierten Kostenmanagement

Target Costing bildet den Kern unseres marktorientierten Kostenmanagements und basiert auf dem Ansatz des marktorientierten Zielkostenmanagements nach Seidenschwarz (vgl. Seidenschwarz 1993a, S. 1ff.), der sich heute auch zunehmend im Unternehmen etabliert. Entsprechend führt das Target Costing auch zu einer strategischen Neuorientierung und einem Wandel in der Managementphilosophie, der sich in einer strikten Produktlebenszyklusorientierung in bezug auf Zielkosten, d.h. den vom Markt erlaubten Kosten, Zielqualität, d.h. den Kundenwünschen und der technischen Qualität, und den Zeitzielen niederschlägt.

Im Vordergrund steht beim Target Costing die Marktorientierung und die frühzeitige Kostenbeeinflussung im Rahmen der Produkt- und Prozeßentwicklung. Die Zielkostenermittlung auf Gesamtproduktebene ergibt sich aus dem über den Produktlebenszyklus prognostizierten Umsatzvolumen abzüglich des produktanteilig geplanten Gewinns. Im Rahmen der Zielkostenspaltung werden die für das Gesamtprodukt ermittelten Zielkosten in Abhängigkeit der zu ermittelnden Kundenwünsche auf Produktfunktionen, -komponenten, -teile und Prozesse heruntergebrochen. Die Maßnahmen zur Zielkostenerreichung sind vor allem in

1. konstruktiven Maßnahmen,
2. der Prozeßentwicklung und
3. der Zuliefererintegration zu suchen.

Die Sicherstellung der Zielkostenerreichung erfolgt durch ein bereits in der Phase der Produktplanung beginnendes intensives Kostenforechecking von Material- und Prozeßkosten. Dabei besteht zwischen der Zielkostenspaltung, den Maßnahmen zur Zielkostenerreichung und dem Kostenforechecking ein enger Regelkreis über kurze Feedbackzyklen.

Über die methodischen Facetten hinaus, auf die im Rahmen dieses Vortrags nicht weiter einzugehen ist, sind einige Punkte besonders hervorzuheben:

- Es gibt keine Kostenbereiche mehr, die als nicht-beeinflußbar gelten. Das Target Costing bezieht deshalb zunehmend auch die bewußte Kostengestaltung für indirekte Funktionsbereiche mit ein. Die Kostentreiber- und Prozeßsichtweise etabliert sich über alle betrieblichen Funktionen hinweg.

- Die Zielkostenspaltung gilt in vielen Fällen heute als Handwerk. Früher konnte man es sich oft nicht vorstellen, Zielkosten bis auf Teileebene umfassend herunterzubrechen, beispielsweise für 6.000 Bauteile in einem Geschäftsgebiet. In einem solchen Target-Costing-Prozeß geht die Funktion des Kalkulierens im Sinne des Kostenforechecking zunehmend auf die Konstrukteure über. Das Controlling steuert verstärkt über Zielkosten für Produktfunktionen, -komponenten, -teile und -prozesse.

- Strategische und marktforschungstechnische Aspekte gewinnen durch das Target Costing wesentlich an Bedeutung. Funktionskostenmatrizen, Quality Function Deployment und Zielkostenkontrolldiagramme sind im Target Costing heute Standardwerkzeuge.

- Der Target-Costing-Prozeß fordert zur ständigen Hinterfragung der vorhandenen Abläufe und Performance heraus und führt deshalb in nicht wenigen Fällen zu einem Process Reengineering.

In der Praxis zeigt sich eine zunehmende Hinwendung zum Target Costing, vor allem in den Geschäftsgebieten, in denen der Marktdruck besonders deutlich zu spüren ist. Derzeit befindet sich das Target Costing im Hause Siemens noch überwiegend in der Projektphase, und ein durchgängiger Target-Costing-Prozeß findet sich nur in Ausnahmefällen. Trotz der gewollt einfachen Grundidee ist zu konstatieren, daß die konsequente Umsetzung des Target Costing schwierig ist. Gründe hierfür sind:

- eine überwiegend durch Tradition geprägte Kultur,
- ein unzureichender Vollzug der strategischen Ausrichtung,
- eine inkonsequente Produktlebenszykluspositionierung,
- eine mangelnde Transparenz, sowohl der internen Prozesse als auch der externen Unternehmensumwelt, d.h. der Kunden, der Wettbewerber und der Zulieferer,
- der Umstand, daß die vom Markt erlaubten Kosten üblicherweise anspruchsvoll sind, wobei vor allem im Kostenbereich in der Vergangenheit erhebliche Versäumnisse zu beklagen sind,
- Konflikte aus der interdisziplinären Teamorganisation beim Target Costing mit der bestehenden funktionalen Organisationsstruktur,
- der Einsatz in notleidenden Crash-Projekten mit dem Zwang zu kurzfristigen Ergebnisverbesserungen, obwohl das Target Costing eher auf langfristige Ergebniswirkungen abzielt,
- die mangelnde Bereitschaft zu einem umfassenden Reengineering,
- eine mangelnde Kostenkultur,

- der Umstand, daß der Target-Costing-Prozeß in seiner Durchgängigkeit durchaus komplex ist sowie
- die Akzessorietät zu Qualitäts- und Zeitzielen.

Abb. 5: Typische Umsetzungshürden im Target Costing
(nach Seidenschwarz 1994a, S. 74ff.)

Solche Umsetzungsprobleme gilt es unserer Meinung nach zu erkennen, kennzeichnen sie doch zu einem Großteil unsere strukturellen Probleme. Erst ihre Kenntnis erlaubt es, sie auch zu lösen. Damit dürfte der umfassende Charakter des Target Costing, der einen Management-Ansatz darstellt, deutlich werden. Die umfassende Einführung und die Verinnerlichung des dazugehörigen Gedankenguts kann jedoch nur ein langfristiger Vorgang sein. Dabei geht unser Haus davon aus, daß ohne ein funktionierendes Target Costing heutzutage kein Unternehmen mehr auf Dauer in einem wettbewerbsintensiven Markt bestehen kann (vgl. Seeberg/Seidenschwarz 1993, S. 165).

Während das Target Costing der Marktausrichtung dient, sehen wir im Benchmarking vor allem den Marktvergleich. Im Rahmen der Positionierung eigener Aktivitäten, der Übernahme im Markt bereits vorhandener Lösungsansätze oder auch der Überprüfung des eigenen Target-Costing-Prozesses kommt hier dem Benchmarking eine unterstützende Funktion zu.

So kann beispielsweise gerade zu Beginn eines neuen Target-Costing-Projekts ein Product-Reverse-Engineering im Fertigungsbereich einer erforderlichen Standortbestimmung dienen und als ein Augenöffner wirken. Hier lassen sich dann vor allem ein Überangebot an Produktfunktionen mit einem Hinweis auf eine allgemeine Marketingschwäche sowie ein Over-Engineering mit einem Hinweis auf eine allgemeine Konstruktionsschwäche ableiten.

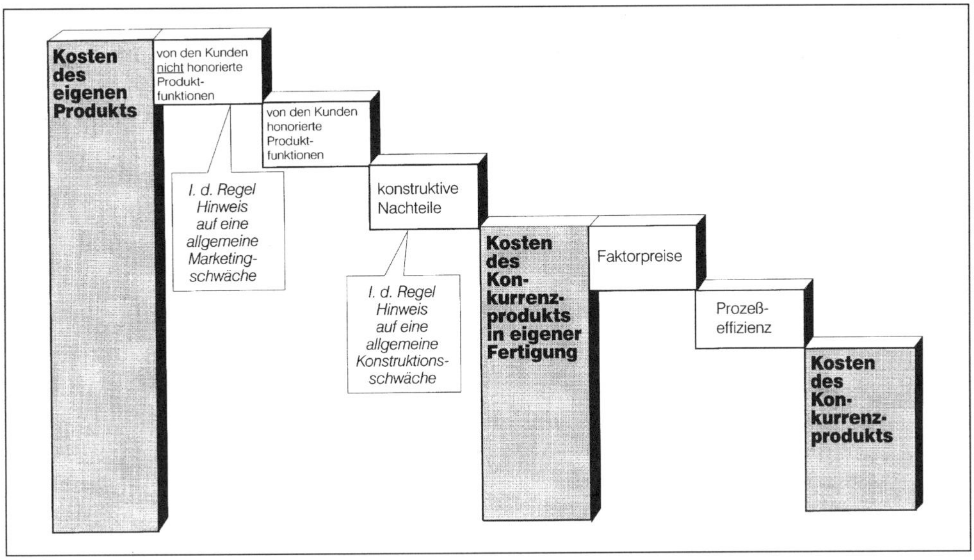

Abb. 6: Product Reverse Engineering
(Quelle: Seidenschwarz 1994b, S. 167)

Eine ähnlich unterstützende Wirkung kann ein Prozeßbenchmarking für ein Prozeßkostenmanagement haben.

Einige Beispielfälle zum Target Costing im Hause Siemens gingen ja bereits durch die Presse. Einer dieser Fälle ist aus dem Geschäftsbereich Medizintechnik der Siemens AG und war eine vom Target Costing begleitete Entwicklung eines Computertomographen im Low-End-Segment (vgl. Burkhardt 1994, S. 94ff.).

Abbildung 7 verdeutlicht die Ausgangssituation. Mit Hilfe eines Product Reverse Engineering wurde ein scheinbar desillusionierender Produktkostennachteil von nahezu 50% zu einem japanischen Low-End-Anbieter ermittelt, der sich jeweils zu einem Viertel aus:

- vom Kunden nicht honorierten Produktfunktionen,
- einem Over-Engineering,
- höheren Faktorkosten und
- einer geringeren Prozeßeffizienz zusammensetzte.

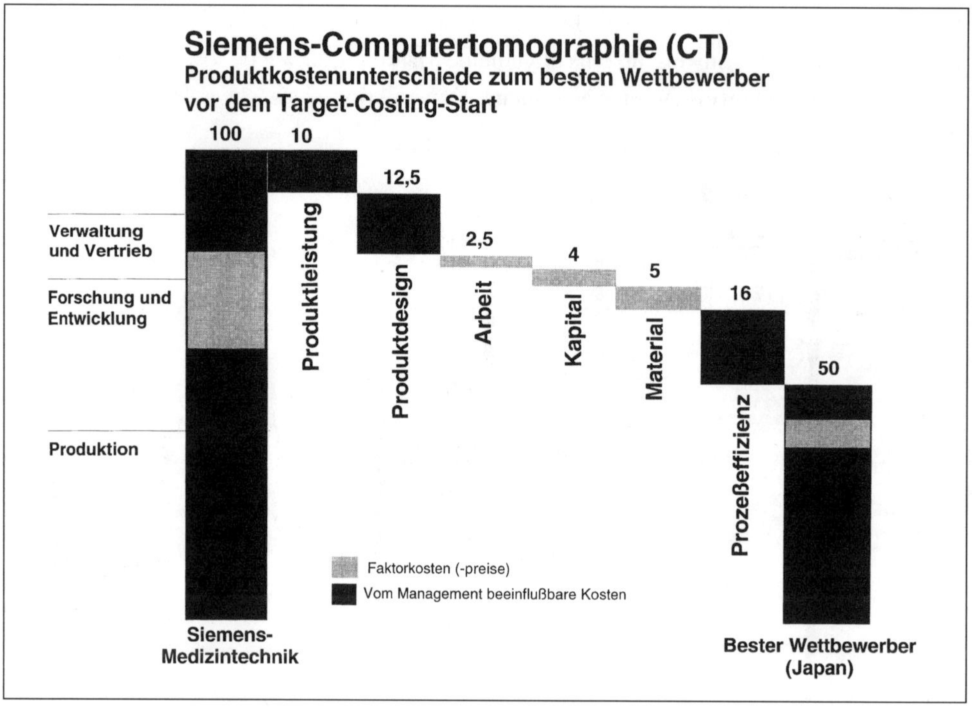

Abb. 7: Product Reverse Engineering im Fall Computertomographie

Seit Juli 1991 ist nun die neue Low-End-Generation auf dem Markt, die diesen 50%-igen Kostennachteil aufgeholt hat und zusätzlich noch vom Siemens-High-Tech-Image profitiert. Wohlgemerkt, sie kostet nur noch halb soviel wie das Vorgängerprodukt. Ohne den Einsatz von Target Costing wäre dieser Produktivitätssprung nicht erreichbar gewesen.

Ohne hier auf Einzelheiten des durchgeführten Target-Costing-Prozesses eingehen zu können, ist zu sagen, daß die Kostenreduktionsschritte nur durch die Dekomposition des Computertomographen in kundenseitige Produktmerkmale, technische Produktfunktionen, Komponenten und Bauteile ermöglicht wurde. Ein interdisziplinär zusammengesetztes Kernteam hat auf dieser Basis ganz konkret die Kosten geknetet und festgeschnürt. Die Transformation des Kundenwunsches in eine technische Produktfunktion bedarf einer Interpretation. Was versteht der Kunde beispielsweise unter einer »guten Routinebildqualität«? Reicht hier beim Meßsystem eine kostengünstige Niederkontrastauflösung, weil der Kunde nur ein Geschwür als solches erkennen will, oder wird eine teure Hochkontrastauflösung benötigt, weil der Kunde auch die angrenzenden Knochenstrukturen erkennen möchte? Da kleinere Krankenhäuser und Arztpraxen in diesem Fall unsere Kunden sind, die Patienten nach dem Erkennen einer Krankheit sowieso zum Spezialisten schicken und aufgrund ihrer knappen Budgets maximal ein Low-

End-Gerät anschaffen werden, fällt die Entscheidung hier für ein Meßsystem mit Niederkontrastauflösung (vgl. dazu ausführlicher auch die Darstellungen bei Seidenschwarz 1993, S. 238ff. und Burkhardt 1994, S. 94ff.).

5. Prozeß(-kosten)-management im marktorientierten Kostenmanagement

Das Prozeßkostenmanagement bildet den zweiten Kern marktorientierten Kostenmanagements. Seine Sichtweise geht heute weit über die Methodik der Prozeßkostenrechnung hinaus und erlebt im Sinne des Prozeßkostenmanagements – und vor allem aus der neuen Sichtweise des Target Costing heraus – eine Renaissance. Daß die Prozeßkostenrechnung und das Prozeßkostenmanagement für die Unternehmenspraxis heute von besonderer Bedeutung sind, ist nicht mehr anzuzweifeln.

Grundsätzlich läßt sich das Prozeßkostenmanagement in drei Arten unterscheiden:

- Die Prozeßgestaltung dient dem Aufbau von Prozessen und deren Einbettung in vorhandene Prozeßstrukturen. Hier übernimmt das Target Costing eine Steuerungsfunktion.
- Die Prozeßbereinigung erfolgt aus dem Prozeßbenchmarking heraus. Durch sie werden vorhandene Prozesse wieder wettbewerbsfähig gemacht und nicht wertschöpfungsbezogene Prozesse eliminiert.
- Sowohl die Prozeßgestaltung als auch die Prozeßbereinigung sollten sodann in eine kontinuierliche Prozeßverbesserung einphasen.

Dabei nimmt die Kostenbeeinflußbarkeit von der Prozeßgestaltung über die Prozeßbereinigung bis hin zur kontinuierlichen Prozeßverbesserung ständig ab. Während im Rahmen der Prozeßgestaltung und -bereinigung primär Prozeßkosten als Steuerungsinstrument dienen, erscheint uns für die Prozeßverbesserung zunehmend der Einsatz nicht-wertmäßiger Steuerungsgrößen zur Vor-Ort-Steuerung sinnvoll.

Im Rahmen der kontinuierlichen Prozeßverbesserung geht die Prozeßverantwortung zunehmend auf die Kostenbeeinflusser vor Ort über. Auch die bereitgestellten Prozeßinformationen müssen sich dabei dem Wirtschaftlichkeitsprinzip unterwerfen. Daher macht es Sinn, solche vorhandenen nicht-wertmäßigen Steuerungsgrößen anwendungsnah ausfindig zu machen,

- die für die Kostenbeeinflusser vor Ort leicht verständlich sind, da sie in nicht-aggregierter Form keiner Interpretation bedürfen, und
- damit auch leicht und schnell in Vor-Ort-Ziele und Maßnahmen zur Kostenbeeinflussung umsetzbar sind.

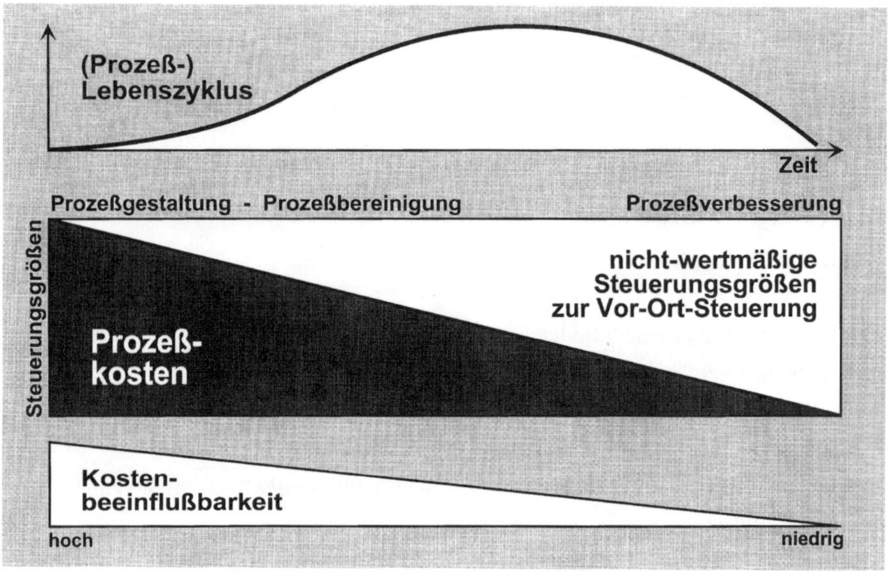

Abb. 8: Prozeßkostenmanagement im Zeitablauf

Dabei ist davon auszugehen, daß zunehmend schnellere und fehlerfreie Prozesse automatisch auch zu verringerten Prozeßkosten führen, sofern es sich um zumindest bereinigte und damit wettbewerbsfähige Prozesse handelt und sofern der Steuerungsmechanismus mit nicht-wertmäßigen Steuerungsgrößen den Ausführenden vor Ort bekannt gemacht und von ihnen akzeptiert wird. Die klassischen Kostenberichte vor Ort sind dann um entsprechende Informationen hinsichtlich der relevanten Kosteneinflußfaktoren zu ergänzen.

Derartige nicht-wertmäßige Steuerungsgrößen sehen wir in Zeitgrößen, wie der Fertigungsdurchlaufzeit, Werkzeugstandzeiten oder Reaktionszeiten und in Mengen- und Qualitätsgrößen, wie der Anzahl technischer Änderungen, der Anzahl von Fehlermeldungen, den Mehraufwandsmeldungen, dem Ausschuß, der Anzahl nachbearbeiteter Stücke, der Anzahl der Retouren oder dem Gewährleistungsaufwand.

Drei Punkte erscheinen uns für das Prozeß*kosten*management von besonderer Bedeutung:

- Alle Kosten eines Unternehmens lassen sich letztendlich in Material- und Prozeßkosten klassifizieren (vgl. Seidenschwarz 1993b, S. 45).
- Für die produktfernen Bereiche werden die Zurechnungsspannen zunehmend geringer werden. Das Kostenmanagement wird hier intensiviert werden müssen. Die Kostenbeein-

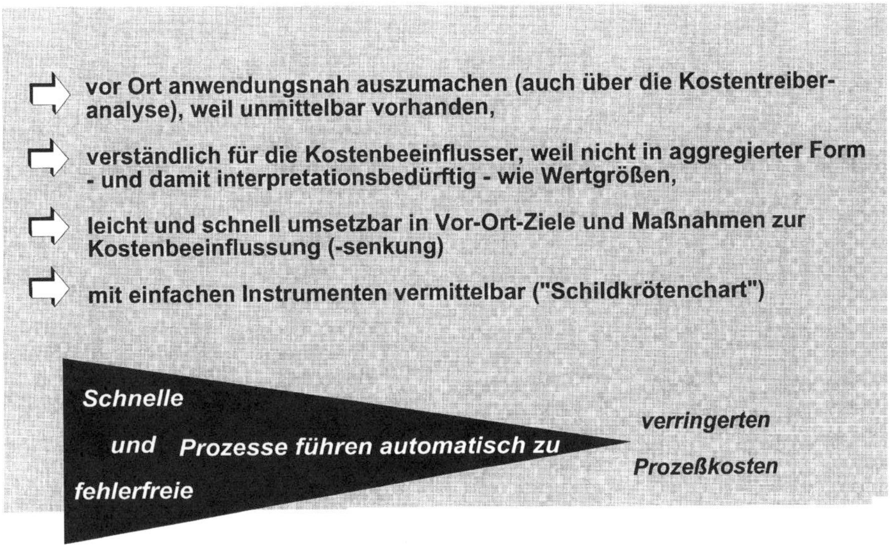

Abb. 9: Nicht-wertmäßige Steuerungsgrößen im Prozeßkostenmanagement
(Quelle: Seidenschwarz 1993b, S. 50)

flussung wird hier vor allem über den zunehmenden Einsatz von Prozeßbenchmarks erfolgen, die sich auch auf so »typische Gemeinkostenaufgaben« wie die Anlagenverwaltung oder ähnliches beziehen lassen.

- Das Prozeßkostenmanagement erfordert wie gesagt nicht immer eine Prozeßkostenrechnung. An vielen Stellen läßt sich deshalb auf ausführender Ebene auch vermehrt ein Controlling über nicht-wertmäßige Steuerungsinformationen – substitutiv oder komplementär – aufbauen. Eine Prozeßkostenrechnung sehen wir somit auch nicht als eine durchgehende Rechnung an, sondern vielmehr als eine Sonderrechnung, insbesondere in Form einer PC-Lösung.

Die derzeitige Hauptanwendung im Rahmen des Prozeßkostenmanagements liegt noch in der Prozeßbereinigung. Hier ist eine verstärkte Hinwendung zur Prozeßgestaltung im frühen Prozeß-Lebenszyklus wünschenswert. Dies entspräche auch den Erfordernissen einer parallelen Prozeß- und Produktentwicklung, wie sie das Target Costing oder das Simultaneous Engineering stellen.

Ein Prozeßkostenmanagement wird immer auch seinen Beitrag zu einem Business Reengineering leisten, das dann wiederum zu sehr weitreichenden Wirkungen führen kann, wie das abschließende Fallbeispiel zeigt:

Es stammt aus dem Geschäftsbereich »Private Kommunikationssysteme« für die Fertigung von Telefonendgeräten und zeigt einen umfassenden Restrukturierungsprozeß anhand der Funktionsbereiche Produktion und Entwicklung. Mit dem Telefongeschäft ist diese Geschäftseinheit in einem Massengeschäft bei weltweit hoher Wettbewerbsintensität tätig.

Das umfassende Restrukturierungsprogramm bezog sich in einem ersten Schritt auf das Produkt und die Produktion und hier vor allem auf

- den Produktaufbau,
- die Prozeßvereinfachung,
- die Teilereduktion,
- die Reduzierung der Fertigungstiefe,
- die Vereinfachung der Fertigungstechnik sowie
- die Reduzierung der Lieferantenanzahl.

Hierbei kamen die Kostenmanagementinstrumente Benchmarking, Prozeßkostenmanagement und Target Costing sämtlich zur Anwendung. Mittlerweile hat sich in dem betreffenden Geschäftszweig das Kostenmanagement im Denken und Handeln verselbständigt. Die eindrucksvollen Zahlen dürften für sich selbst sprechen.

Veränderungskategorien in Entwicklung und Produktion	1989	1993
Mitarbeiterproduktivität (Basis 1989 = 100)	100	390
Typen und Teile (Anzahl)	37.500	5.000
Time to market (Monate)	24	9
Lieferanten (Anzahl)	1300	155
Fertigungsdurchlaufzeit (Tage) für Komplettgerät	20	< 5
Flächenproduktivität (Telefone/qm)	175	350
Fertigungsqualität (%)	79	> 99
Umlaufbestände (Basis 1989 = 100)	100	30
DV-Kosten (Basis 1989 = 100)	100	60
Quelle: SIEMENS AG		

Abb. 10: Business-Reengineering-Beispiel
(Quelle: Seidenschwarz 1994b, S. 180)

6. Ausblick

Wir sind auf dem Weg zu einem umfassenden marktorientierten Kostenmanagement. Wie eingangs gesagt sind hierzu viele kleine Schritte notwendig. Aufgrund der dynamischen Umwelt kann man mit einem Kostenmanagement ohnehin niemals an einem Ende angelangen. Auch das Kostenmanagement muß sich stets den veränderten Anforderungen anpassen. Für ein marktorientiertes Kostenmanagement gibt es bis dato im Hause Siemens nur Vorzeigebeispiele. Marktorientiertes Kostenmanagement verharrt nicht im Reengineering der Effizienz, sondern hat auch das marktorientierte »Engineering der Innovation« zum Ziel. Unsere Aufgabe als zentrales Controlling ist es dabei, die Schnellen zum Schrittmacher für die Langsamen zu machen.

Literaturverzeichnis

Burkhardt, R. (1994): Volltreffer mit Methode, in: Top Business, Februar 1994, S. 94–99.

Horváth, P. u.a. (1993): Prozeßkostenrechnung – oder wie die Praxis die Theorie überholt, in: DBW 53 (1993) 5, S. 609–628.

Seeberg, T./Seidenschwarz, W. (1993): 6 Schritte zum marktorientierten Kostenmanagement, in: Horváth, P. (Hrsg.): Marktnähe und Kosteneffizienz schaffen, Stuttgart 1993, S. 155–172.

Seidenschwarz, W. (1993a): Target Costing – Marktorientiertes Kostenmanagement, München 1993.

Seidenschwarz, W. (1993b): Target Costing – Durch marktfähige Produkte zu operativer Effizienz, in: Horváth, P. (Hrsg. 1993): Target Costing, Stuttgart 1993, S. 31–52.

Seidenschwarz, W. (1994a): Target Costing – Verbindliche Umsetzung marktorientierter Strategien, in: Kostenrechnungspraxis 1/1994, S. 74–83.

Seidenschwarz, W. (1994b): Das Controlling der Markt- und Prozeßkette, in: Horváth, P. (Hrsg.): Controlling und Reengineering, Stuttgart, n.o.S.

Ziegler, H. (1992): Prozeßorientierte Kostenrechnung im Hause Siemens, in: BfuP 4/1992, S. 304–318.

Ziegler, H. (1994): Neuorientierung des internen Rechnungswesens für das Unternehmens-Controlling im Hause Siemens, in zfbf 46 (2/1994), S. 175–188.

Dreistufenprogramm zum Lean Controlling

Péter Horváth*

1. *Vorbemerkung:* Controlling im Umbruch

2. *1. Stufe:* Reengineering der Controllingaufgaben und -organisation

3. *2. Stufe:* Neugestaltung des Controlling-Instrumentariums

4. *3. Stufe:* Umsetzungs- und Lernphase

5. *Ausblick:* Der Controller der kommenden Jahre

Literaturverzeichnis

* Prof. Dr. *Péter Horváth*, Universität Stuttgart

Günter Fleig (Mercedes-Benz AG) und *Herbert Reiß* (Hewlett-Packard GmbH) danke ich für zahlreiche wertvolle Hinweise.

1. *Vorbemerkung:* Controlling im Umbruch

In einem Workshop mit Managern eines mittelständischen Unternehmens mußte ich kürzlich sehr kritische Äußerungen über den Controller des Hauses hören:

- »Unser Controller will alles besser wissen.«
- »Er hat nur die Zahlen im Kopf, die er nach oben berichtet, den Informationsbedarf vor Ort sieht er nicht.«
- »Das Qualitätsverständnis unseres Controllers ist nicht empfänger- sondern controlling-orientiert.«
- »Unser Controller ist beseelt von der Idee, daß sich das Geschäft nach seinen Zahlen richtet.«
- »Unser Controlling produziert am Bedarf vorbei. Wir bekommen Zahlen, die wir nicht zur Steuerung benützen können.«

Controlling als ergebnisorientierte Steuerung ist eine Kernfunktion eines jeden Managers. Im Zuge der taylorschen Arbeitsteilung fand in den letzten Jahrzehnten ein »Siegeszug des institutionalisierten »off-the-job«-Controlling« auf Kosten des »on-the-job-Controlling« statt (vgl. Reiß, Höge, S. 218). Hierbei ist das institutionalisierte Controlling (»Controllership«) vielfach zur »Speerspitze einer Mißtrauensorganisation« (Krystek 1991, S. 18ff.) geworden.

Kritik hört man allerorten. Ihre wesentlichen Aspekte sind:

- Eine zu starke Controlling-Komplexität durch eine ausgeprägte Controlling-Hierarchie,
- hohe Arbeitsbelastung der operativen Bereiche durch Informationsanforderungen des Controlling,
- Akzeptanzprobleme durch zu starke Kontrollorientierung der Controller,
- last but not least: mangelhafte Informationsversorgung durch das Controlling (zu langsam, zu wenig empfängerorientiert, falsche Signale).

Die Grundprinzipien des Reengineering geben radikale Impulse zur Umgestaltung des Controlling. Ich sehe drei Grundprinzipien des Reengineering, die zusammen den Umbruch des klassischen Controlling bewirken. Diese Grundprinzipien sind:

1. Prinzip der prozeßorientierten Aufgabenintegration: Zusammenfassung zusammengehörender Aufgaben zu einem Prozeß.
2. Prinzip der eigenverantwortlichen Selbststeuerung: Es wird vor Ort gesteuert; jeder ist selbst für das verantwortlich, was er tut.

3. Prinzip der Kundenorientierung: Jeder Prozeß muß einen externen oder internen Kunden haben.

Hieraus ergibt sich für das Controlling zwingend:

1. Das Controlling muß prozeßorientiert werden und selbst eine Prozeßstruktur erhalten.
2. Die Planungs- und Steuerungsfunktion muß auf Selbstcontrolling ausgerichtet sein. Dies gilt auch für das Controllinginstrumentarium!
3. Die Unternehmensprozesse werden durch marktorientierte Zielpreise und -kosten dimensioniert und durch direkte Meßgrößen gesteuert.

Meine These lautet: Erfolgreiches Reengineering des Managementprozesses ist nur als Einheit mit dem Reengineering des Controlling zu realisieren. Das Eine bedingt das Andere! Der Ausbruch aus dem Teufelskreis der Ineffizienz gelingt nur, wenn sich Management und Controlling beim Reengineering ergänzen. Ein Beispiel mag diesen Sachverhalt illustrieren: Hohe Lagerbestände mit entsprechend hoher Kapitalbindung führen zu aufwendigen Steuerungsprozessen, die durch intensive Soll-Ist-Vergleiche und Abweichungsanalysen unterstützt werden: Der personelle Ausbau des Logistik-Controlling läßt nicht auf sich warten. Erst die Hinwendung zur absatzgesteuerten Produktion schafft radikale Umkehr: Produziert wird nur das, was bereits verkauft wurde. Lagerbestände entstehen nicht. Der Logistik-Controller wird arbeitslos (vgl. das Beispiel von Mettler-Toledo Albstadt. Wochner 1994).

Die Funktion eines institutionalisierten Controlling wird hiermit nicht in Frage gestellt. Ich sehe zwei Gründe, die für eine Notwendigkeit des Controllers – freilich mit veränderten Aufgabenstellungen – sprechen (vgl. hierzu Womack, Jones 1994, S. 94):

1. Der Erhalt von Funktionen und insbesondere der Funktion der »ergebnisorientierten Unternehmenssteuerung« ist zur Existenzsicherung des Unternehmens erforderlich. »In the so-called learning organization, functions are where learning is collected, systematized and deployed. Functions, therefore, need a secure place in any organization«. (Womack, Jones 1994, S. 94). Der Konflikt zwischen Prozeß und Funktion muß aber gemeistert werden.
2. Institutionalisiertes Controlling wird zur Führung einer Unternehmung als Ganzes benötigt. Die dezentralisierten Einheiten mit ihren Prozessen müssen ein Mindestmaß an zielorientierter Koordination erfahren. »...weak links in the chain can be a far greater threat to a company's survival than the vagaries of the end-user market.« (Womack, Jones 1994, S. 94). Die Balance zwischen zentralen und dezentralen Einheiten muß hierbei erreicht werden.

Was muß getan werden, um zu einem dem Reengineeringkonzept adäquaten Controlling-System zu kommen? Wir haben ein spezifisches Dreistufenprogramm zum Lean Controlling entwickelt, das den Umbau der Unternehmenssteuerung im Sinne eines einfacheren, schnelleren und kundenorientierten Controlling ermöglicht. Trotz aller Radikalität der Umstrukturierung wird hierbei die positive Perspektive für alle Beteiligten geboten: Controlling wird anspruchsvoller; das Management erhält einen besseren Service. Man beachte nämlich: »When both individuals and function feel threatened by streamlined processes, these processes won't be streamlined for very long.« (Womack, Jones 1994, S. 99).

2. *1. Stufe:* Reengineering der Controllingaufgaben und -organisation

Die Entstehung des Controlling als selbständige und institutionalisierte Funktion wird immer mit der hohen Komplexität der Führung und der starken Arbeitsteilung begründet. Entfallen diese Gründe im Rahmen des Reengineering, so muß dies dazu führen, daß sich die Aufgaben der führungsunterstützenden Bereiche grundlegend wandeln. Die erste Stufe eines Programmes zum Lean Controlling muß folglich aus der Umgestaltung der Controlleraufgaben und der Controllerorganisation bestehen. Nach meinen Erfahrungen müssen vier Aufgabenkomplexe gelöst werden:

1. Die Arbeitsteilung zwischen Controller und Manager muß neu formuliert werden: So viel Selbstcontrolling wie möglich, soviel Fremdcontrolling wie nötig.

2. Die Gewichtung zwischen zentralem und dezentralem Controlling muß zugunsten des dezentralen Controlling verschoben werden: Alle operativen Steuerungsaufgaben müssen konsequent dezentralisiert werden!

3. Das Controlling selbst muß prozeßorientiert neu entworfen werden: Es gilt, einen durchgängigen, schnellen und einfachen Controllingprozeß zu schaffen.

4. Das funktionale Controlling alten Stils hat ausgedient: Wir benötigen Prozeßcontroller mit Schwerpunkt in den frühen Phasen der Wertschöpfungskette.

Ich will zu diesen vier Aufgabenkomplexen jeweils einige Anmerkungen machen.

Zu 1.:
In vielen Unternehmen sind die Aufgaben des institutionalisierten Controlling unklar definiert und mit fachfremden Aufgaben überfrachtet. Der allererste Schritt muß daher sein, die Kernaufgaben (»value added«) des Controlling unternehmensspezifisch festzulegen. Das »core business« des Controllers ist die Unterstützung des Managements mit ergebnisrelevanten Informationen. Ganz wichtig ist in diesem Zusammenhang, daß in vielen Unternehmen das Management heute ein gutes betriebswirtschaftliches Know-how besitzt, so daß eines generellen

»betriebswirtschaftlichen Gewissens« – wie der Controller vielfach apostrophiert wird – nicht mehr bedarf. Umso wichtiger ist die spezielle Unterstützung mit fachlicher Vertiefung auf bestimmten Gebieten (z.B. neue Instrumente wie Shareholder-value).

Zu 2.:
Die typische Situation ist, daß das Controlling zu »kopflastig« ist. Durch die große Entfernung vom Tagesgeschäft werden dann zu viele Detailinformationen verlangt. Man versucht dies dann durch umfangreiche Kommentierung der Berichte und durch zahlreiche Meetings und Telefonate auszugleichen. Entsprechend ist der zeitliche Aufwand! Controlling muß daher konsequent dezentralisiert werden. Hierbei ist auch das »dotted line« des dezentralen zum zentralen Controlling auf das Notwendigste abzumagern.

Die Grenzen der Dezentralisierung des Controlling dürfen dabei natürlich nicht übersehen werden:

- unternehmensweite Einheitlichkeit in bestimmten Fällen (z.B. Berichtskonsolidierungsgrundsätze),
- Vermeidung von Doppelarbeiten (z.B. auf dem Gebiet der Informationsbeschaffung),
- erforderliche Know-how-Konzentration in speziellen Fällen (z.B. Spezial-Know-how auf dem Gebiet der Unternehmensmodelle).

Zentralisation und Dezentralisation sind keine Gegensätze! Die Informationstechnologie bietet heute zahlreiche Möglichkeiten den Service (»shared services«, vgl. Gunn et al. 1993) standardisierter zentral abgewickelter Prozesse dezentral zu nutzen (z.B. dezentrale Budget-Soll-Ist-Vergleiche bei zentralem Budget-DV-System).

Zu 3.:
Der Kernprozeß des Controlling ist der Planungs- und Steuerungsprozeß. Dieser ist häufig durch Schnittstellen segmentiert:

- Sachziel- und formalzielorientierte Planung sind getrennt.
- Strategische und operative Planung bilden keine prozessuale Einheit.

In manchen Unternehmen sind mehrere Abteilungen für den Planungsprozeß zuständig. Ich bin der Auffassung, daß wir einen »Processowner« für den gesamten Planungsprozeß benötigen.

Controllingprozesse können auch mit anderen Prozessen integriert werden. Z.B. wurde bei Mercedes-Benz das zentrale Werkscontrolling weitgehend dezentralisiert. Vor Ort bildete man eine »common function« bestehend aus Controlling, Arbeitswirtschaft, Personalplanung und Instandhaltungsplanung.

Prozeßorientierung bedeutet für das Controlling auch Unterstützung des Managements bei der Gestaltung von Steuerungsprozessen. Bei Hewlett-Packard gibt es eine Arbeitsgruppe »Prozeßingenieure« in der Controllingabteilung.

Zu 4.:
Der funktionale Controller klassischer Prägung (z.B. Fertigungscontroller) vertieft die vorhandenen Schnittstellen im Unternehmen, weil er in Suboptima denkt. Wir benötigen deshalb Controller, die in Teams arbeitend Prozesse betreuen. Hierbei muß das Schwergewicht der Controllingaktivitäten an den Anfang des Produktentstehungsprozesses gelegt werden und nicht im Produktions- und Vertriebsbereich liegen. Ich kenne ein Maschinenbauunternehmen, wo in den nächsten drei Jahren 70% der Controllerkapazität in den Entwicklungsbereich verlagert werden soll. (Gegenwärtig sind dort noch ca. 80% der Controller im Produktions- und Vertriebsbereich tätig!)

3. *2. Stufe:* Neugestaltung des Controllinginstrumentariums

Ein gerüttelt Maß Schuld an dem allgemein als zu hoch empfundenen Komplexitätsgrad des betrieblichen Rechnungswesens trägt die akademische Betriebswirtschaftslehre. Im Bestreben, das Unternehmensgeschehen exakt abzubilden, werden Empfänger-, Qualitäts-, Wirtschaftlichkeits- und Geschwindigkeitsaspekte des Rechnungswesens nicht problematisiert. Wir müssen zu Schmalenbach zurückkehren:

- »Viele Erhebungs- und Rechnungsmanipulationen haben eine Grenze, von der ab sie sich nicht mehr lohnen.« (Schmalenbach 1927, S. 7).
- »Eine vollkommene Selbstkostenrechnung ist nicht eine solche mit höchster Genauigkeit, sondern eine solche mit ökonomischer Begrenzung der Genauigkeit.« (Schmalenbach 1927, S. 7).

Auch Riebel konstatierte: »Die Kostenrechnung ist im Laufe ihrer Entwicklung immer mehr verfeinert worden; in vielen Betrieben hat sie sich zu einem umfangreichen und komplizierten Zahlenwerk entwickelt, daß die Frage aufgenommen werden muß, ob hier nicht schon die Grenzen, die der Kostenrechnung im Hinblick auf die Richtigkeit und Genauigkeit ihrer Ergebnisse gesetzt sind, überschritten wurden.« (Riebel 1959, S. 41).

Charles Horngren (1982) sieht drei Entwicklungsstufen des internen Rechnungswesens:

- »Absolute truth«-Ansatz,
- »Conditional truth«-Ansatz,
- »Costly truth«-Ansatz.

Niemand vertrete heute mehr die Auffassung, daß es die »absolut« richtige Rechnungswesen-information gibt. Der heute vorherrschende »conditional truth«-Ansatz, dessen Grundsatz »different costs for different purposes« lautet, sei der Kern der Komplexitätsprobleme in der Praxis. Die für die verschiedenen Entscheidungssituationen deduktiv abgeleiteten relevanten Informationen – und die Übertragung dieser Modelle auf die Praxis – führten zu einem starken Anwachsen der Komplexität. Der richtige Ansatz kann nach Horngrens Auffassung – und ich schließe mich ihm an – für die Praxis der »Costly truth«-Ansatz sein. Dahinter steckt die einfache Kosten-Nutzen-Frage: »In a world of uncertainty, how much are you willing to pay for one information system versus another? What are you willing to buy?« (Horngren 1982, S. 49). Konsequenz für die Beurteilung von Rechnungswesen- (oder anderen) Informationen: Es geht bei System-Auswahl-Entscheidungen nur darum, ob die Auswahlalternativen zu unterschiedlichen Entscheidungen führen. »If the decisions will be unaffected, then the less costly alternative is preferable.« (ebenda, S. 5). Diese Frage behandeln die Lehrbücher des Rechnungswesens nicht. Sie sind immer noch durch den »Conditional truth«-Ansatz gekennzeichnet. Die Praxis denkt heute über diese Frage sehr pragmatisch: »Controlling ist kein Verein zur Implementation theoretischer betriebswirtschaftlicher Konzepte, sondern lebt von der praktischen Brauchbarkeit, auch wenn dies gegen betriebswirtschaftliche Überlegungen geht.« (Jacoby 1994, S. 49).

Der Grundsatz muß lauten: »Simplify and integrate!« (Keeger, Eiler 1994, S. 31). Insbesondere muß auch der Markt- und Prozeßorientierung im »reengineerten« Unternehmen Rechnung getragen werden.

Es hat sich bewährt, bei der notwendigen Neugestaltung des Controlling-Instrumentariums in vier Schritten vorzugehen:

1. Die Kosten- und Erlösrechnung muß prozeßorientiert umgestaltet und vereinfacht werden. Ich halte dabei die schrittweise Integration von Prozeßkosteninformationen in das traditionelle System für den besten Weg.

2. Die Markt- und Kundenorientierung im Rechnungswesen muß durch die umfassende Einführung des Target Costing verwirklicht werden.

3. Prozesse müssen vorrangig durch direkte Meßgrößen gesteuert werden. Es ist ein System von nichtmonetären Prozeßmeßgrößen aufzubauen (Beispiel: »Balanced Score Card« vgl. Kaplan, Norton 1992).

4. Stärkere Zukunftsorientierung, Vereinfachung und Beschleunigung des Controlling-Instrumentariums sind unerläßlich. Ein Entrümpelungsprogramm für Planung, Steuerung, Kontrolle, Reporting und Rechnungswesen ist konsequent durchzuführen.

Auch zu diesen Aufgabenkomplexen möchte ich einige Anmerkungen machen:

Zu 1.: An dieser Stelle soll nicht die Diskussion über die Prozeßkostenrechnung neu aufgerollt werden (vgl. hierzu Horváth et al. 1994). Die Praxis ist hier weiter als die Theorie! Aus praktischen Erfahrungen plädiere ich für einen schrittweisen Umbau des internen Rechnungswesens, weil auf diese Weise eine größere Akzeptanz der Beteiligten zu erreichen ist (vgl. hierzu auch Cheatham, Cheatham 1993, S. 35ff.).

Zehn Schritte, die sich in der Praxis als wichtig herausgestellt haben, sind:

1. Identifizieren Sie Ihre Hauptprozesse und deren Cost Driver!
2. Reorganisieren Sie Ihre Produktkalkulation und Ihre Abweichungsberichterstattung radikal!
3. Bauen Sie Prozeßinformationen in Ihre Budgets!
4. Ergänzen Sie Ihre Deckungsbeitragsrechnung schrittweise um prozeßbezogene Kostenanteile!
5. Vereinfachen Sie Ihre Produktkalkulation und Ihre Abweichungsberichterstattun radikal!
6. Eliminieren Sie überdetaillierte Arbeitskostenermittlungen!
7. Auf detaillierte Istkostenerfassung kann verzichtet werden!
8. Bereinigen Sie Ihre Berichte von Informationen, die Sie nicht zur laufenden Steuerung benötigen!
9. Bauen Sie dynamische Standards in Ihre Budgets, um dem Kaizen-Gedanken Rechnung zu tragen!
10. Bauen Sie nichtmonetäre Kennzahlen in Ihre Berichterstattung ein!

Ein zentrales Problem ist die Schnittstelle zwischen dem externen und dem internen Rechnungswesen. Hier geht der Trend dahin, unter Vereinfachungsaspekten auf den Dualismus zwischen interner Ergebnissteuerung und externen GuV-Rechnung zu verzichten. Beispiel: Das Haus Siemens hat die interne Rechnungslegung auf Basis der GuV-Rechnung im Umsatzkostenverfahren ausgerichtet. »Da wir auf die GuV-Rechnung nicht verzichten dürfen, verzichten wir auf die interne dreistufige Ergebnisrechnung.« (Ziegler 1994, S. 177). Eine weitere beträchtliche Vereinfachung ist, daß als kalkulatorische Kosten allein die kalkulatorischen Zinsen verwendet werden. Auf die arbeitsaufwendige Erhebung der Wiederbeschaffungskosten als Abschreibungsbasis kann verzichtet werden. Auch die Firma Ciba-Geigy hat aus diesem Grund auf die Tageswertorientierung verzichtet und ist zu einer historisch orientierten Abrechnung zurückgekehrt (vgl. Jacoby 1994, S. 49).

Man prüft auch, inwieweit auf Kosteninformationen bei der Steuerung verzichtet bzw. man diese radikal vereinfachen kann: Bei Ciba-Geigy werden Kostenrechnungssysteme in der Produktion zunehmend durch Prozeßsteuerung ersetzt. »Wozu braucht man dann bei vollautomatischer Produktion dort noch die traditionellen komplexen Abrechnungssysteme – etwa dafür, daß ein Computer den anderen nachrechnet?« (Jacoby 1994, S. 55). Bei Mercedes-Benz wurde vielfach in der Produktion der Akkordlohn abgeschafft und durch ein Monatsgehalt ersetzt. Dies hat enorme Einsparungen in der Arbeitswirtschaft und in der Betriebsbuchhaltung gebracht.

Zu 2.: Target Costing (vgl. z.B. Horváth 1993) ist auf dem Vormarsch. Marktpreise werden zum Ausgangspunkt der Kostenplanung gemacht. Alle deutschen Kfz-Hersteller – und folglich auch ihre Zulieferer – haben inzwischen das Target Costing eingeführt. Auch in der Elektrotechnik und in der Elektronik setzen es zahlreiche Unternehmen ein.

Für sehr wichtig halte ich es hier, daß die Zielkosten auch die Gemeinkosten beinhalten und sich nicht allein auf die Fertigungskosten beziehen. Das Haus VW geht hier noch einen Schritt weiter: Aus den Ziel-Gemeinkosten wird das »Target-investment« abgeleitet (vgl. Claassen/Hilbert, 1994).

Zu 3.: Das neue Steuerungskennzahlensystem gleicht eher dem Instrumentenbrett eines Autos als einer Zahlenhierarchie. Inzwischen gibt es zahlreiche Varianten des von Kaplan und Norton vorgeschlagenen Balanced Score Card. Wesentlich ist, daß die Steuerungsgrößen die konkrete Führungssituation abbilden und nicht einem starren Strukturprinzip gehorchen.

Zu 4.: Insgesamt sind die Planungsprozesse heute durch ein Übergewicht von Details und durch zu lange Dauer gekennzeichnet. Die von mir angesprochene »Entrümpelung« muß in erster Linie die Planungsdetails und das damit verbundene Reporting betreffen. Je detaillierter die Planvorgaben, umso stärker muß sich der Controller – rückwärts gewandt – mit den Istdaten auseinandersetzen! Ein Beispiel: Bei einem Kfz-Hersteller wird das Betriebsergebnis zunächst als Zielgröße für das gesamte Geschäftsjahr definiert. Hieraus werden Monatsvorgaben abgeleitet. Es wird mit großem Arbeitsaufwand ein detaillierte Monats-Istergebnis ermittelt. Die Controllerkapazität reicht dann nicht mehr, um sich mit den Zukunftstrends auseinanderzusetzen.

Der zweite Aspekt der »Entrümpelung« betrifft den Planungs- und Berichtsumfang. Ein radikales Beispiel liefert wieder die Firma Ciba-Geigy: Die Mittelfristplanung wurde gestrichen; das Planungssystem ist nunmehr nur zweistufig (vgl. Jacoby 1994, S. 58). Die Konzerndokumentation zum Einjahresplan umfaßte früher 120 Seiten; nach der Straffung sind es 15–20 Seiten (ebenda S. 50).

Bei Hewlett-Packard wurde die Jahresplanung in der Weise vereinfacht, daß man nach japanischem Vorbild sog. Hoshin-Pläne macht, die als Schwerpunkt einen Durchbruch auf einem bestimmten Gebiet zum Gegenstand haben (»Break through objective«). Dies ist als Ergänzung zu den (inkrementalen) Kaizen-Zielsetzungen der Jahresplanung gedacht. Energien und Ressourcen sollen gebündelt werden.

Der dritte »Entrümpelungsaspekt« betrifft die Integration. Ein Beispiel: Bei Mercedes-Benz gab es vor Einführung der Centerkonzeption jeweils einen technischen und einen kaufmännischen Werksleiter mit jeweils eigenem Berichtswesen. Centerkonzeption sieht einen Werksleiter mit allen Aufgaben vor. Die beiden Berichtswesen werden integriert.

4. *3. Stufe:* Umsetzungs- und Lernphase

Einige Zitate aus einem Workshop mit Controllern anläßlich eines Reengineering-Projektes:

- »Controller befürchten einen Imageverlust, wenn sie nunmehr in die Prozesse gesteckt werden.«
- »Bisher waren ihre Gesprächspartner aus dem ›Machtzentrum‹ des Unternehmens. Nunmehr müssen sie sich gegenüber Meister behaupten.«
- »Loslassen muß belohnt werden!«
- »Es muß gelernt werden, sich von den herkömmlichen Karriere- und Machtkategorien zu trennen.«
- »Die Revolution darf ihre Kinder nicht fressen!«

Ich habe bisher funktional argumentiert. Bei der Umsetzung des neuen Controlling müssen die handelnden Personen in den Mittelpunkt gestellt werden.

Aus den Stufen 1 und 2 unseres Dreistufenprogramms ergeben sich neue Spielregeln der Zusammenarbeit zwischen Controller und Manager bzw. zwischen Zentralcontroller und dezentralem Controller. Z.B. wird das dezentrale Controlling in Zukunft viel intensiver mit dem dezentralen Management zusammenwirken als mit dem Zentralcontrolling. Die neuen Regeln der Zusammenarbeit müssen explizit herausgearbeitet und formuliert werden. Notwendig ist auch, daß eine Umsetzung und Einübung stattfindet. Deshalb gehört zum Umbauprogramm des Controlling als 3. Stufe die »Implementierungs- sowie die Lernphase«. Die folgenden vier Schritte haben sich bewährt:

1. Ein Implementierungsplan ist zu erarbeiten. Wichtig: Für die vom Reengineering betroffenen Controller müssen klare berufliche Perspektiven definiert werden. (»Reengineering muß sich lohnen.«)
2. Die neuen Regeln der Steuerung werden in Workshops anhand von Fallbeispielen herausgearbeitet, diskutiert und eingeübt: Wesentlich ist die Umstellung von »command and control systems« auf »bottom up empowerment« (vgl. Johnson 1992).

3. Die Zusammenarbeit zwischen zentralen und dezentralen Controllern wird neu formuliert und in Workshops trainiert: zentrale Controller müssen sich als »Wissensbasis« verstehen, die dezentralen Controller sind Teil der operativen Prozesse.

4. Ein Programm der Weiterbildung und der Personalentwicklung muß – vor allem – für den Controllernachwuchs entworfen werden. Ein Trainingsprogramm für die Kunden des Controlling darf nicht fehlen.

Die entscheidende Änderung im Know-how des Controllers wird sich mit der Notwendigkeit vertieften Prozeßwissens ergeben. Eine Steuerungsunterstützung allein mit den »numbers« wird nicht ausreichen. Es ist erforderlich, daß der neue Controller vertieftes Wissen auf mindestens einem Gebiet aufweist. Die Entwicklungsprogramme für den Controllernachwuchs berücksichtigen dies bereits in vielen Unternehmen: Bei Ciba-Geigy muß jeder, der im Controlling tätig ist, »mindestens ein technisch anspruchsvolles Spezialgebiet beherrschen.« (Jacoby 1994, S. 55). Bei Hewlett-Packard muß ein Controller in einem Feld der Linie Erfahrungen gesammelt haben.

5. Ausblick: Der Controller der kommenden Jahre

»Der Controller hat so zu managen, daß Controlling läuft.« – Dieser klassische Satz von Albrecht Deyhle (1990, Bd. I, S. 142) behält weiterhin seine Gültigkeit. Dem Controller wird die Arbeit nicht ausgehen. Er muß sich allerdings in zwei Richtungen gewaltig »reengineeren«:

1. In der Zentrale ist vor allem die richtlinienschaffende, wissensvermittelnde und beratende Aufgabe gefragt: Mehr Dienstleister als »his master's voice«.

2. Der dezentrale Controller muß in die Prozesse »eintauchen« und Teil der Prozeßteams werden: mehr integrierter Mitmacher als außenstehender Besserwisser.

Gelingt diese Umstrukturierung, so habe ich keine Angst vor der Zukunft des Controllers.

Literaturverzeichnis

Chatham, C. B., Chatham, L. R.: Updating Standard Cost Systems. Westport, Con., London 1993.

Claassen, U., Hilbert, H.: Durch Target Costing und Target Investment zur kompromißlosen Kundenorientierung bei Volkswagen, in: Horváth (Hrsg.) 1994, S. 145–159.

Deyhle, A.: Controller-Handbuch, 6 Bände, 3. Auflage, Gauting 1990.

Gunn, R. W., Carberry, D. P.: Frigo, R., Behrens, St.: Shared Services, in: Management Accounting 75 (1993) Nov. S. 22–28.

Hammer, M., Champy, J.: Reengineering the Corporation – A Manifesto for Business Revolution, New York 1993.

Horngren, Ch. T.: Management Accounting: Where Are We?, in: Rappaport, A. (Ed.), Information for Decision Making-Readings in Cost and Managerial Accounting, 3. Ed. Englewood Cliffs, N. J. 1982, S. 2–13.

Horváth, P. (Hrsg.): Target Costing; Stuttgart 1993.

Horváth, P. (Hrsg.): Kunden und Prozesse im Fokus – Controlling und Reengineering, Stuttgart 1994.

Horváth, P. et al.: Prozeßkostenrechnung – oder wie die Praxis die Theorie überholt, in: Die Betriebswirtschaft 53 (1993), S. 609–628.

Jacoby, M.: Neugestaltung des Controlling bei Ciba, in: Horváth (Hrsg.) 1994, S. 47–59.

Johnson, H. Th.: Relevance Regained – From Top-down Control to Bottom-up Empowerment, New York etc. 1992.

Kaplan, R. S., Norton, D. P.: The Balanced Score Card – Measures that Drive Performance, in: Harvard Business Review 70 (1992), January/February, S. 71–79.

Keeger, D. P. Eiler, R. G.: Let's Reengineer Cost Accounting, in: Management Accounting 76, (1994) August, S. 26–31.

Krystek, U.: Zumbrock: St., Planung und Vertrauen, Stuttgart 1993.

Reiß, M., Höge, R.: Schlankes Controlling in segmentierten Unternehmen, BFuP 46 (1994) 3, S. 210–224.

Riebel, P.: Richtigkeit, Genauigkeit und Wirtschaftlichkeit der Kostenrechnung, in: Riebel, P., Einzelkosten- und Deckungsbeitragsrechnung, 7. Aufl., Wiesbaden 1994, S. 23–34.

Schmalenbach, E.: Grundlagen der Selbstkostenrechnung und Preispolitik, 4. Aufl., Leipzig 1927.

Scherm, E.: Lean Planning & Lean Controlling, in: Zeitschrift für Planung 4 (1993), S. 249–260.

Wochner, M.: Lean Production und Lean Controlling im Zusammenspiel, in: Horváth (Hrsg.) 1994, S. 103–118.

Womack, J. P:, Jones, D. T., From Lean Production to the Lean Enterprise, in: Harvard Business Review 72 (1994) March/April, S. 93–103.

Ziegler, H.: Neuorientierung des internen Rechnungswesens für das Unternehmens-Controlling im Hause Siemens, in: Zeitschrift für Betriebswirtschaftliche Forschung 46 (1994) 2, S. 174–188.

IV. Zusammenführung von Teil II und III

Reengineering und Restrukturierung am Beispiel der Porsche AG

Wendelin Wiedeking*

1. Vorbemerkung

2. Reengineering/Restrukturierung bedarf der Kreativität

3. Strategie und Reengineering müssen passen

4. Reengineering funktioniert nur von oben nach unten

5. Reengineering ja, aber wohldosiert

6. Porsche begann mit Reengineering in der Produktion
   6.1 Cost-Center-Struktur
   6.2 Teamarbeit als Voraussetzung für Kaizen
   6.3 Japan goes West
   6.4 Betriebliches Vorschlagswesen
   6.5 Null-Fehler Mentalität/Qualitätsoffensive
   6.6 Prozeßoptimierung durch Lieferanteneinbindung
   6.7 Zielvereinbarungen und visuelles Management

7. Das Umkrempeln geht weiter

8. Kooperation mit anderen Herstellern

9. Reengineering als Basis für Zukunftsfähigkeit

---

* Dr. *Wendelin Wiedeking*, Vorsitzender des Vorstandes, Dr. Ing. h.c. F. Porsche AG, Stuttgart

1. Vorbemerkung

In der Automobilindustrie hat sich in den letzten Jahren ein dramatischer Strukturwandel vollzogen. Kundenpräferenzen verlagerten sich, die Japaner bauten ihre Marktanteile kontinuierlich aus. Auch die Porsche AG blieb von diesem Wandel nicht verschont, allerdings traf es sie schon früher als die anderen Automobilhersteller. Es begann damit, daß neue Wettbewerber im Markt auftauchten. Dies wirkte sich besonders auf den wichtigsten Auslandsmarkt USA aus, wo Porsche Mitte der 80er Jahre einen erheblichen Einbruch erlebte. Hinzu kam eine starke Abhängigkeit vom Dollarkurs. Besonders schwer wog eine falsche Markteinschätzung: Porsche hatte eine unendliche Preiselastizität bei Sportwagen-Kunden angenommen. Die Lektion, die es deshalb zu lernen galt, hieß: auch bei hochwertigen Sportwagen gibt es eine Preis-Absatz-Funktion. Der Mythos »Porsche« war nicht länger Garant für vorprogrammierten Erfolg. Die Rezession, die nacheinander alle Teile der Triade erfaßte, tat ihr übriges. Mit einem Rekordverlust von 239 Millionen DM im Geschäftsjahr 1992/93 war der Tiefpunkt dieser Entwicklung erreicht.

Die Folge war der wohl größte Veränderungsprozeß in der Geschichte des Unternehmens, denn um wettbewerbsfähig zu sein, mußten Produktivität, Qualität und Lieferservice erheblich gesteigert werden. Das konsequente Umkrempeln der Porsche AG zeigt bereits eine Reihe von Erfolgen: beispielsweise ist es gelungen, die neuen Modelle des Porsche 911 trotz eines Entwicklungsaufwandes von 500 Millionen DM zu den Preisen der Vorgängermodelle anzubieten. Unser Allradmodell, der Carrera 4, rollt sogar 5.000 DM preisgünstiger auf die Straße als das Vorgängermodell. Bislang hatten Neuentwicklungen immer zu 10- bis 20%igen Preiserhöhungen geführt. Die eingeleiteten Veränderungen schlagen sich mittlerweile auch im Ergebnis nieder: Porsche arbeitet wieder mit Gewinn.

2. Reengineering/Restrukturierung bedarf der Kreativität

Im folgenden wird dargestellt, wie die Porsche AG mit Hilfe von Reengineering und Restrukturierung den dramatischen Strukturwandel bewältigt. Dazu bedarf es einer Kreativität, die in erfolgsverwöhnten Jahren mehr und mehr versandet war, nämlich »realitätsgerecht gegen Regeln denken und handeln«. Die alten Denkmuster und Zusammenhänge gelten nicht mehr. An ihrer Stelle müssen die »alternativen« Denkweisen im »Gehirn der Unternehmen« aktiviert werden. Denn das macht Reengineering aus: nicht an Bestehendem herumbasteln, nicht Organisationen aufbrechen, um sie dann nur wenig anders wieder zusammenzupuzzeln, sondern Bewährtes vollkommen in Frage zu stellen, zum Wohle des Kunden. Hätte die Porsche AG gewartet, bis die US-amerikanische Reengineering-Welle nun auch Europa bzw. Deutschland erfaßte, dann säße sie längst auf dem Trockenen.

Porsche hat sich bereits vor etwa drei Jahren die Frage gestellt, ob man über die bekannten Methoden der Effizienzsteigerung hinaus nicht neue Wege finden müsse, um im Wettbewerb künftig mithalten zu können. Die Arbeitsweisen des Wettbewerbs zu übernehmen, reichte bestenfalls zum Gleichziehen aus. Deshalb mußte eigene Kreativität und Anstrengung eingebracht werden. Auf das, was als Antwort herauskam, treffen sicherlich auch die Attribute des gegenwärtigen »Zauberwortes« Reengineering zu: auf den Kunden ausgerichteter Umbau des Unternehmens, in rasantem Tempo, vieles zeitgleich, ein radikales Programm mit dem Ziel einer sprunghaften Prozeßinnovation.

3. Strategie und Reengineering müssen passen

Um Geschäftsprozesse erfolgreich neu zu gestalten, bedarf es einer »Vorarbeit«, deren Bedeutung im Eifer des Gefechts, Neuerungen sichtbar voranzutreiben, leicht vergessen wird: So selbstverständlich es klingen mag – die neuausgerichteten Prozesse müssen mit der Strategie des Unternehmens in Einklang stehen. Der erste Schritt ist also, sich Klarheit über Vision und Strategie zu verschaffen und diese auch im ganzen Unternehmen klar zu kommunizieren.

Die Porsche AG hat als Unternehmensvision, wieder in eine Siegerposition zu kommen. Das bedeutet: die besten Techniken in jedem Bereich von Produktion und Geschäft zu beherrschen. Porsche will seine unangefochtene Stellung als führender Sportwagenhersteller behaupten.

Die wesentlichen Punkte der Strategie sind dabei:

a) als eigenständiges Unternehmen weiterbestehen, denn als eine der kleinsten Autofirmen der Welt wird man schnell als Übernahmekandidat gehandelt,
b) mit weniger Mitarbeitern mehr Autos produzieren,
c) das Unternehmen Porsche wieder in die Gewinnzone bringen,
d) mittelfristig in dem Marktsegment, in dem Porsche anzusiedeln ist, einen Marktanteil von 20% erreichen (das bedeutet ab 1996/97 rund 30.000 Einheiten).

4. Reengineering funktioniert nur von oben nach unten

Ein Unternehmen von einem arbeitsteilig, funktional ausgerichteten Gebilde zu einem prozeßgetriebenen, teamorientierten System zu transformieren, hat eine Stoßrichtung, wie man sie von den alten hierarchischen Strukturen her kennt: Reengineering funktioniert nur von oben nach unten. Man muß an der Unternehmensspitze anfangen – wie bei einer Treppe, die kehrt man auch von oben nach unten. So wird unnötige Unruhe bei den Mitarbeitern vermieden, das Management signalisiert Vorbildfunktion, und nur so kann die einheitliche strategische Ausrichtung durchgesetzt werden. Nur wenn das Topmanagement voll dabei ist und das auch für die Mitarbeiter sichtbar demonstriert, hat Reengineering eine Chance. Für das notwendige »Change Management« ist Führerschaft im wahrsten Sinne des Wortes gefordert.

Von Anfang an müssen die Weichen für Verhaltensänderungen, ja für eine Anpassung der Unternehmenskultur gestellt werden. Um ein so traditionsreiches und traditionsbewußtes Unternehmen wie Porsche zu neuem Denken zu bewegen, bedurfte es eines regelrechten Kulturschocks: exklusive Autos retten nicht vor effizienteren Abläufen.

5. Reengineering ja, aber wohldosiert

Im Gegensatz zu den Reengineering-Puristen, die nur dann von Reengineering sprechen, wenn das gesamte Unternehmen mit einem Schlag aus den Fugen gerät, hat die Porsche AG mit den Geschäftsprozessen begonnen, von denen ihre Kernkompetenzen abhängen. Porsche ist seit jeher für seine Ingenieurleistungen berühmt und daher traditionsgemäß ein technik- bzw. produktionsorientiertes Unternehmen. In den Jahren des mühelosen Erfolgs wurde zunächst eine hochkomplizierte Technik entwickelt, dann das Endprodukt zusammengesetzt und schließlich daraus der Preis für den Kunden errechnet. Doch auf einmal war der Kunde nur noch bereit, einen bestimmten Preis zu bezahlen. Sich neu auf den Kunden auszurichten, bedeutete deshalb für Porsche, Produktion und Kosten so zu organisieren, daß die Vorstellungen des Kunden wieder getroffen werden. Deshalb hat Porsche sich nicht mit Volldampf auf alle Geschäftsprozesse gleichzeitig gestürzt, sondern mit einer schlankeren Produktion angefangen. Über hohe Investitionen in die Automatisierung der Fertigung zum Erfolg zu kommen, schied wegen der kleinen Serien von vornherein aus. Porsche mußte also versuchen, über intelligentere Vorgehensweisen die Produktion zu optimieren.

6. Porsche begann mit Reengineering in der Produktion

Am Anfang des Reengineering-Prozesses in der Produktion, der den Namen »Porsche-Verbesserungs-Prozeß« (PVP) bekam, stand die Aufgabe, die Führungskräfte von der Notwendigkeit zur Veränderung zu überzeugen, ihr Bewußtsein für die Unausweichlichkeit zu schärfen. Der Markt hatte demonstriert, daß Porsche Gefahr lief, nicht mehr wettbewerbsfähig zu sein. Es galt also zu untersuchen, woraus dieser Abstand zu den Wettbewerbern, vor allem zu den Japanern resultierte – und das am besten gleich vor Ort.

Das Porsche Topmanagement hat sich also dort umgesehen, wo die besten Fertigungsmethoden und Fertigungsorganisationen bereits existierten – bei Toyota und anderen japanischen Automobilherstellern. Es wurde alles aufgeschrieben, was als lernenswert aufgefallen war, und abends im Hotel darüber diskutiert. Das war »Benchmarking by walking around«. Heraus kam ein detaillierter Vergleich aller Produktionsabläufe und -methoden. Das Ergebnis war für Porsche nicht gerade schmeichelhaft: zu aufwendig produziert, aber auch schon zu kompliziert entwickelt.

Nach dem Topmanagement wurde das mittlere Management im Schneeballsystem geschult und einige ausgewählte Manager waren zu mehrwöchigen Schulungen in Japan. Aufgrund dieses intensiven Studiums der japanischen Vorgehensweise verfügt Porsche über den zur Zeit aktuellsten und umfassendsten Detailvergleich bezüglich Qualität, Produktivität und Lieferservice aller bedeutenden japanischen Automobilwerke.

Auch viele Meister wurden in dem, was Porsche aus Japan mitgenommen hatte, geschult – das war vor allem die Einsicht in die Notwendigkeit zu permanenter Verbesserung (Kaizen). Sie wurden zu Kaizen-Trainern ausgebildet und führen mittlerweile die Schulungen der Werker eigenverantwortlich durch. Nachdem das Bewußtsein der gesamten Führungsmannschaft für die anstehenden Aufgaben geschärft war, wurde ein ganzes Bündel von Maßnahmen eingeleitet, das sich bereits kostenreduzierend ausgewirkt hat.

6.1 Cost-Center-Struktur

Porsche hatte vor der Restrukturierung eine klassische, stark zentralistische Aufbauorganisation in der Fertigung. Seit August 1992 werden die Fertigungsbereiche Rohbau/Lackiererei, Fahrzeugmontage, Aggregate und Fremdfahrzeuge wie eigenständige Unternehmen geführt. Sie haben die Gesamtverantwortung für Aufgaben der Fertigung, Planung, Logistik und der Qualitätssicherung übernommen. Damit wurden Strukturen geschaffen, die mehr Unternehmertum, mehr Verantwortung vor Ort und mehr sich selbst regelnde Prozesse fördern.

Deshalb konnten die Hierarchien von sechs auf vier abgeflacht und die Anzahl der Führungskräfte um 38% reduziert werden. Weiter wurde die arbeitsteilige Ablauforganisation in der Fertigung total zerlegt und neu in Segmente aufgeteilt, um die Komplexität zu beherrschen. Es ist nicht übertrieben, zu sagen: in der Produktion steht heute kein Stein mehr so wie vor 1 1/2 Jahren, und nicht nur das – kein Werker arbeitet heute noch an dem Platz, den er vor 1 1/2 Jahren hatte. Bevor also der kontinuierlichen Verbesserung des Bestehenden (Kaizen) das Hauptaugenmerk gelten konnte, mußte zunächst mal alles radikal umgebaut werden. Sonst bleiben noch so engagiert durchgeführte Verbesserungen reine »Reparaturarbeiten«.

6.2 Teamarbeit als Voraussetzung für Kaizen

Erst die Einführung der PVP-Teamarbeit schaffte die Voraussetzungen für den kontinuierlichen Verbesserungsprozeß. Ihr wichtigstes Element ist die aktive Einbindung der Mitarbeiter auf allen Ebenen und aus allen Unternehmensbereichen. Keiner kennt die Probleme an seinem Arbeitsplatz besser, als derjenige, der tagtäglich damit umzugehen hat. Die immense Erfahrung eines jeden Mitarbeiters gilt es, für Verbesserungen im Arbeitsablauf zu aktivieren und damit letztlich Produktivität und Arbeitsqualität zu steigern. Der Mitarbeiter muß seine Arbeitsabläufe permanent optimieren, d.h. auf jede Verbesserung folgt eine weitere Verbesserung. Um den Mitarbeitern das schmackhaft zu machen, hat Porsche sie in mehr als 17.000 Stunden zu diesem Thema geschult, d.h. 46% aller im Produktionsbereich Beschäftigten wurden von ihren direkten Vorgesetzten zwei Tage lang in Kaizen unterwiesen. Aus Porsche-Sicht war das ein gewaltiges internes Trainingsprogramm.

Um die unterschiedlichen Schwachstellen in der Produktion abzustellen, sind PVP-Teams und Projekt-Teams eingerichtet worden. PVP-Teams sind für die Verbesserung innerhalb ihres eigenen Arbeitsbereiches zuständig. Sie setzen sich aus den in diesem Arbeitsbereich beschäftigten Werkern zusammen. Jede Meisterei umfaßt zwei bis drei Teams, die jeweils von einem Teamsprecher moderiert werden. Pro Woche wird eine Stunde über Möglichkeiten diskutiert, die Qualität zu steigern und gleichzeitig die Kosten zu reduzieren. Die vom Team erarbeiteten Verbesserungen werden auch im Team umgesetzt. Um Cost-Center-übergreifende Probleme zu lösen, sind die Projekt-Teams gebildet worden. Sie setzen sich je nach Aufgabenstellung zusammen.

Die Mitarbeiter über PVP-Teams und Projekt-Teams in den Prozeß miteinzubeziehen, hat sich als voller Erfolg erwiesen. Um wieder in die Gewinnzone zu kommen, war es das Ziel von Porsche gewesen, die Produktionskosten um 30% zu reduzieren. Die Resultate des »PVP« haben dieses ehrgeizige Ziel sogar übertroffen.

Einige Beispiele:

- Es dauert nur noch 80 Stunden, um den neuen 911 Carrera zu bauen; das sind 30% weniger Fertigungszeit als beim Vorgänger.
- Der Produktionsbereich kommt bei den direkten Mitarbeitern mit 30% weniger aus, bei den indirekten Mitarbeitern mit 27%.
- Die Bestände konnten durch neue Methoden wie Just in Time oder Kanban um 43% gesenkt werden, das spart 75 Millionen DM.
- Für die Produktion und für das Lager werden jetzt 9% bzw. 7% weniger Fläche benötigt, die nun an andere Unternehmen vermietet wird.

Wenn Reengineering Quantensprünge in der Produktivität zur Folge haben soll, dann hat Porsche das mit »PVP« erreicht. Das ist also wesentlich mehr als die Ergebnisse von »ein bißchen Lean Production hier, ein bißchen Lean Management dort«.

6.3 Japan goes West

Immer wieder kommen für ein paar Wochen »Lehrer« aus Japan in die Porsche Produktion. Vor allem am Anfang ist es sinnvoll, Berater aus Fernost zu holen, um das »Trägheitsmoment der Ungläubigen« zu überwinden. Denn es passiert selten, daß Mitarbeiter morgens aufwachen und sagen: »Es ist mir unbedingt nach Kaizen«. Den Mitarbeitern müssen erst die Augen geöffnet werden.

Aber es gab auch noch einen anderen Grund, Know-how aus Fernost zu holen: Porsche hatte viel zu lernen, aber nicht genügend Zeit, alles allein umzusetzen. So wurde eine Gruppe von Japanern ins Haus geholt, darunter die beiden wohl besten Produktionsexperten der Welt, die schon bei Toyota revolutionäre Verbesserungen eingeleitet hatten. Entscheidend für ihre Akzeptanz bei den Werkern war es, daß die Japaner nicht vom grünen Tisch aus erklären, wie sie effizienter produzieren, sondern daß sie gemeinsam mit den Werkern vor Ort Defizite feststellen – und was genauso wichtig ist, sie gemeinsam beseitigen. Man braucht kein Psychologe zu sein, um zu verstehen, daß das für manche Mitarbeiter fast einer »Gehirnwäsche« gleichkommt, wenn sie plötzlich jahrelang eingefahrene Abläufe verändern müssen.

Durch die Teilnahme an Kaizen-Workshops wurden Mitarbeiter aller Ebenen mit Teamarbeit und den Einzelelementen von Kaizen vertraut gemacht. Lernziel ist es, das erworbene Wissen auf das eigene Produkt, die eigenen Projekte zu übertragen, ja von sich aus innovativ zu werden. Kaizen gilt für alle Mitarbeiter, keiner konnte sich ausschließen. Porsche hat erkannt, daß nur eine ständig lernende Organisation wettbewerbsfähig sein kann. Deshalb ist die Frage, was kann man von wem lernen, nicht Eingeständnis eigener Unzulänglichkeit, sondern Basis für weitere Verbesserungen.

6.4 Betriebliches Vorschlagswesen

Wenn nichts beim Althergebrachten bleiben soll, dann sind neue Ideen gefragt. Doch nichts lähmt den Ideenfluß der Mitarbeiter so sehr wie eine schleppende Bearbeitung ihrer Verbesserungsvorschläge. Solange bei Porsche ein Vorschlag bürokratisch geprüft werden mußte und jeder Fachbereich darin auch noch eine Verunglimpfung der eigenen Arbeit sah, fand das Betriebliche Verbesserungs-Vorschlagswesen (BVV) wenig Akzeptanz.

Einen Motivationsschub brachte eine neue, interne Incentive-Kampagne. Verbesserungsvorschläge können nun auch direkt beim Meister eingereicht werden. Der Meister und ein Prüfer aus einem anderen Cost-Center beurteilen den Vorschlag. Jeder umgesetzte Vorschlag bringt zunächst maximal 100 DM und Punkte, ganz unabhängig davon, wieviel Prämie der Einreicher letztendlich dafür bekommt. Zwischen Einreichen des Verbesserungsvorschlags und der Auszahlung an der Kasse vergehen heute maximal zwei Wochen. Am Jahresende winken den fleißigsten Punktesammlern eine Weltreise oder eine Harley Davidson.

Aufgrund dieses neuen Systems und der zunehmenden Sensibilität der Mitarbeiter für ständige Verbesserungen ist die Zahl der Verbesserungsvorschläge von 40 auf über 2000 pro Monat explodiert. In der vom Deutschen Institut für Betriebswirtschaft jährlich herausgegebenen Rangliste des Vorschlagswesens ist Porsche in der Sparte der Automobilhersteller vom letzten auf den ersten Platz vorgeprescht. Porsche ist sehr stolz auf diese Entwicklung, und so werden die Prämien nicht als Kosten, sondern als Investitionen für die Zukunft angesehen.

6.5 Null-Fehler-Mentalität/Qualitätsoffensive

Kosten um jeden Preis zu drücken, ohne dabei auf die Qualität zu achten, verbessert die Wettbewerbssituation nicht. Porsche hat sich immer schon zu höchster Qualität verpflichtet. Qualität ist, »wenn der Kunde zurückkommt und nicht das Produkt«. Dieses Ziel kann eigentlich nur dann erreicht werden, wenn alle beteiligten Funktionen von der Produktion, über den Einkauf, Finanz- und Rechnungswesen, bis hin zum Vertrieb, schon flexibel in die Produktentwicklung einbezogen werden. Das heißt, mit der Tradition, zunächst ein Auto zu entwikkeln, dann zu fertigen und schließlich dem Vertrieb zu übergeben, macht Porsche Schluß. Diese als »Simultaneous Engineering« bekannte Vorgehensweise hat Porsche in wesentlichen Punkten bereits umgesetzt. Das neue Porsche Modell 986, das 1996 auf den Markt kommt, wird eine Entwicklungs- und Erprobungszeit von nur noch vier Jahren haben. Das sind japanische Maßstäbe mit Porsche-Qualität.

Porsche hat es sich zum Ziel gesetzt, nur noch Fahrzeuge ohne jeden Fehler zu produzieren. Dafür wurde das sogenannte »Null-Fehler-Programm« aufgelegt: jeder Fehler soll dort abgestellt werden, wo er entstanden ist. Denn verschleppte Fehler bedeuten erheblichen Aufwand für Nacharbeit. Auch diese Veränderung mußte sich zunächst in den Köpfen der Mitarbeiter abspielen. Porsche hat deshalb seine Werker intensiv geschult, um sie für Fehlerfolgekosten und die sich daraus ergebenden negativen Kundeneffekte sensibel zu machen.

Wesentlich für konstante Qualität sind eindeutige Standards. Porsche hat sie in Bildern anschaulich festgelegt, um den Werker in die Lage zu versetzen, selbständig über gute oder schlechte Arbeit zu entscheiden.

Mit Hilfe eines neuen Fehlerrückmeldesystems bleiben Fehler auch nicht länger anonym. In jeder Meisterei, jeder Arbeitsstation wurden Schautafeln mit Diagrammen angebracht, auf denen das Feedback zur geleisteten Qualität abgelesen werden kann. Das betrifft Daten aus den diversen Kontrollstellen genauso wie Daten aus dem Produktaudit oder aus dem Feld. Diese sogenannten »Meistertafeln« machen sichtbar, wie aktiv jede Meisterei daran arbeitet, Fehler systematisch zu vermeiden. Die Mitarbeiter haben so einen hohen Informationsstand, was ihre Vorgaben und die tatsächlichen Rückmeldungen angeht.

Da bei Porsche der Zulieferanteil ungefähr 80% ausmacht, war es logische Konsequenz, auch die Zulieferer auf die hohen Qualitätsanforderungen einzuschwören. Deshalb wurden Lieferantentreffen initiiert, die zu gemeinsamen Projektteams und klaren Zielvereinbarungen geführt haben, um die Fehlerraten zu reduzieren.

Für die geringste jährliche Fehlerrate bzw. die größte Qualitätsverbesserung hat Porsche dieses Jahr drei Zulieferer mit einem Qualitätspreis ausgezeichnet. Was ganz wesentlich dabei ist: Porsche, Zulieferer und Kunde profitieren zu gleichen Teilen von den erzielten Einsparungen. Es ist sowohl ein Erfolg der internen Qualitätsoffensive als auch der Zulieferer, daß die Nachbesserungen am Ende der Fertigungslinie um die Hälfte reduziert werden konnten.

6.6 Prozeßoptimierung durch Lieferanteneinbindung

Der anhaltende Kostendruck bei Porsche und seinen Zulieferbetrieben wird in den nächsten Jahren weiter zunehmen. Bei 80% Fremdleistung macht es Sinn, die Erfahrungen, die Porsche beim Reengineering im eigenen Unternehmen bereits gesammelt hat, auf die Zulieferer auszudehnen. Denn signifikante und nachhaltige Erfolge lassen sich heute bei den Materialkosten nur noch zusammen mit den Zulieferern realisieren.

Porsche hat ein Konzept erarbeitet, das die gesamte Prozeßkette vom Vorlieferant über den Zulieferer bis hin zur Porsche Montage systematisch auf Einsparungspotentiale hin analysiert.

Einzelne, in Japan ausgebildete Teams, erarbeiten sofort umsetzbare Verbesserungsvorschläge.

Die Zusammenarbeit beschränkt sich jedoch nicht allein darauf; sie umfaßt eine Reihe weiterer Maßnahmen, welche die Basis für langfristige Entwicklungspartnerschaften legen sollen. Gemeinsam mit den Lieferanten wird z.B. definiert, wie knapp 600 Bauteile in 52 Modulen zusammengefügt werden und dann jeweils von nur einer Quelle bezogen werden können. Diese Modulbauweise setzt neue Maßstäbe für die Zulieferer: sie werden zu Systemlieferanten, und für die wird es erst richtig interessant, wenn sie nicht nur für die Produktion, sondern auch für die Entwicklung verantwortlich sind.

Porsche wird also komplette Arbeitsvorgänge auslagern und auch die Entwicklung abgeben, solange davon nicht die eigenen Kernkompetenzen berührt werden. Daraus sollen sich weitere Synergieeffekte ergeben, die sowohl Kostenvorteile für den Lieferanten bringen, als auch einen günstigeren Preis für den Kunden bedeuten. Diese enge Zusammenarbeit, in der Porsche einen zentralen Erfolgsfaktor für die Zukunft sieht, soll künftig nur noch mit 300 statt der bisher 900 Lieferanten betrieben werden.

6.7 Zielvereinbarungen und visuelles Management

Mittlerweile liegen vielfältige Erfahrungen vor, inwieweit die hochgesteckten Erwartungen an Reengineering sich auch tatsächlich erfüllen. Nicht selten blieben die Erfolge in den Kinderschuhen stecken. Das lag oftmals daran, daß das Management einfach nicht klar kommuniziert hatte, welche Ziele es damit verfolgt.

Porsche hat mit allen Führungskräften und Mitarbeitern ehrgeizige Zielvereinbarungen getroffen, die sich aus den Zielvorgaben des Vorstands für Qualität, Kosten und Lieferservice im laufenden Geschäftsjahr ableiten. Im Cost-Center Rohbau/Lack z.B. werden u.a. die Fehler pro Karosse, die Note des Qualitätsaudits, die Fertigungsstunden pro Fahrzeug (Kosten) sowie die Einhaltung des geplanten Liefertermins an den »Kunden Montage« gemessen. Für diese Ziele ist jede Meisterei eigenverantwortlich, Abweichungen werden monatlich aufgezeigt.

Wer Veränderungen einleiten will, muß erkennen, welch gewichtige Rolle dabei die Kommunikation spielt, bei Führungskräften genauso wie bei Mitarbeitern. Es hat sich als viel wirkungsvoller herausgestellt, die Mitarbeiter in den Informationsfluß miteinzubeziehen, als sie zu kontrollieren. Einer der inhaltlich folgenreichsten Unterschiede zwischen japanischen und deutschen Unternehmen ist der Informationsgehalt, den man Mitarbeitern zukommen läßt.

Auf die Frage »Wie stehts?«, antwortet der deutsche Manager mit einem flapsigen »Alles unter Kontrolle«. Der Japaner, entsprechend der Kaizen-Idee, würde sagen: »Alle wissen Bescheid« – auch über gravierende Veränderungen im Unternehmen.

Bei Porsche sehen deshalb die Werkshallen so aus, wie dies früher nur aus Japan bekannt war: Da hängen auf großen blauen Spruchbändern die Losungen von der Decke: z.B. Qualität = Kosten sparen. Qualität = Null Fehler am Arbeitsplatz. Auf roten Spruchbändern stehen die Ziele für 1994: z.B. Gemeinkostenreduzierung –15%, Ausschußreduzierung –40%, Schulung und Training pro Mitarbeiter mehr als 40 Stunden pro Jahr. Zu diesem visuellen System gehören auch die oben bereits angeführten »Meistertafeln«. Sie zeigen, welche Fehler von wem wo gemacht worden sind. Darüber hinaus geben sie Auskunft über die Anzahl der Mitarbeiter, ihre Qualifikation und die umgesetzten Verbesserungsvorschläge. Porsche ist der Ansicht, daß dieses visuelle Management erheblich zur Identifikation der Mitarbeiter, ihrer Motivation und damit zur Erhöhung der Produktivität beiträgt.

Die Mitarbeiter konsequent über Strategien, Ziele und Sachentscheidungen zu informieren, wird bei Porsche sehr ernst genommen. Damit sich die Mitarbeiter wieder für ihr Unternehmen begeistern können, hat Porsche zusätzlich zur Werkszeitung das Werksfernsehen »Carrera-TV« eingeführt. Jeden Monat gibt es eine Viertelstunde Informationen rund um das Unternehmen. Sie sollen die Mitarbeiter in die Lage versetzen, bei Diskussionen innerhalb wie außerhalb des Unternehmens mithalten zu können.

7. Das Umkrempeln geht weiter

All die genannten Maßnahmen haben bewirkt, daß in der Porsche-Fertigung der Abstand zu den Japanern kleiner geworden ist. Das Ziel, mit weniger Mitarbeitern mehr Autos zu produzieren, ist aber noch lange nicht erreicht. Der kontinuierliche Prozeß, die Produktivität zu steigern, geht weiter. Für 1996/97 hat sich Porsche vorgenommen, die Fertigungszeiten um insgesamt 50% reduziert zu haben.

Es entspricht allerdings überhaupt nicht dem japanischen Vorbild, daß die Werker die ganze Last der Erneuerung tragen, während sich die Verwalter in den alten Strukturen ausruhen. »Lean Management« wird dazu führen, daß die Verwaltung deutlich weniger Führungskräfte benötigt. Daß bei den Entwicklern gleichfalls straffere Prozesse eingeführt werden, ist die Folge des oben angesprochenen Simoultaneous Engineering.

Schließlich steht auch der Vertrieb auf dem Prüfstand. Dieser Geschäftsprozeß, der Kundenorientierung in Reinstform darstellt, bekommt eine neue Ausrichtung.

Porsche will die Qualität der Kundenbetreuung zusammen mit den Händlern verbessern. Ehrgeiziges Ziel ist es, Marktführer bei der Kundenzufriedenheit zu werden. Denn »Porsche Facon« soll nicht nur das Produkt, sondern auch der Vertrieb haben.

8. Kooperation mit anderen Herstellern

Fortschrittliche Fertigungsmethoden reichen allein nicht aus: Reengineering muß auch darin bestehen, innovative Strategien zu verfolgen – z.B. die Kooperation mit anderen Herstellern. Ganz neue Wege wird Porsche, aus dem Blickwinkel der Automobilhersteller, ab Mitte der 90er Jahre gehen: Denn von diesem Zeitpunkt an wird BMW für Porsche Karosserieteile in Eisenach pressen – auf Werkzeugen, die BMW Eisenach derzeit gerade dafür fertigt.

Porsche arbeitet bereits seit längerem mit Großserienherstellern zusammen, um Teilekomponenten zu übernehmen. Es gibt also absolut keine Berührungsängste mit anderen Unternehmen der Branche. Im Gegenzug stellt Porsche sein Know-how in der Fertigung von Kleinserien zur Verfügung, und ist damit wohl weltweit der einzige Hersteller, bei dem derzeit drei verschiedene Fabrikate vom Band laufen: Porsche, Daimler 500E und der Audi-Porsche Avant RS2, eine Gemeinschaftsentwicklung von Porsche und Audi.

9. Reengineering als Basis für Zukunftsfähigkeit

Reengineering wird vielfach als Methode angesehen, die Kosten zu senken. Das ist allerdings viel zu kurz gegriffen. Auch Porsche hat innerhalb von zwei Jahren durch die Radikalkur der Prozesse 2500 Stellen im gesamten Unternehmen abgebaut. Bis zum Jahresende 1994 sollen weitere 300 bis 350 Mitarbeiter sozialverträglich das Unternehmen verlassen.

Dennoch ist sich Porsche bewußt, daß eine stärkere Kundenorientierung, wie sie Reengineering zur Folge haben soll, auch bedeutet, innovative Produkte auf den Markt zu bringen. Das Fahrzeugprogramm wird deshalb gerade umgestaltet: 1996 wird ein neues Modell auf den Markt gebracht, das schon als Studie von den Fachleuten höchste Anerkennung bekommen hat: das ist der sogenannte »Boxster«. Diese Designstudie demonstriert, wie ein Sportwagen im mittleren Preissegment Mitte der 90er Jahre aussehen soll, um neue Käuferkreise zu erobern.

Bereits ein Jahr nach dem »Boxster« wird das zweite neue Fahrzeug präsentiert werden, das als Spitzenmodell im oberen Preissegment angesiedelt ist. Diese beiden neuen Modellreihen werden die Säulen der künftigen Porsche-Produktpolitik bilden. Porsche ist also bereits jetzt in der Lage, das Preissegment festzulegen, in dem diese beiden Sportwagen in drei bis vier Jahren angeboten werden: der »Boxster« z.B. soll zwischen 70.000 und 80.000 DM liegen. Konsequentes, erfolgreiches Reengineering der Geschäftsprozesse ist der Garant dafür, daß dieser Preiskorridor dann auch wirklich eingehalten werden kann.

Bisher war Porsche Sinnbild für überlegene, technische Kompetenz, und sah innovative Produkte als wichtigsten Wettbewerbsfaktor und damit als Kernkompetenz an. Aufgrund der Erfolge mit dem Porsche-Verbesserungs-Prozeß kommt eine neue Kernkompetenz dazu – nämlich die organisatorische Leistungsfähigkeit, Kosten- und Flexibilitätsvorteile zu erzielen. Diese Erkenntnisse bringt Porsche mittlerweile auch bei seinen Zulieferern ein. Darüber hinaus werden wir branchenfremden Unternehmen mit einer neugegründeten Beratungsgesellschaft, der Porsche Consulting, unter die Arme greifen. Sie soll das Know-how, z.B. im Bereich der schlankeren Produktion, an Dritte weitergeben. Für Porsche hat sich so aus Reengineering und Restrukturierung sogar ein neues Geschäftsfeld ergeben.

Hans-Dietrich Genscher hat einmal gesagt: »Organisation ist nicht alles, Zukunftsfähigkeit ist alles«. Die Porsche AG will »zukunftsfähig« sein, indem sie die Kosten in den Griff bekommt, die Kundenorientierung ausbaut, die Organisation der Prozesse weiter optimiert und die Mitarbeiter zu »Botschaftern der Marke Porsche« macht. Es ist das erklärte Ziel, daß Porsche in zwei Jahren als Vorzeigemodell für ein geglücktes Reengineering bzw. eine gelungene Restrukturierung steht.